悦 读 丛 书
媒介与大众文化系列

浙江省社科联社科普及及课题成果
21KPWT03ZD-1YB

人人都想当网红？

新媒体与注意力博弈

邵鹏　著

ZHEJIANG UNIVERSITY PRESS
浙江大学出版社
·杭州·

图书在版编目（CIP）数据

人人都想当网红？ ：新媒体与注意力博弈 / 邵鹏著.
杭州 ：浙江大学出版社，2024. 8（2025.4重印）.
-- （媒介与大众文化科普丛书）. -- ISBN 978-7-308
-25218-8

Ⅰ. F713.365.2
中国国家版本馆CIP数据核字第202478EQ37号

人人都想当网红？：新媒体与注意力博弈

邵 鹏 著

责任编辑 张 婷
责任校对 陈 欣
封面设计 violet
出版发行 浙江大学出版社
（杭州市天目山路148号 邮政编码 310007）
（网址：http://www.zjupress.com）
排 版 杭州林智广告有限公司
印 刷 杭州钱江彩色印务有限公司
开 本 710mm×1000mm 1/16
印 张 16
字 数 233千
版 印 次 2024年8月第1版 2025年4月第2次印刷
书 号 ISBN 978-7-308-25218-8
定 价 68.00元

总　序

一直以来，我们对大众文化的感知总是宏大而模糊的。大众文化是音乐、电视、电影、新媒体等，也是某段时间的社会流行，还是群体共享的价值观。它似乎包罗万象，却又不可触及。在大众文化的诸多表达中，媒介文化是大众文化发展到一定阶段后出现的新型文化形式，涉及的领域十分庞杂，又依托新型网络技术演化出无限丰富的内涵。这些新技术不仅融合了多种传播媒介，更创造出一个泛在的、多元化的媒介环境，在潜移默化中改变了大众文化的表现形态，调整了媒介与人类社会的关系。自此，大众文化不再是一个模糊空洞的术语，而是一种与新媒介共生共演的特殊生活方式。

清晨唤醒我们的不再是晨曦鸟鸣，而是石英闹钟的嘀嘀嗒嗒，或是手机传出的自定义音乐。起身后，从广播电视的早间新闻节目中获知天下大事已显得太过老派，查看微信留言成了几乎所有人的日常习惯；还有些人会顺势登录微博、抖音或其他手机App，看看身边发生了什么趣事、世界发生了怎样的变化。而这样的"查看"会在一天的碎片时间内上演很多次，成为下意识的肌肉行为。天各一方的朋友不必焦急期盼着见字如晤，一个视频电话就能让大家"促膝长谈"。而借着网络一线牵，内向的人不必再害怕社交，陌生人也能迅速热络起来。于是信箱里的报纸和信件消失了，快递柜里的网购包裹成就了每日的惊喜。操场上玩泥巴的小朋友不见了，虚拟世界里开黑联排的"战友们"增多了。纸和笔虽然未被弃用，但电脑等生产工具成了人们的不二选择。唱片、磁带和录像带都落了灰尘，剧场的时间难合心意，倒不如打开平板，戴上耳机，隔绝外界干扰，沉浸在一场场视听盛宴中……如果有个从一百年前意外来到现代的穿越者，他一定会惊讶于所看到的一切，但对于我们大多数人来说，这些与新媒介共生互动的情景似乎平常得如同吃饭饮水，白首黄童皆享乐其间。

毋庸置疑，媒介文化已然渗透至日常生活的方方面面，以至于很多时候，我们很难跳出现有的视角审视和理解它带来的巨大影响，甚至会忘记自身正处在一个由媒介环绕的世界中。也正是这种潜移默化的、沉浸式的生活体验，让媒介主宰了我们每一天的心得体悟。

既然我们已经感知和发现了媒介文化飞速融入现代人的工作和生活方式，那么就应该思考和讨论这种融入、参与的作用、价值及后续影响。社会化理论认为，人在一生中需要不断提升自身的社会化程度，如学习生活技能和工作技能、培养沟通能力和思辨能力、内化社会主流价值观，以便更好地适应现在及未来的社会生活。个人的社会化不是刻意而为的教学，也没有限定场景，在个人与他人、个人与环境的交互中，社会化进程会自然而然地向前推进。美国传播学者赖特认为，现代人社会化的场景除了家庭、学校等人际交往圈层，还有特定的大众传播环境。除了社会化功能，环境监视、解释与规定，以及提供娱乐也是大众传播的重要功能，即媒介"四功能说"。换言之，媒介对个人生活的参与程度远比想象中的深远：它不仅提供了现代化生活方式的范例，还是我们愉悦自身、获得身份认同、内化社会价值观、感知所处环境并做出恰当回应的关键场景。

这样的关键场景正随着大数据、5G、人工智能（AI）等新网络技术的更迭发展而扩大，赋予了媒介文化更强劲的生命力。人们的生活方式和社会认知模式不断更新，迫使各行各业启动自我变革以适应时代发展，而新产业、新业态蓬勃发展、层出不穷，又延续了我们每一天的生活创新。无论是年轻人还是银发族，我们越来越离不开媒介带来的全新体验，甚至必须主动参与媒介文化传播，才能满足我们在工作、生活、精神娱乐等方面的独特需求，媒介文化也由此重塑了我们思考、沟通和交往的方式。也就是在这样的紧密相连、共生互动中，媒介与我们的关系发生了巨大的变化，也出现了一定程度的扭曲。

看不见的网络通过一个个数字信号把被它吸引而来的人们网罗其间，却在拉近人与人之间的距离后又异化了人们的正常交往，在帮助我们认识广袤世界之后又极端化了我们的认知。奇文瑰句被弃之不用，而各类网络暗语和缩写如病毒般迅速传播；娱乐化的表达渐成主流，严肃的讨论却被边缘化；和而不同似乎成了奢望，立场优先而思辨渐行渐远；愉悦感的阈值越来越高，我们再难从现有的媒介使用中获得满足，暴戾逐渐填充了网络空间。只一句"娱乐至死"都述不尽心中感慨。大概这就是有人以"礼崩乐坏"来描绘当下时代，并将祸水源头归咎于网络文化兴盛的原因吧。尤其当青少年成为媒介文化的主要受众时，人们的消极情绪中又多了几分担忧。青少年正处在生理、心理急速发展，人际交往和外部环境交替变化的"风暴"期，时刻徘徊于矛盾与挑战间。由于媒介对日常生活的全方位浸染，他们不可避免地开始独立接入互联网和大众文化，更把网络当作他们逃避现实世界的空间。只是他们的初级社会化进程尚未完成，未能形成独立思考、理性判断的能力，容易被各类网络事件误导。知悉了这些，对青少年群体媒介参与的正确引导就显得格外重要。

那么，在媒介文化传播与人类社会联系愈加紧密的今天，媒介文化应被视为人类进步的推力还是阻碍？不同年龄层的人们是如何参与媒介文化的？而网络文化给他们带来了怎样的影响？我们又该如何面对网络中复杂的传播现象和事件？当越来越多的人开始思考这些问题时，本套媒介与大众文化科普丛书的出现就恰逢其时。本丛书力图通过揭示媒介文化的形成机制来引导读者认识复杂的文化现象，培养理论洞察力和批判能力，不断拓宽视野。本丛书选择了十个人们在日常生活中关注并参与的话题，希望通过对具体个案的描述和分析，将传播学的基本理论做深入浅出的解读，帮助读者学会以传播学的视角辩证地思考周遭发生的事务，进而萌生对传播行业的兴趣和喜爱。

浙江大学求是特聘教授　吴飞

目录

绪　言

不期而遇的网红时代

"网红"，不经意间已经成为这个时代的流行语，不同领域的人被冠以网红之名，成为公众瞩目的焦点，而一场轰轰烈烈的互联网造星运动也已经持续了几十年。当我们去审视网络虚拟空间创造的偶像、明星时，我们不禁要问：他们到底与那些过往时代里的偶像、明星有什么区别？诚然，每个时代的偶像、明星都有不同的出生和成长环境，拥有不同的文化背景与教育观念，这也造就了他们不同的人生观与世界观。同样的，在不同的时代，公众也不同，他们有着自己的倔强与骄傲，他们愿意把流量和注意力给予那些他们眼中的"真正偶像"。而这些网红或许正是公众自己的"镜子"和"方向"。在这个网红遍地的时代里，一方面是全民皆可成为网红，另一方面是不做网红只做自己，而无论是何种选择，我们要呼唤什么，我们要坚守的又是什么？当今时代的网红又该具有怎样的影响力和号召力？

本书将新媒体技术的发展作为影响网红现象的重要变量，从传播学的理论视角对该现象展开分析和解读，剖析网红的政治、经济、文化与技术背景，探讨这场互联网造星运动背后不同力量的控制与博弈，以及不同网红群体所面对的社会影响。在研究方法上，本书对网红群体和网红机构进行了深度访谈，对媒体内容采用大数据挖掘、文本分析与内容分析的方法，掌握了大量第一手数据资料。同时，本书也对网络公众进行了问卷调查和深度访谈。从传播者、受众、平台、媒体机构和内容等多个维度梳理了网络造星运动背后网红加冕的内在逻辑与具体脉络。同时，本书根据网红群体的年龄划分，选择儿童网红和银发网红作为最具年龄差异化的研究对象，选择知识网红和电竞网红作为在专业细分领域最具差异化的研究对象，进行案例分析和媒介话语分析，探讨传统媒体和公众对网红群体的认知和期待。

在网红这轮造星运动中，传媒技术的发展变革成为影响网红特点的决定性因素。本书对中国互联网的历史事件进行梳理后发现，20 世纪 90 年代是以痞子蔡、安妮宝贝等为代表的网络写手组成的中国初代网红阶段；而跨入新世纪后，芙蓉姐姐、犀利哥成为图文结合时代的网红代表。门户网站和网络社区的发展与普及使得互联网造星进入了一个野蛮生长与道德恐慌的年代。一方面这些出身草根的网红可能因为某些偶然因素在不经意间异军突起，另一方面低门槛、娱乐化与媒体炒作使得网红开始成为区别于主流文化的异类。社交媒体崛起也促使网红开始逐步摆脱相对独立的地位，以较为成熟的专业化内容生产和商业化运作引领整个行业的发展。该阶段的网红也开始逐步被更大范围的公众所接受，甚至成为数字经济的代表。移动互联技术驱动下的网络直播被称为网红 4.0 时代，基于获取关注度、创造商业价值、成名在望等各式各样的目的，人人皆可成网红俨然成为一种社会潮流。

网红作为锚定市场需求的造星运动成果，其背后是网民、平台、机构在相互助力推动。本书对国内头部平台和 MCN（Multi-Channel Network，多频道网络）机构展开调研和访谈后发现，社群文化、粉丝文化、消费主义与情感传播促使网民深度嵌入互联网的造星机制。网络新媒体平台作为传播渠道一方面需要为作为传播主体的网红提供内容，另一方面通过流量的控制和分配直接决定着网红的生存。MCN 机构作为与网红伴生的行业企业，在提升行业专业化与成熟度的同时，也在一定程度上提升了行业内外部的竞争烈度。从网红的"人气"到"金钱"的转化背后是逐步成熟的规则制度和产业链，同时也是网红、网民、平台与机构之间的拉扯与博弈。

当网红从社会边缘的亚文化逐渐走向公众视野，甚至成为趋之若鹜的理想追求时，我们不得不去审视其背后深层次的文化动因。在对 37 位网红进行深度访谈后，我们发现自我表达、寻求认同、利他主义、自我实现与时空脱嵌是其重要的内生动力，而更为强烈的则是消费主义、金钱崇拜，以及媒体建构的成名与变现的想象。这些外部驱动力影响着人们的人生观与世界观，使人们在短期利益与长期追求之间彷徨。平台与机构通过兜售网红扩散社会的焦虑与浮躁，再以虚幻和娱乐麻痹公众，而背后皆是资本与利益。

从网红出现开始，其负面标签就是其挥之不去的刻板印象。我们对传统媒体和社交媒体中关于网红的报道进行了内容分析，发现传统媒体对于野蛮生长中的网红群体的评价从极端负面到偏负面，再到试图收编并在正面与负面之间摇摆。传统媒体普遍采用一种批判视角，认为互联网造星运动背后是流量至上与商业驱动，也因此导致价值观的扭曲、行为的低俗、情感的过度消费，进而使得网络空间陷入矛盾对立的病态，公众需求层次被拉低，社会风气走向衰败。因此，传统媒体普遍赞同对网红群体的强监管，以及呼吁对公众的教育和引导。

网红经济无疑是当前新媒体产业与数字经济领域的新财富密码，尤其是直播电商领域的头部网红，往往能够带来数以亿计的观看量和消费额，而这也使其成为改变消费市场格局的重要力量。我们对国内涉及直播电商领域的 MCN 机构和平台展开案例研究和政策分析，发现机构、平台与品牌方多方竞争成为当前网红经济高速发展的动力源泉，而竞争的核心都是对网红资源的控制，其在一定程度上支撑和驱动了行业的发展，也不可避免地导致行业发展的泡沫和过剩。

网红群体涉及很多人群，其中争议最大的就是过早涉足该领域的儿童网红。

我们尝试对儿童网红的案例进行分析，并对与儿童网红相关的新闻报道进行内容分析，探讨媒体是如何建构儿童网红群体的。然而我们发现传统媒体往往将儿童网红塑造成一种异类，夸大和扭曲儿童网红的形象，通过道德标签塑造集体共识，加深社会恐慌，而专家意见往往被用于增强社会敌意，进而使社会对于儿童网红存在普遍的道德恐慌。学业荒废、娱乐低龄、赚钱工具、备受剥削等消极标签，使儿童网红成为"洪水猛兽"。与儿童网红不同，相对高龄的银发网红却备受推崇。这些中老年网红群体不仅圈粉无数，而且正在改变人们对网红的刻板印象和负面评价。在对银发网红的研究中我们发现，中老年网红往往成为潮流生活的引领者、文化知识的传播者和生活哲学的引导者，他们个性鲜明，打破年龄限制，用活力热情构建了健康美好的形象，甚至以更高的媒介素养获得了公众的认可。也正是由于大量银发网红的参与，网红群体变得更为丰富多元，网络空间生态也更趋于平衡。

知识网红和电竞网红是媒体和公众对于网红群体的期待和认知完全不同的两个群体。在对哔哩哔哩视频网站的知识网红进行案例分析和内容分析后发现，知识网红作为科普领域的意见领袖，普遍有较为突出的专业背景和较高的媒介素养，能够将深奥的科学知识转化为通俗易懂的媒介内容，更能够与粉丝建立强烈的情感联系。但是，知识网红也是最容易"翻车"的群体，科学领域的细分和媒介内容生产的压力，可能导致虚假信息、浅层互动和侵犯知识产权等问题。与知识网红不同，电子竞技领域的网红长期备受争议，一方面他们可能因赛事成名，而另一方面他们又必须面对"网瘾少年"的刻板印象。在对媒体新闻报道的研究中，我们发现主流媒体会选择性忽视这些电竞网红，仅有的少数报道中也存在误解和偏见，但是在粉丝群体眼中这些电竞网红有着与体育明星类似的天赋、拼搏精神和荣誉。其中与电竞相关的垂类媒体起到至关重要的造星作用。与主流媒体不同，这些电竞垂类媒体在塑造电竞网红们完美明星的神话，但是在现实中这些电竞网红存在受教育程度不高、行为举止粗俗等问题，甚至具有一些不良嗜好。因此，如何完善电竞领域的教育和规范，以及如何让青少年正确地认识电竞网红，确立正确的人生观与价值观是至关重要的。

　　当前，社会对于网红的认识是多样化的，甚至存在对立与矛盾。本书寄希望于通过梳理不同维度的案例，让读者形成对网红群体和网红现象相对全面的了解，同时选择最具典型性的网红群体进行有针对性的研究；希望能更具体地呈现网红群体的复杂性与矛盾性。当然，在互联网和新媒体发展的背景下，网络空间的造星运动与网红群体的崛起已经是大势所趋，只有客观看待和理性分析，才能更好地做出独立判断与选择。

第一章

网红进化史：媒介技术的"弄潮儿"

    2015 年，《互联网周刊》发布"2015 年中国网红排行榜"，使"网红"词正式走入大众视野。《咬文嚼字》编辑部对该词的解释为："'网红'即'网络红人'，指被网民追捧而走红的人。"国外部分学者认为网红是网络名人的缩影，他们靠成为网络名人为生，而网络名人在世界各地的出现方式取决于人们的文化规范、媒体设备和个性的社会实践。[1] 一般而言，网红的特征包括：具有一定的网络影响力；以娱乐化或生活化形象走入公共视野[2]。学界对于网红的定义尚未统一，但可以肯定的是，网红的出现与发展离不开媒介技术的不断更迭。有学者说："从某种意义上说，网络红人的演进历程与互联网技术的发展亦步亦趋，使得网络红人群体天然

---

1 ABIDIN C. What Is An Internet Celebrity Anyway?[M]//Internet Celebrity: Understanding Fame Online. Emerald Publishing Limited, 2018: 1–18.

2 谭舒，李飞翔. "知识网红经济"视域下全民价值共创研究[J]. 科技进步与对策, 2017, 34(03): 123–127.

地带有媒介技术变革的发展印记和特质。"[1] 网红在不同的发展阶段呈现出其特定的形态和特征，目前学术界较为认可的是将其划分为四个阶段，但对于每个阶段较为细节的划分标准或技术及形态要求都还存在差异。本章借鉴了学者袁奂清依据网络技术进步而将网红发展划分成的四个阶段：网红 1.0 文字时代、网红 2.0 图文时代、网红 3.0 富媒时代和网红 4.0 移动时代[2]。本章通过剖析每个阶段的媒介技术发展背景，结合该时代网红的具体案例，总结该阶段网红的特征及影响，从而对我国网红的发展历程进行梳理，以期能够让读者对网红的产生、发展阶段与媒介技术之间相伴相生的紧密联系有较为清晰的了解。

第一节 "内容为王"的文字时代

在互联网技术发展的早期，有的网红是因为创造了独特的内容而走红，有的是因为独特的个性，有的是因为独特的身世，还有的是因为卷入了某个事件，或者只是缘于某个病毒式视频或者病毒式照片而大红大紫[3]。而从媒介表面看，这是一个以文字创作为主的时代，网络写手代表了以"内容为王"成名的网红萌芽期，即网红 1.0 文学时代。

一、网络写手的成长及延播的空间与范式

1994 年至 2000 年是网红 1.0 时代，这时我国刚接入互联网不久，数字信息技术不够发达，网民获取信息都以文字信息为主[4]。1994 年，一条 64K 的国际专线接通，中国互联网时代正式开启。随着门户网站的建立、论坛的兴起，普通网民有了能参与新闻内容创作的机会[5]。在当时的网络环境中，文字作为信息的唯一载体，

1　敖鹏.网红为什么这样红？基于网红现象的解读和思考[J].当代传播，2016(04): 40-44.

2　袁奂青.网络直播对网红与粉丝关系的影响研究[J].新闻爱好者，2019(05): 91-94.

3　胡泳，张月朦.网红的兴起及走向[J].新闻与写作，2017 (01): 41-45.

4　袁奂青.网络直播对网红与粉丝关系的影响研究[J].新闻爱好者，2019(05): 91-94.

5　李化来，沈玲玲.网红现象的传播学解读[J].编辑之友，2017(05): 65-68.

以内容为王的网络写手们在朴实无华的网络空间中大展身手。互联网是孕育网红
1.0 的肥沃土壤，网络平台是网红诞生的场域空间[1]。网络写手乘上互联网初期的东
风，在虚拟空间中匿名写作，利用自身的才情及文笔挥洒出令"网虫"（中国互联
网初期对上网用户的称呼）们不断追捧的作品，极大丰富了初代网民的精神世界，
同时也给中国初期的互联网世界留下浓墨重彩的一笔。网络写手的发展也带动了
中国网络文学的发展，挑战了精英作家和文化知识分子的权威，实现了作者的自
我赋权，改变了传播和互动的方式。[2]

　　网络写手在互联网接入后的虚拟世界"圈地自萌"、吸"粉"无数。自身强
劲的文字功底与内容生产能力是网红之本。网络写手们大都活跃在BBS（Bulletin
Board System，简称电子公告板）及各大论坛，这些论坛社区的出现也是我国互
联网技术逐渐发展的具象化表现。由于技术的限制，当时传输信息的载体较为单
一，网民只能阅读和发表文字，于是善于构思故事、文采飞扬者更得网民欢心，
如南派三叔、安妮宝贝等网络写手无疑是最早通过互联网平台获得大量粉丝关注
的网红[3]。1998 年到 2004 年，网络平台所孕育的网络写手们大多个性鲜明、"离经
叛道"，以自身独特的文笔和风格，为当时"非主流"的网络文学开辟了新的出路。
网络平台为他们提供一个前所未有的自由、博大的平台[4]。各大网络社区的匿名性，
使得网络文学作家能够更加专注于内容输出，同时吸引志同道合的"网虫"。新浪
BBS、天涯论坛、猫扑论坛等各大论坛，以及起点中文网、榕树下等文学社区的写
手们在此时已经具备了网络红人的形态特征[5]。当具有强烈吸引力的文字作品被创
作出来后，伴随着互联网的即时性、传播快等特点，网络写手能够快速将作品分
享给读者，并及时收到他们对内容的相关反馈，促进网络写手们对作品的创作和

1　敖鹏.网红为什么这样红？基于网红现象的解读和思考[J].当代传播，2016(04): 40-44.

2　LU J. Chinese historical fan fiction internet writers and internet literature[J]. Pacific Coast Philology, 2016,
　　51(02): 159-176.

3　敖鹏.网红的缘起、发展逻辑及其隐忧[J].文艺理论与批评，2017(01): 135-143.

4　敖鹏.网红为什么这样红？基于网红现象的解读和思考[J].当代传播，2016(04): 40-44.

5　敖鹏.网红为什么这样红？基于网红现象的解读和思考[J].当代传播，2016(04): 40-44.

更新。而阅读到优秀文学作品的"网虫"们，也能够依靠互联网传播速度快、辐射面广等特点，将网络写手的匿名ID（Identity Document，身份标识号、账号等）及其作品进行有效的传播。

二、从BBS到各大网络社区：得"网虫"者得天下

网络论坛具备快速、便捷、价廉等特点，消除了城市、地区及国家之间的有形边界，使得各地目标相同、兴趣相近的个体都可以通过网络进行交流[1]。在网红1.0时代，BBS当之无愧地成为网红的发源地。

提到BBS，伴随着互联网而生的"Z世代"（网络流行语，新时代人群，也称网生代、互联网时代数媒土著等）可能会感到陌生，但是对于80后、90后而言，作为网络社区鼻祖的BBS如今已经成为"时代的眼泪"，不论是当初红极一时的西祠胡同还是水木清华，都或多或少在时代车轮的碾压下褪去了当时的繁华。如今伴随着互联网技术的迅猛发展，即便是90后熟知的百度贴吧也难再有当年的火爆景象。

BBS最早出现于20世纪70年代的美国，通过PC（Personal Computer，个人计算机）、调制解调器、电话线和计算机软件连通。后来逐渐进入互联网，一些团体或公司设立了BBS站点。发展之初，其以提供信息服务为主，用户通过注册一个匿名ID登录BBS，就可以阅读其他人发表的内容，也可以自由地发表自己的观点，用户可通过Telnet（远程登录）软件连接。这种方式使同时在线访问的用户容量大大增加，多人之间的直接讨论成为可能[2]。基于Web的BBS的出现，使BBS走向平民，成了大众发表言论、进行思想沟通的工具，因而有人称之为"网上社区的灵魂"[3]。国外有学者认为BBS是一种由计算机驱动的大众媒体，它的特殊参与性和互

1 张双."宝马撞人"事件中网络论坛的火爆现象探析 [J]. 新闻界，2004(01)：32–33.
2 刘娟. 论网络论坛中的舆论形成与舆论引导 [D]. 武汉：武汉大学，2005.
3 程德华. 论BBS上的舆论引导 [J]. 莆田学院学报，2003(04)：56–59.

动性为动机和实际使用的研究提供了一种使用和满足的方法[1]。技术的进步让越来越多的网民开始涌入BBS，网络上也逐渐出现了各式各样的BBS以及网络社区：有政府机关用于文件传输和信息发布的BBS，有公司用于联系、吸引和服务用户的论坛系统，还有高等院校建立的BBS、个人开办的论坛站点，以及由互联网网站建立的网络论坛。而国外学者认为BBS不仅是传递和获取信息的平台，还是普通民众进行政治辩论、交流意见的公共领域，带有一定程度的政治色彩[2]。如雨后春笋般壮大的BBS队伍离不开网络的发展，它的兴起是以网络技术的发展为背景和前提的。网络传播自20世纪70年代发端，经由20世纪90年代勃兴。网络以其传播的数字化、超链接、交互性、聚成性、全球化、便捷性等特点，使BBS成为网民们追随的潮流。而网络技术的发展则提供了功能更为强大的信息传播和意见交流工具，基于网络科技，互联网上出现了在线聊天、电子邮件、新闻讨论组和电子公告板，而后来出现在网页中的网络论坛，用户可直接利用浏览器使用，操作简单易行，使其得以兴盛和繁荣[3]。当网民们不断涌入BBS论坛时，虚拟世界中自由和略显枯燥的氛围，亟须一批富有想象力并热衷于创作的人来为其增光添彩，以键盘为笔，以屏幕为纸，以内容为王的网络写手们，顺势而来。

对于80后、90后一代"网虫"而言，痞子蔡、安妮宝贝等都是记忆中如数家珍的网络写手。网络写手们同时也直接开辟了区别于传统文学的一片蓝海——网络文学。中国的网络文学发祥于互联网上的Alt.Chinese.Texts新闻组，而真正使网络文学为越来越多国人所了解、关注的，当归功于1999年仲夏台湾网络作家"痞子蔡"（原名蔡智恒）读博士时在BBS上发表的连载小说——《第一次的亲密接触》。它从"网上"走到"网下"，成为中国第一部由传统意义上的出版商出版发行的网

1　RAFAELI S. The electronic bulletin board: A computer-driven mass medium[J]. Social Science Micro Review, 1984, 2(03): 123-136.

2　BENSON T W. Rhetoric, civility, and community: Political debate on computer bulletin boards[J]. Communication Quarterly, 1996, 44(03): 359-378.

3　刘娟. 论网络论坛中的舆论形成与舆论引导 [D]. 武汉：武汉大学, 2005.

络文学代表作品[1]。《第一次的亲密接触》讲述的是"痞子蔡"与"轻舞飞扬"通过网络相遇相识相知，坠入爱河并最终由于轻舞飞扬身患重病而生离死别的凄美爱情故事。这部作品在当时被蔡智恒发送到BBS上之后立即引起了轩然大波，并最终成为网络文学的开篇之作，同时也让"痞子蔡"成为网红1.0时代家喻户晓的网红。痞子蔡的《第一次的亲密接触》顺应了当时潮流，运用了大量的网络语言，以爱情为主题，融汇了大量具有他个人风格的"痞"和幽默，从而火爆全网。痞子蔡用自己的文笔扛起网络文学的大旗，鼓励了一大批网络写手在网络论坛上发表各类作品，网络文学世界呈现一派繁荣。如果说痞子蔡是网红1.0时代的旗手，那么安妮宝贝无疑是将网络文学带入高潮的另一位网红。

中国最知名的原创文学网站"榕树下"于1997年12月25日创立，中国的免费电子邮件系统也在这一年开通，时年24岁的安妮宝贝恰好在这一年开始了她的网络写作生涯。这是巧合，也是命运，安妮宝贝就是借助这样一个新兴的平台为网友所熟知[2]。安妮宝贝从1998年开始在网络上发表小说，并于2000年在她的第一本小说集《告别薇安》正式出版后脱离了网络创作。她凭借独特的文笔风格成为家喻户晓的又一位网红。安妮宝贝原名励婕，是浙江宁波人，也是2000年国内风头最健的网络文学作者[3]。如今，安妮宝贝的许多文学作品已经被翻拍成影视作品搬上了大银幕，如电影《七月与安生》的原著作者即是她。安妮宝贝的文风与痞子蔡大相径庭，她的文笔优美，笔下的人物总是带着对内心往事的隐伤和疼痛，不断告别、行走、漂泊在路上，去追求他们心中所期待的情感，完成倾诉或是探究生与死、关于时间或是宿命等问题的答案[4]。深刻悲情又细腻的文字勾起了越来越多都市"网虫"内心深处的彷徨和迷茫，也让许多安妮宝贝的读者找到了心灵的慰藉。如果说蔡智恒的小说主要诉诸理性，带有理工科出身的人特有的那种对逻辑

1 唐余俊. 从网络小说看网络文学基本特征 [J]. 盐城工学院学报 (社会科学版), 2002(02): 54–58.
2 刘兆丰. 放肆与无畏的"伤花怒放"：浅谈安妮宝贝从网络写手成功转型为作家的因素 [J]. 大众文艺, 2014(06): 261–262.
3 李碧琰. 安妮宝贝创作论 [D]. 上海：复旦大学, 2008.
4 李碧琰. 安妮宝贝创作论 [D]. 上海：复旦大学, 2008.

推理的偏好，那么安妮宝贝的小说则侧重于一种感性体验。这是一种更像诗的小说，简练、跳跃而飘忽[1]。她通过文字反思物质观，以悲凄的叙事带读者们一同感受网络世界的孤独。安妮宝贝的走红绝非偶然。她的创作在一定程度上反映了都市人的隐秘心理，揭示了现代都市的悖论及边缘群体的生存感受[2]。以深刻的文字共情时代的病症，安妮宝贝用自己的笔尖感触了同代人无法言喻的悲伤和痛苦，被大批"安迷"追随，成为当之无愧的网红。

三、文字时代网络写手的特征

文字时代作为网络发展的早期阶段，其技术上还存在许多局限，诸如传输信息载体较为单一、传播覆盖面也较窄等，但时势造英雄，这些条件并没有阻挡那些能够抓到技术的机遇并吃到红利的人变得家喻户晓，痞子蔡如是，安妮宝贝也如是。他们作为网红的元老级嘉宾，可能无心插柳也收获颇丰。这一时期的网络写手的特征主要可以概括为以下几点。

第一，见字如面。这一时期的网络写手们由于技术和其他种种原因，多是在电脑屏幕后进行创作，基本不正面出现在网络视野中，他们与读者之间的互动关系依靠的是其作品传达的文字符号。因此，这一时期的网民对所喜爱和追随的网络红人并没有一个清晰的印象和模样，只是透过作品对网络写手形成了一种内在的精神层面的模糊理解甚至进行了一定的印象加工[3]。不同于如今高速发展的网络环境和"颜值至上"的评判标准，文字时代的网红们无须露脸，甚至在拥有知名度和影响力之后，粉丝们和追随者们也并未将颜值或容貌的要求强加在他们身上。文字符号在网红与追随者之间流动，见字即如见面。

第二，草根出身。不论是痞子蔡，还是安妮宝贝，都是纯粹的草根出身。"英雄不问出处"，他们没有显赫的家世背景，他们简单、质朴、平民化、不浮华、不

---

1 杨新敏. 安妮宝贝：在寂静中感觉心灵的喧嚣 [J]. 南京邮电大学学报 (社会科学版), 2006(01): 57–61.

2 黄志刚. 都市悖论下的人生困境：论安妮宝贝小说创作 [J]. 宝鸡文理学院学报 (社会科学版), 2005(05): 56–59.

3 杨庆国, 陈敬良. 网络红人形象传播及其符号互动模式研究 [J]. 中国青年研究, 2012(07): 91–94, 90.

鼓噪、不虚张，契合那个时代的情调、叙述话语和文字需求，应和普通人的悦纳心理、自在寻常和闲暇娱乐[1]。互联网为草根阶层打破传统话语权垄断铺平了道路，而这一时期的网红们则通过互联网实现了个人命运的逆袭。他们以朴实而又贴近现实的传输方式，受到网民们的极大崇拜。

第三，变现方式单一。谈及现在的网红，更多是流量、粉丝、快速变现的代名词，但是文字时代的网红们，由于当时互联网的发展还处于刚起步的阶段，传播范围也较为有限，网络写手们的变现方式单一，多为将网络作品进行出版刊发或者像安妮宝贝那样售卖版权给影视制作方等方式。当时的互联网环境比较简单，商业变现思维或途径也非常有限，因此许多当时红极一时的网络写手并非全职写作，更多是凭一腔热血"为爱发电"。

四、文字时代网络写手的影响

第一，打破传统文学壁垒。早期的传统文学门槛较高，把许多有写作抱负的人拒之门外，而互联网让网民能够自由表达、自由书写，并且在BBS不断兴起和壮大的时刻，催生了网络写手。他们凭借文学天赋和网络技术，掀起了网络文学与传统文学之间的一场革命，让更多想成为作家的网民能够有平台去发挥。这一时期的网络写手们不仅以作品鼓励了一大批怀揣着理想抱负的人从事写作，而且也推动了文学革命的进程，他们让网络语言更加生动，让网络环境更加多元。《第一次的亲密接触》的正式出版，更是吹响了网络文学向传统文学宣战的响亮号角。

第二，推动互联网空间进一步发展。20世纪八九十年代的互联网是新鲜事物，网民们也是在逐渐使用和体验中增加对它的了解。BBS的出现和发展让网民们有了可以聚集的精神园地，而网络写手们的作品则是给了他们聚集的理由。不论是痞子蔡、安妮宝贝，还是天下霸唱、南派三叔，都凭借作品为丰富网民的精神和文化生活起到了添砖加瓦的作用。他们的风靡吸引了更多人开始上网，开始探索精彩的网络世界，直接或间接地推动了互联网空间的进一步发展。

1　敖成兵. 多元时代共生衍创背景下的网红现象解读[J]. 中国青年研究, 2016(11): 4–11.

第二节　审美审丑交织的图文时代

在内容为王的文字媒体时代，网络写手需要通过他们的成就、才能或地位才能成为公众关注的焦点。而在互联网图文时代，网红所代表的则更多是格雷姆·特纳（Graeme Turner）所说的平民转向（demotic turn）[1]："任何一个平凡的普通人，无论他有没有非凡的成就，有没有才华，有没有社会地位，都可以被推到聚光灯下培养成名人。"[2] 他们具有在视觉上吸引观众注意力的平台资源，又被赋予了将流量转化为金钱的敏锐能力，他们的私人生活和个人问题成为令人瞩目的焦点、公众讨论的热点议题。在此阶段，普通人在网红群体中扮演着至关重要的角色，他们的成功既因为他们与众不同，也因为他们是普通人，就像我们一样，只是更幸运、更大胆，以及得到了更好的推销[3]。

一、有图有真相：网络炒作开启网红 2.0 时代

CNNIC（China Internet Network Information Center，中国互联网络信息中心）发布的《第十五次中国互联网络发展状况调查统计报告》显示，截至 2004 年 12 月 31 日，中国的上网用户总数达到 9400 万人，2005 年，新浪博客上线，宣告中国正式步入 Web 2.0 时代。研究发现，网民们使用博客存在诸多动机，如利用博客来"记录我的生活"、发表评论和宣泄情绪等[4]。技术的发展为网红进入图文时代铺平了道路。这一时期的互联网技术有了新的发展和飞跃。相较于网红 1.0 时代依靠文字传播的网络写手们，这一时期博客及其他社交网站实现了初步的可视化，图片可以上网传播，网红们开始从幕后走向台前，图片和文字成为网红的标配。如芙蓉

1　TURNER G. Understanding celebrity[J]. Understanding Celebrity, 2013: 1−184.

2　ABIDIN C. What Is An Internet Celebrity Anyway?[M]//Internet Celebrity: Understanding Fame Online. Emerald Publishing Limited, 2018: 1−18.

3　GAMSON J. The unwatched life is not worth living: The elevation of the ordinary in celebrity culture[J]. Pmla, 2011, 126(4): 1061−1069.

4　NARDI B A, SCHIANO D J, Gumbrecht M, et al. Why we blog[J]. Communications of the ACM, 2004, 47(12): 41−46.

姐姐、木子美、犀利哥等，这一时代的网红开始综合运用图片符号并辅以文字内容，以便更全面地展示自己，观众们也开始关注信息背后具体的人[1]。

不同于文字需要通过阅读和想象，图片能够给观众以非常直接的视觉冲击，尤其是在中国互联网空间还较为朴实的阶段，网民们对网络世界的了解程度也还处于相对匮乏的时期。此外，自我表达的社交平台博客的出现，即时的交流缩短了不同博主之间互动的距离，为网红的培育和影响力传播创造了条件。"有图有真相"能够在很大程度上概括当时诞生的网红的重要特征。图文时代的网红不同于文字时代的网络写手，他们即使没有与生俱来的文学天赋和才情，也能够依靠几张出奇制胜的图片受到大量网民的追捧。这一时期网民强烈的猎奇心理带来了一场网络炒作的狂欢，通过炒作成名在这一时期尤为多见。有学者认为，这一时期的网红实际上是"现实生活中经济关系多元化和利益关系多极化的直接产物……其本质可以说是精彩不断的平民秀"[2]。除此之外，同期的传统媒体在为网红造势方面也有着不可小觑的力量。这一时期的消费主义盛行和娱乐化倾向，让大量传统媒体也开始加入为网红设置议程的队伍中，电视、报纸等都为网红的传播助力。网络空间的匿名性为网民们提供了一个相对宽松、自由、安全的环境，让网民的心理负担降到最低，这也在一定程度上催生了猎奇心理[3]。综合了以上各种因素的媒介环境，网红2.0时代的网红多通过各种新奇的方式走红。

二、从芙蓉姐姐到犀利哥：美丑都能红

"我那妩媚性感的外形和冰清玉洁的气质，无论走到哪里都会被众人的目光无情地揪出来。我那张耐看的脸，配上那副火爆得让男人流鼻血的身体，就注定了我前半生的悲剧。"这是图文时代火爆全网的芙蓉姐姐的经典名言。作为网红2.0时代的巅峰人物，芙蓉姐姐通过在天涯论坛上发布挺胸提臀的S形照片外加极度

1　李化来，沈玲玲. 网红现象的传播学解读 [J]. 编辑之友，2017(05): 65-68.

2　杨庆国，陈敬良. 网络红人形象传播及其符号互动模式研究 [J]. 中国青年研究，2012(07): 91-94+90.

3　彭云峰. 网络红人现象的本质与兴起原因探析：以"芙蓉姐姐"和"犀利哥"为中心 [J]. 东莞理工学院学报，2013, 20(02): 82-86.

自恋的文字迅速引得全网网民的追随。她的自我炒作方式如果放到现在，更像是走"黑红"路线。不同于网红 1.0 时代网络写手们的文化内涵，她剑走偏锋，以大胆展示性感照片抓住观众的眼球，通过持续不断地发布有关自己考研的经历和人生相关遭遇，不断满足当时网民的猎奇心理，从而走红。当芙蓉姐姐在水木清华 BBS 造成万人空巷的媒介奇观时，除了互联网技术进步的助力，传统媒体也同样功不可没。芙蓉姐姐最早在清华论坛上出名，迅速在网络上成为众网民皆知的明星级人物，但其产生的影响还只局限在各大网站、论坛，并未涉足现实生活领域。然而随着其网络知名度的持续攀升，很快便引起了电视、报纸、电台等大众媒体的关注，被邀请出席各种社会活动[1]。21 世纪初，也正是传统媒体独霸一方的时代，这一时期传统媒体更是权威的代名词，因此，在不断设置有关芙蓉姐姐的议题后，现实世界的观众、读者等也都知道并了解了芙蓉姐姐。伴随着知名度的上升，芙蓉姐姐开始受邀出席各种活动，赚足了人气，成为当之无愧的网络红人。有学者认为芙蓉姐姐可以用"丑角"来解释，"丑角、丑闻的周围从来不缺乏围观的人群和欢愉的笑声，媒体的聚焦和炒作更使它们成为娱乐之源"[2]。当注意力成为媒体不断争夺的流量资源时，无论美丑，只要能够抓住观众的眼球，能够获得点击率，他就会成为被报道的对象，犀利哥也是如此。

犀利哥的走红源于一场意外，最后演变成了全民的炒作。他的走红源于蜂鸟网上的一组图片，图片上的犀利哥衣衫褴褛，但是面部线条硬朗，五官分明，凌乱的发型配上犀利的眼神，颇有七分不羁和三分帅气，与其他的乞丐大有不同。这组图片后来成为天涯论坛上一篇帖子的重要内容，一经发布，便引发网民的不断追捧。网民们把他誉为"极品乞丐""究极华丽第一极品路人帅哥""乞丐王子"等，使其影响席卷全国，并迅速传至日韩和欧洲国家[3]。随之而来的更是一场引爆

1　和飞. 从媒介历史的角度看病毒式网络传播的潮起潮落 [D]. 成都：四川大学, 2007.

2　李振. 媒介视野中"丑角"原型的娱乐价值：以"芙蓉姐姐"现象为例 [J]. 华中师范大学研究生学报, 2005(03)：34−37.

3　余霞. 网络红人：后现代主义文化视野下的"草根偶像" [J]. 华中师范大学学报(人文社会科学版), 2010, 49(04)：105−110.

网民参与的改图大赛，各路网友各显神通，将犀利哥的原图背景通过修图软件更改成为各种各样的背景，有一百个网友就有一百个风格各异的犀利哥，在不断的发布和传播中掀起一场网络狂欢。犀利哥本是摄影爱好者的偶然捕捉，却因网络传播被去背景化。令其迅速传播和走红的俨然不是他的真实身份和生活背景，而是吸引点赞和转发的视觉刺激[1]。纵观其走红过程，网民和媒体并不关心犀利哥的真实身份、生活背景，甚至忽略了他作为弱势群体（流浪者）存在的基本事实，而聚焦于其犀利的眼神和混搭的服饰风格，并在编码和传播过程中不断将其强化和凸显，最终使之成为犀利哥的象征符号。然而，对于流浪者程国荣本人而言，那犀利的眼神和混搭的服饰风格背后究竟浸满了多少痛楚与无奈，网民和媒体对此似乎全无兴味[2]。

在图文时代，图片比起文字有更强的刺激感与吸引力。金·卡戴珊自从走红后，她巨乳肥臀的身材一度成为欧洲人审美的风向标，她本人也丝毫不吝啬展示自己的身体，甚至把身体作为资本逐利的谈资[3]。

三、图文时代网红的特征

图文时代的网红与文字时代的网红相比有较大不同。伴随着媒介技术的更新发展，网络技术能够传输的信息载体也从单一的文字逐渐过渡到图片，网络世界也更趋多元。在此种媒介环境下诞生的网红们虽各有各的特点，但都带着这一时期独特的烙印，主要有以下几点。

第一，从幕后到台前。与文字时代最大不同的是图文时代的网民们已经开始关注文字、图片等符号背后的具体的人，比如芙蓉姐姐，其具有视觉冲击和感官刺激的图片相较于单薄枯燥的文字更易抓住网民们的注意力。这一时期的网络红

1　余霞.网络红人：后现代主义文化视野下的"草根偶像"[J].华中师范大学学报（人文社会科学版），2010，49(04)：105−110.

2　彭云峰.网络红人现象的本质与兴起原因探析：以"芙蓉姐姐"和"犀利哥"为中心[J].东莞理工学院学报，2013，20(02)：82−86.

3　DOWDEN E. Othered body, obscene self (ie): A Sartrean reading of Kim Kardashian−West[J]. Hecate, 2017, 43(1/2): 117−130.

人开始揭开互联网这层匿名的布帘，通过发布各种暴露、猎奇的照片来攫住观众的眼球，颜值此时虽还未上升到正义的高度，但是露脸却成为走向火爆的首要步骤。

第二，炒作成名。如果说文字时代的网络写手是借助网络施展满腹才华，那么图文时代的网络红人则是借助网络炒作成名。不论是芙蓉姐姐的自我炒作，还是犀利哥这种网民炒作，都是依靠互联网信息及时、传播快速的特点而迅速成名。同时，此时的炒作不仅有网络红人们自己经营人设，还有各类媒体的推波助澜，以各种手段进行炒作或包装，都带有成名的强烈目的性，虽都是草根，但这也是区别于文字时代网红们的一大特点。例如，全球顶级网红金·卡戴珊 2007 年因一段性爱录像进入公众视野而声名狼藉，不久之后，卡戴珊与 E！网络建立了电视真人秀合作关系，推出了五个不同的节目，依靠展示自家复杂的婚姻生活、父母关系和家庭矛盾进行炒作，建立了一个成功的品牌[1]。金·卡戴珊还涉足商业领域，开时装店 DASH，推出了自己的香水、化妆品、塑身衣、童装等品牌，还出版了自传和自拍集。

第三，娱乐至上。提供娱乐是传媒的重要职能，在网络社会中，"类像世界与观众之间的距离被销蚀了，类像已经内化为大众自我经验的一部分，幻觉与现实混淆起来"，人们在类像文化中尽情狂欢和娱乐[2]。现代化的媒介手段为各类信息的传播提供了展示舞台。媒介手段的先进与否决定了原型传播的速度、频率、规模和影响等，同时也决定了原型形象的感知效果[3]。因此，不论是芙蓉姐姐还是犀利哥，他们的爆红离不开网民们匮乏的精神世界需要有信息来娱乐的精神需求，而他们的存在本身就是娱乐。无聊的网民们在冲浪时浏览到了网上存在的另类的个体，或抱着看戏的态度，或抱着凑热闹的态度，或抱着没事找事干的态度，加入

1　SASTRE A. Hottentot in the age of reality TV: sexuality, race, and Kim Kardashian's visible body[J]. Celebrity Studies, 2014, 5(1−2): 123−137.

2　BAUD R ILLA R D J. Symbolic exchange and death[M]. London: Sage Publications Ltd., 1993.

3　李振. 媒介视野中"丑角"原型的娱乐价值：以"芙蓉姐姐"现象为例[J]. 华中师范大学研究生学报，2005(03): 34−37.

了全民娱乐的大军之中，在不断交流和传播之中，给疲乏的身体一些简单的快乐，或幽默或搞笑，或帅气或犀利，都能在一定程度上满足网民们的窥私欲。由于当时的娱乐文化还达不到现在发达程度的冰山一角，因此才能够让像"芙蓉姐姐"这样的"异类"一炮而红。

四、图文时代网红的影响

一是大众媒介的话语权开始转移。由于互联网的发展和普及，从网红 1.0 时代开始就已经开始打破了传统文学的壁垒，降低了文学的准入门槛。伴随着互联网的进一步发展，拥有绝对话语权的传统大众媒介逐渐开始受到挑战。曾经的媒介大多数都掌握在精英阶层手中，去中心化的互联网却打破了这一垄断局面，网络成为城市普通大众，特别是喜欢上网的青年一代可以充分利用的便捷手段[1]。网络因其自身技术特性而天然地比传统大众媒介，譬如广播、电视、报纸等拥有更大的自由，也更易获得，更加跳脱出了层层的把关系统，成为人人都可以低门槛、轻松发表言论和观点的平台。这就造就了草根阶层依靠互联网平台崛起和成名，同时也在一定程度上让更多的话语权开始转移。曾经能够在媒体上发声者非富即贵，而如今一个草根出身的芙蓉姐姐同样能够依靠互联网让自己名噪四方。媒介资源的分配在一定程度上代表着话语权的分配，而互联网技术的不断发展让以芙蓉姐姐为代表的网络红人更加活跃，话语权也逐渐从传统媒体向互联网转移。

二是商业炒作包装逐渐成形。网络红人在被生产之初就处于一种被观看、被消费的境地，他们是谁已不再重要，重要的是他们或多或少地满足了网民娱乐化的心理诉求，散落在虚拟空间中的网民迅速聚集起来，在一阵戏谑、狂欢中，围观成了理所当然之事[2]。围观易影响意识形态工作，而意识形态的核心是受众的个体信念。信念通常表现为成见，成见决定了个体的意识形态主张和舆论倾向。正

1　陶东风. 去精英化时代的大众娱乐文化 [J]. 学术月刊, 2009, 41(05): 21−28.

2　彭云峰. 网络红人现象的本质与兴起原因探析: 以"芙蓉姐姐"和"犀利哥"为中心 [J]. 东莞理工学院学报, 2013, 20(02): 82−86.

如李普曼（Lippmann）所指出的那样："那些处于我们准则核心地位的成见模式，在很大程度上决定了我们将关注哪些事实，以及从何种角度去关注。"[1]当"被看"的需求和"想看"的需求逐渐产生时，当注意力开始能够转化为经济利益时，商业炒作和包装就会逐渐崛起。互联网为网络红人的出现提供了一个理想的平台，但商业逻辑的驱动才使网络红人的兴起成为必然[2]。商业逻辑之下，哪里有收视率、点击率，哪里就有商机。因此，成名的网红可以依靠自身的名气吸引一些公司进行合作，使之成为他们的幕后推手，共同探索多元的变现方式。相较于网络写手们，此时的网络红人成名之后能够有较为专业的公司为其探索其他出路，如转型演艺圈、创立公司等，但由于还是初期，尚未实现产业化和规模化。

第三节 社交与网红的富媒时代

"审美审丑"的图文时代是普通人借助网络的崛起，在名人群体中，平凡从原本的稀缺和边缘逐步走向舞台中央，甚至成为一种先天的优势。而当网红被社会组织和机构吸纳并采用的时候，网络成名的实践就不再局限于亚文化或流行文化，不再局限于来自底层的自娱自乐，网红们在商业精英的推动下，最终转化为一门生意[3]，掀起了一股网络流量驱动下的变现狂潮。

一、移动互联背景下网红争先"分享新鲜事"

2010年，互联网在中国开始普及，《第27次中国互联网络发展状况统计报告》相关数据显示，截至2010年12月，中国网民规模达4.57亿，互联网普及率攀升至34.3%[4]。此时的网络世界早已不再是十年前的样子，微博、微信、QQ等社

---

1 LIPPMANN WALTER. Public Opinion [M]. New Brunswick, New Jersey: Transaction Publishers, 1998.

2 彭云峰. 网络红人现象的本质与兴起原因探析：以"芙蓉姐姐"和"犀利哥"为中心[J]. 东莞理工学院学报，2013, 20(02): 82—86.

3 ABIDIN C. Internet celebrity: Understanding fame online[M]. Emerald Publishing Limited, 2018: 72.

4 中国互联网络信息中心. 第27次中国互联网络发展状况统计报告[EB/OL].（2011-01-01）[2021-06-18]. http://www.cnnic.net.cn/hlwfzyj/hlwxzbg/201101/P020120709345289031187.pdf.

交媒体平台百花齐放，"人人都有麦克风"的时代真的来临了，万花筒般的网络世界里各种网红也开始争奇斗艳。

这一时期网络发展逐渐成熟，智能手机的普及让上网门槛骤降。著名教育游戏专家 Marc Prensky 于 2001 年首次提出"数字原住民"（Digital Natives）和"数字移民"（Digital Immigrants）概念，将那些在网络时代成长起来的一代人称作"数字原住民"。他们生活在一个被电脑、视频游戏、数字音乐播放器、摄影机、手机等数字科技包围的时代，并无时无刻不在使用信息技术进行信息交流和人际互动；而那些在网络时代之前成长起来的学习者则被称作"数字移民"[1]。当上网人数显著增多时，发布各类信息的人也更加被需要，因此网红发展开始进入繁荣期，这一时代的网红们各显神通，以内容见长的段子手和以颜值见长的模特成为这一时期的代表。专业的经纪公司和网红孵化器在这一时期应运而生，网红开始从现象化走向产业化[2]。

随着新媒介及富媒体时代的到来，微博、微信、QQ 空间、视频直播网站等为一些乐于分享、有自我展示欲望的 80 后、90 后的新生代网民找到了一个全新的互动空间[3]。打开微博，可以看见它的 slogan（口号、标语）是"分享新鲜事"。如今许多微博头部 KOL（Key Opinion Leader，关键意见领袖）和自媒体账号，都是在微博早期刚出现时认真实践了这一标语从而走红的。网红 3.0 时代的许多网络红人现在依然还活跃在微博一线。不仅是网络红人，微博刚出现时许多明星也加入到"分享新鲜事"的队列之中，例如姚晨就曾经是一代"微博女王"。网络红人们积累粉丝的途径各不相同，有依靠发布高颜值、高质量生活美照而走红的张大奕，也有依靠高质量内容走红的段子手"回忆专用小马甲"等，他们都吸引了大量有着同样爱好和追求的粉丝追随。随着微博发布的内容越来越多元化，认准视频这一信息传播载体的网红也"杀出了一条血路"，其中最家喻户晓的当数两年融资 1200

1　PRENSKY, M. Digital Natives, Digital Immigrants[J]. On The Horizon, 2001, 9（5）: 1–6.

2　胡泳, 张月朦. 网红的兴起及走向 [J]. 新闻与写作, 2017(01): 41–45.

3　敖成兵. 多元时代共生衍创背景下的网红现象解读 [J]. 中国青年研究, 2016(11): 4–11.

万元的papi酱。全民移动互联时代，网速从2G到3G再到4G，普通老百姓上网的限制越来越少，让这些逐渐走红的网络红人开始有了更多的网络围观者和粉丝，与此同时，愈加完善的商业模式和包装公司也逐渐成熟，其专业化程度和商业化程度也都达到了一个新的高度。

二、微博、微信矩阵式发展

只要提到微博网红，张大奕是绝对绕不开的一位网红鼻祖。相较于前两个相对年代有点久远的网红代表，颇有争议的张大奕如今依然活跃在微博上，她不仅通过微博打造相应的人设吸引了数千万的粉丝，并且直接打开了网红经济的新蓝海。截至2021年2月20日，张大奕的微博账号"张大奕eve"拥有1200多万的粉丝，她的淘宝女装网红店"吾欢喜的衣橱"店铺拥有1223万粉丝，是当时的"顶流网红"。张大奕是时尚模特出身，曾为美宝莲、格力高等品牌拍摄过广告片，还时常出现在《瑞丽》《米娜》《昕薇》等杂志的内页服装搭配中，曾获得淘宝素颜大赛第一名，2015年成为搜狐时尚盛典年度电商模特候选人[1]。因此，张大奕借助自己时尚的穿搭和姣好的颜值在微博上吸引了无数粉丝。凭借微博平台的开放性与这一时期开始不断出现的互联网与有关产业链接起来的新特点，也就是"互联网+"的进一步蓬勃发展，张大奕以亲切的邻家女孩人设分享日常穿搭，千万粉丝被引流到她的淘宝店铺"吾欢喜的衣橱"，这一店铺也靠着张大奕自身高黏度的粉丝群体在2015年创造了单店上亿元的年销售额，是2016年"双十一"唯一一家杀入淘宝平台女装热销店铺前十的网红店[2]。至此，网红经济也开始成为网红发展获得变现的又一新路径。在微博平台的炙手可热也让张大奕成为互联网电商行业销售神话的缔造者。

当张大奕等颜值类网红大红大紫时，一位穿着朴素、言语犀利，依靠字字珠玑吐槽视频走红的网红papi酱则正在缔造另一个神话。

1　郭艳.电商网红营销模式探析：以张大奕为例[J].中国市场，2017(19): 146-166.

2　郭艳.电商网红营销模式探析：以张大奕为例[J].中国市场，2017(19): 146-166.

2015 年暑假，中央戏剧学院导演系硕士研究生姜逸磊在微博上定时连续发布了一系列吐槽生活中随处可见又能引发共鸣的视频，火辣毒舌的话语风格结合接地气的话题，一人分饰多个角色，生动演绎几乎每个人都遇到过的或令人无语或令人尴尬的场景，引发了强烈共鸣，这一系列视频的作者的 ID 就是 papi 酱，她在每期视频最后的 solgan "我是 papi 酱，一位集美丽与才华于一身的女子"也在短短几个月的时间内传遍全网。papi 酱不仅在微博平台上发布视频，刚兴起不久的微信公众号也是她拓宽传播范围的新平台，微信公众号不同于微博，订阅了微信公众号之后，每次的推送都能够精准传递给每一位订阅者，因此在每期的视频最后 papi 酱都会贴上微博和微信公众号的二维码，以便更好地引流。短短一年后，2016 年，papi 酱就凭借创作才华和强大的吸粉能力拿到了罗辑思维和真格基金平台的 1200 万融资[1]。后来 2200 万元的天价贴片广告彻底激发了短视频网红的创作激情，网红 3.0 时代进入前所未有的繁荣时期。

野兽先生（Mr Beast）是一位发迹于 YouTube（视频网站名，亦称"油管"），现在已火出圈的视频博主，是目前全球最受欢迎的个人创作者之一。他的视频通常以超高成本和引人注目的噱头为特色，视频涵盖了各种各样的主题，从数数到 100000，到种植 2000 万棵树，再到给陌生人捐赠数十万美元，无所不包，无所不惊。他的频道拥有超过 2.3 亿的订阅者，他的视频总观看量超过 410 亿次，他的粉丝遍布全球，影响力无可估量。2017 年 1 月，他发布了一段长达 24 小时的视频，记录了他从 1 数到 100000 的过程，这个看似无聊的视频却在短时间内获得了数百万的观看量，让他一夜成名。他意识到，人们喜欢看一些极端和疯狂的事情，于是开始制作更多的挑战和实验视频。例如，数到 200000、用 100 个扩音器震碎玻璃、用一小时看着油漆变干、一整天旋转指尖陀螺等。但是，野兽先生并不满足于做一些无意义的挑战，他做了许多更有意义和影响力的事情，拍摄了一些将一大笔钱捐赠给陌生人或慈善机构的视频，其中很多视频都得到了赞助商的支持。

---

1 徐照朋. 新媒体时代网红经济的内容创作：基于短视频形态的案例分析 [J]. 西部广播电视，2020(03): 21-22.

他曾经给无家可归者捐赠了价值 10 万美元的物品，给退伍军人受伤战士计划捐赠了 3.2 万美元，给圣裘德儿童研究医院捐赠了 7 万美元，并给洛杉矶的动物庇护所捐赠了 1 万美元[1]。

瑞安·梶（Ryan Kaji）是一位小小的视频博主，因在他的 YouTube 频道"Ryan's World"上发布审查和拆包产品的视频而受到瞩目。除了这些内容，他还拓展了自己的节目范围，包括科学实验、教育片和幽默小品。2015 年，3 岁的瑞安向母亲抱怨 YouTube 上没有他的个人资料，母亲随后将瑞安的第一个业余玩具拆箱视频上传到 YouTube 上，自此瑞安开启了他的分享生活。瑞安 8 岁的时候（2020 年），他已经在福布斯连续 3 年入选 YouTube 收入最高十大排行榜。"Ryan's World"发展迅速，瑞安在 YouTube 上开设了多个频道和产品类别，创建了自己的商品，跨越国界，并成功地与各大品牌合作[2]。

三、富媒时代网红的特征

富媒时代的网红争奇斗艳，网红诞生的媒介平台也更加多元化，这一时期的网民们更多地根据自己的兴趣爱好去关注和追随相应的网红，粉丝基数越大，网红的话语权在网络空间中就越重。也有学者认为，网红具有与意见领袖相似的属性，网红的个人魅力和领袖地位影响粉丝的信任和忠诚感[3]，KOL 这一称号也开始成为网红的别称。这一时期的网络红人与 90 后、00 后一代的联系更加紧密，他们主要有以下几个特征。

第一，注重内容创作。这一时期的网红在一定程度上回到了"以内容为王"的网红 1.0 时代，但与之不同的是，此时内容的载体伴随着媒介技术的发展越发多元，图片、文字、视频都开始成为优质内容的载体，网红们开始使出浑身解数，

1 BROWN A, FREEMAN A. The Highest-Paid YouTube Stars: MrBeast, Jake Paul And Markiplier Score Massive Paydays[J]. Forbes, 2022(01):17.

2 HOSANY A R S, O'BRIEN J. Welcome to Ryan's world[M]. SAGE Publications: SAGE Business Cases Originals, 2021.

3 刘悦晖, 陆馨雨, 张道英. 服装类网红店铺微博营销策略探析[J]. 山东纺织经济, 2016(09): 49-53.

追求以多种方式吸引粉丝，段子手、颜值类、视频类网红。都开始更加注重内容的创作，网络上也开始出现以内容为标准进行垂直领域的划分，如颜值类、搞笑段子类、美食类、视频类网红等。高速发展的网络传播和冲浪环境，让草根们更有机会在网络世界成名并分得一杯羹。

第二，商业模式多元。不论是在网红 1.0 的文字时代，还是在网红 2.0 的图文时代，商业模式的发展都还非常有限。到了网红 3.0 的富媒时代，网红的商业模式才开始真正腾飞。张大奕不仅能将粉丝引流到电商领域，还直接将张大奕自身的巨大变现能力作为招商引资的资本，成立了如涵控股公司，以规模化和专业化的模式进行运营。网红 3.0 时代除了电商盈利，广告收入也是网红们将流量变现的重要方式。譬如品牌广告想将相关产品植入papi酱的视频内容中，或是简单地进行贴片，都需要付费。网红的粉丝数越多、影响力越大，广告费用就会越高。广告收入的形式除了与视频网红进行相关品牌合作等方式外，还针对图文网红或公众号网红进行相关的软文创作。这些作为意见领袖的网红自带粉丝黏度，因此广告商希望借助他们吸引粉丝群体的关注，粉丝再通过转发等途径将广告传播给更多受众，实现"金杯银杯不如老百姓的口碑"的传播效果，扩大商品广告的覆盖范围[1]。

第三，注重团队协作。网红 3.0 时代的网红正式脱离单打独斗，进入"团战"时代。富媒时代的网络环境瞬息万变，一个人的能力总有才思枯竭的时候，网红背后的团队协作是大势所趋。网红本人在台前如何打造人设，如何应对舆情，如何增强粉丝黏度，如何洽谈商务公关等，都需要团队的帮助。如张大奕、张沫凡等颜值类网红，靠光鲜靓丽图片起家，其背后的拍摄团队功不可没，而淘宝店铺的运营更是一个人无法兼顾的。同样，papi酱初期更新的视频是一个人凭借专业素养和实践技能独立创作完成的，但当粉丝增多之后她也同样成立了"papitube"公司，团队分担了许多工作，从而让papi酱本人能够更专注于内容创作。这也是网红发展到这一阶段呈现的最为显著的特征。

1　田雅楠. 广义虚拟经济视角下的网红经济：以张大奕为例[J]. 现代商贸工业，2017(12)：43−44.

四、富媒时代网红的影响

一是推动大众消费模式的转变。随着互联网技术的不断发展，受众在消费时逐渐偏向张扬个性与自我表达，而网红的兴起更是推动了大众消费模式发生转变[1]。90后是追求个性的一代，是非主流的一代。伴随着互联网的兴起与发展，他们见证了网络世界的旖旎风光，对于自我认知和定位都有自己的想法。而网红们的出现在一定程度上是有个性的人吸引有个性的人，如张大奕吸引着同样想要时髦优雅的粉丝。消费也不再是只为解决刚需，花钱的理由多种多样，有可能是因为信赖网红的推荐，或觉得广告形式新颖、内容质量高等，以上种种都能成为大众消费的理由。愈加便捷的线上购物下单技术带来了愈加冲动的消费，这也让越来越多的品牌开始关注网络红人的影响能力和带货能力，以及线上平台的售卖能力。

二是推动矩阵式发展。从社会文化的角度看，网红是草根性的，他们的集结方式是自下而上的，和传统的文化议题自上而下、由精英主导是不同的。他们分享的内容以日常生活性的、碎片化的议题为主[2]。这也让他们能够以更加亲民的角度与粉丝进行交流和沟通，构筑其相应的场域。而这个场域到了网红3.0时代，已经不限于单一的社交媒体平台，微信公众号平台也成为一大阵营。4G网络技术和智能手机的高速普及，使刷手机成为日常，大众沉迷于网络中的时间不断增加，微博、B站（一般指哔哩哔哩网站，英文名：bilibili）、微信公众号平台成为网红们分发信息的标配平台。

1　李天昀. 社交应用变迁背景下的网红传播与生产机制[J]. 艺术评论, 2016(07): 19-26.
2　李天昀. 社交应用变迁背景下的网红传播与生产机制[J]. 艺术评论, 2016(07): 19-26.

第四节　全程陪伴的移动互联时代

移动互联网时代，新媒体嵌入了我们的日常生活，短视频占用了我们碎片化的时间，观看直播成为众多网民闲暇时间的陪伴。而与之相对应的是在这些共同在场的交往体验中逐渐滋生的"类亲密感"满足了现代人的心理诉求，从而使更多用户留在平台上[1]。这也意味着网红平台的发展已超越了用户与技术环境理性互动的层面，并且卷入"想象可供性"（imagined affordance）的情感体验之中[2]，由此构成了社交产业发展的动力。

一、互联网进入"下半场"：技术赋权深耕"圈层网红"

今天的网红在网络世界中如雨后春笋，数量多、领域宽泛。在技术赋权下逐渐发展起来的网红经济如今迈入了比互联网技术迭代更为迅速的时代。Web 4.0 技术的概念虽无定论但屡被提及，以 AI、VR（Virtual Reality，虚拟现实）、5G 及"互联网+"等为代表的互联网下半场技术与理念逐渐成为现实。在"全民皆可成网红"的时代，这些都让身处网红 4.0 时代的人们充满了想象。如今，建构于视觉形象设计基础之上的移动互联技术，极大地改变了人们视觉追随的想象空间和映象奇观，技术的不断革新赋权了许多曾经被忽略或边缘化的网红，也促使人们从全民网红进入全民直播的时代。

自媒体导致人们真实生存空间被淡化，虚拟场域被放大，获取信息的速率越来越高，同时，人们的真实身份角色被剥离，一个人可以扮演不同的身份角色，并以趣缘、业缘、地缘、情缘为纽带聚合和形成不同的圈层结构，在圈层内部达到身份认同、心理接纳、趣味相谐和共识一致[3]的效果。这就让这一时期的网红在

1　曹钺. 平台时代中国的名人文化：评《网红：作为中国的社交媒体娱乐》[J]. 国际新闻界, 2022, 44 (03): 160−176.

2　NAGY, P. & NEFF, G. Imagined affordance: Reconstructing a keyword for communication theory. Social Media+ Society, 2015, 1(02): 1−9.

3　敖成兵. 多元时代共生衍创背景下的网红现象解读[J]. 中国青年研究, 2016(11): 4−11.

强劲发达的技术之下，不再追求传统意义上的无区别的大众性关注，转而深耕专属于自己的内容领域，吸引和组建属于自己的粉丝群体。美妆界的"口红一哥"李佳琦打破了男性与美妆之间的偏见壁垒，2020年红遍全网的虚拟偶像洛天依更是让本属于小众和边缘的二次元群体迎来一次又一次狂欢。技术不再成为限制网红们传递信息的障碍，而成为实现网红和粉丝梦境的诺亚方舟，网红4.0时代的到来就正在谱写这样的历史。

二、从李佳琦到洛天依：虚实结合下的直播陪伴

"OMG（Oh My God，我的天啊）！买它买它！""你们的魔鬼李佳琦来咯！"短短两句话成为"口红一哥"李佳琦的出圈名言。随着互联网时代的到来，网购规模日益扩大，人数飞速上涨，各大平台卖家为了吸引消费者绞尽脑汁。"美妆博主"是在互联网技术推动下网络平台新兴的一种职业，利用网络直播推销特定产品，引导受众购买、消费。淘宝直播的兴起带火了直播界的扛把子：李佳琦。李佳琦的直播平台基本是淘宝，每场直播都至少3小时，他为直播间的几千万粉丝介绍商品并实时销售，场面异常火爆。观看李佳琦直播的粉丝除了因为自身的购物需求，也有部分是因为李佳琦个人幽默风趣的人格魅力，他的直播也为城市里孤单的网民们提供了片刻的陪伴。电子媒介的高速发展让越来越多的人患上电子依赖症，这在一定程度上也为直播网红的火爆提供了可能。在与主播直播的互动过程中，主播能够看到粉丝发的问题，大家同处于一个时空，如果隔空进行了互动则会有被陪伴的感觉。兴趣不同，选择的对象也会不同。李佳琦是直播购物，也有人直播吃东西，这些都是粉丝群体对于网红的一种追随，以满足自己的情感需求。

媒介技术的发展总在突破想象，由技术驱动而生的虚拟偶像，其粉丝群体也在互联网形成了具有凝聚力和行动力的社群[1]。洛天依的出现和火爆直接让网红在

---

[1] 李镓，陈飞扬. 网络虚拟偶像及其粉丝群体的网络互动研究：以虚拟歌姬"洛天依"为个案[J]. 中国青年研究，2018(06)：20−25.

本质上有了新的飞跃。借助二次元亚文化的狂潮，青年一代的偶像崇拜已发生重构。依托现代科技塑造的虚拟偶像越来越得到数字原住民的喜爱[1]。虚拟偶像不能算严格意义上的网红，但是其在 2019 年和 2020 年的火爆吸睛程度和粉丝的规模确实非常"网红"。洛天依是由中国禾念信息科技有限公司打造推广，以语音合成引擎为基础制作的全世界第一款中文声库和虚拟形象。她灰发、绿瞳，发饰碧玉、腰坠中国结，是温柔敏感的典型中华少女形象，符合大多数国内受众的审美。它不仅参加综艺节目还能够举办自己的个人演唱会，门票分分钟售罄。洛天依依靠技术打造，但是其却能够实实在在给它的粉丝带来陪伴感和安慰。虚拟偶像在互联网环境下迎合了人们自我抚慰的内心需求，虚拟偶像所在的经纪公司较为成功地把握了现实世界与网络空间的人的需要，了解并利用了当代社会人们孤独、需要陪伴的心理需求[2]。粉丝们因对洛天依的喜爱而聚集到一起，共同为虚拟偶像进行相应的宣传和打榜工作，洛天依虽然没有实体，但是依然能够满足粉丝的需求。

在国外，最负盛名的虚拟偶像是美国初代虚拟偶像米克拉·苏萨（Miquela Sousa），也被称为 Lil Miquela，或艺名 Miquela。她于 2016 年在 Instagram（照片墙）上首次亮相，目前已拥有 300 多万粉丝。米克拉·苏萨既是网红、模特，接受时尚杂志采访，也是音乐人，发布的单曲 "Not Mine" "Money" "Sleeping In" 等都在 Spotify 上名列前茅。米克拉·苏萨的商业化模式也相对成熟，包括广告植入、品牌代言、视频口播、参加时尚发布会等，Chanel、Supreme、Fendi、Prada、Givenchy、Calvin Klein、三星等品牌都与其有合作。2018 年，米克拉·苏萨被《泰晤士报》评为"互联网上最具影响力人物"，《时代》周刊也将其评为 2018 年全球二十五大网红之一。此外，国外的 Shudu、Imma 等虚拟偶像也备受关注。Shudu 被称为"世界上第一个数字超模"，与数字超模机构 TheDiigitals.com 签订了模特合同，并作为 Balmain 家族的最新模特之一。

1　李锦，陈飞扬. 网络虚拟偶像及其粉丝群体的网络互动研究：以虚拟歌姬"洛天依"为个案 [J]. 中国青年研究，2018(06): 20-25.

2　朱钊. 浅析虚拟偶像"初音未来"与赛博空间 [J]. 现代交际，2010(09): 59-60.

三、移动时代网红的特征

网红现象发展到今天，早已不再是一种猎奇的手段，而是升级成一种网络社交传播方式；网红群体已不再是独立的个体，而是组合成一种新的舆论领袖。在传媒技术日新月异、社交媒体迅猛发展的背景下，基于获取关注度、创造商业价值、成名在望等各式各样的目的，"人人皆可成为网红"俨然成为一种社会潮流[1]。媒介技术为各种网红的出现提供了空前发达的平台。这一时期的网红主要有以下几个特点。

第一，深耕垂直领域。任何一个领域涌入的人多了便难逃饱和的风险，网络世界也是如此。依靠几张猎奇照片即走红的时代已一去不复返，如今想要获得粉丝的追随和青睐早已不再是一件易事。不论是李佳琦、李子柒，还是洛天依等，我们不难发现他们每个人都有深耕的垂直领域，这样才能在逐渐饱和的互联网世界中杀出一片蓝海。对于所处领域的深耕尤为重要，只有不断深耕才能获取黏度和忠诚度都极高的粉丝群体，才能保持在日新月异的网红突围赛中不掉队。

第二，长时间"陪伴"。不论是淘宝的购物直播、B站的吃东西直播，还是虚拟偶像的演唱会直播，"直播"既是技术又是信息传递的方式，让同处一个时空的对象通过直播能够进入同一个特定的场域，从而营造被陪伴的感觉。网络世界里孤独的人只增不减，直播陪伴的形式更像是电子乌托邦，只追求柏拉图式的精神愉悦。直播购物让观众有逛街的陪伴感，直播吃东西有一起吃的陪伴感，甚至是成都大熊猫基地的熊猫直播也会让观众通过看大熊猫的日常产生被陪伴的感觉。在网红4.0时代，直播的长时间陪伴开始逐渐区别于网红3.0时代对短视频的顾虑，两者有各自的适用场景和空间。

四、移动时代网红的影响

一是刺激各类媒介产品的爆发。到网红4.0时代，媒介技术不断迭代及网民

---

1 陈乾. 网红的媒介形象塑造研究：以"口红一哥"李佳琦为例[J]. 新闻研究导刊, 2020, 11(01): 65-66, 76.

们对智能手机和网络的依赖，各种媒介社交平台井喷式爆发。比如：社交类的微博、微信等；短视频类的抖音、快手等；直播类的虎牙直播、斗鱼直播等。在每一个平台上都有网红的诞生。

　　二是推动媒介技术超越想象。如今我们生活的时代已经是前人所无法想象的时代，从多屏传播到跨屏传播再到未来的无屏传播，实现这一转变只是时间问题。网红的出现和发展离不开媒介技术的更新迭代，但网红的壮大也在一定程度上实时推动着技术的进步。虚拟与现实的边界在一定程度上愈加接近和消融，科技的发展在现今时代更是以加速度在迈进。未来的媒介技术虽然在当下还不能妄下定论，但是一定只有想不到，没有媒介技术做不到，而网红只是观察这种时代变化的一个裂缝而已。

第二章

小作坊与流水线：全民投票与后台运营

互联网拓展了公共领域，使社交从线下走入线上，逐步演化出了不同的网络社群，相似的爱好喜恶凝聚了一批人。最初，社群内"资深"的发言人从互联网中脱颖而出，成为全民投票而生的初代网红。网红依托线上社交平台不断形成、扩大自身影响力，成为某个社群对外的"代言人"。由于传播平台的多元化，社群文化的内容传播也从静态走向动态，此时网红作为社群文化的重要传播者，在小众社会文化走向大众的过程中扮演着重要角色。有因自身标签特点明显走红的网红，也有MCN机构培育助推而生的网红。作为网红背后的专业团队，MCN机构基于网红自身特点，锚定市场需要，打造专属人设，MCN机构形成融通性产业链，成为网红发展的重要推手。本章从网民、平台、MCN机构三个网红发展的重要助推器着手，结合案例论述三者在网红发展过程中的影响。

第一节　作为网红生存土壤的网民

克里斯·罗杰克对名人现象的文化研究认为，名人来源于普罗大众的迷恋，而这一过程应该归因于社会的民主化、宗教组织的衰落和日常生活的商品化三个进程。而名人以其个人魅力满足了普罗大众在日常生活中对富于吸引力的事物的渴求，并成为众人效仿的对象，进而有助于社会的稳定与统一[1]。网红的诞生也存在类似的过程，网红既是不同细分社群的传奇人物，也是网民群体中的亲密同人。

一、社群文化：身份认同与自我归属

互联网搭建了全新的社交场域，细化出不同的网络社群。网红作为多元社群的一个文化标签——展示社会的多样性，并使这种多样性分门别类，有章可循[2]。网红首先在小规模的社群内传播信息，再通过社群成员进一步扩大信息传播范围，吸引更多的受众。在这个传播过程中，网红由于只需要向特定群体传播信息，可以实现更加精准的信息投放；一级用户因信息优先投放而获得心理满足，愿意主动向他人分享信息；二级用户在受到推荐后更容易对信息产生信服感和依赖感。因此，社群传播带来了更高的用户黏性。安德烈·卡瓦诺（A. Kavanaugh）和黛比·丹尼斯·里斯（D. D. Reese）认为互联网可作为一种维持社会关系和信息交换的工具，而网络社群天然拥有多种社会资源，网红可通过社群建立和桥接社会资本，实现自我赋权[3]。

社群文化具有独特性。不同类型的网红通过对自身定位的划分，将个人特征与受众喜好结合在一起，聚合有共同爱好的群体。比如，美妆博主以妆容技巧为传播内容，红人电商以热门产品为推介主体。用户或因为对同一网红的喜爱，或

1　罗杰克. 名流：关于名人现象的文化研究 [M]. 李立玮, 等译. 北京：新世界出版社, 2002: 33.

2　周茂君, 宁馨怡. 网红现象的三维视角解读 [J]. 学习与实践, 2017(02): 133−140.

3　KAVANAUGH A, REESE D D, CARROLL J M, et al. Weak ties in networked communities[C]// Communities and Technologies: Proceedings of the First International Conference on Communities and Technologies; C&T 2003. Springer Netherlands, 2003: 265−286.

因为拥有相近的兴趣与需求聚集在一起，形成社群空间。

社群文化具有互动性。不同社群群体有不同需求，网红以此为基础创造话题，利用直播、聊天、抽奖等互动方式积极与用户交流。与用户的联系越紧密，意味着信息成功传播的可能性越大，能够转化的收益也就越大。社群的产生为网红与受众提供了一个交流的平台，网红能够知晓用户需求，实现平等沟通，用户能够及时反馈信息，传递个体想法。网红作为传播的源头和主体，互动的频率与质量可以直接对信息传播的有效程度及网络社群的构建产生影响。

社群文化具有共鸣性。文化与价值观的影响是巨大的，共同的社群文化是凝聚社群成员的重要精神力量，能够带给成员亲近感、认同感、归属感。个体一旦通过社群文化意识到自己属于这个集体，就会自觉地追随社群的运行，推动社群的发展。由于具备相近的爱好和共同的身份标签，他们拥有对集体的高度认同感和归属感，会主动地维护群体的规范运行，并希望能够扩大群体的影响力。网红作为信息的"把关人"筛选出用户感兴趣的内容；关注时间更久、信息资源更丰富的用户成为社群的引领者，在第一时间传递网红的信息；其他用户再积极推进信息的深度交流与传播，以自身经历为吸引力邀请更多人加入社群。通过不同用户之间的密切沟通与合作，网络社群成为超越地理距离的精神家园。他们由共同的对象引领，受共同的价值观念影响，讨论共同的话题，将网络社群打造为一个可以友好交流的秘密空间。这进一步加强了社群文化的影响力和用户的归属感，成为助推网红发展的重要力量。

二、粉丝文化：情感共鸣与互动反馈

在传统意义上，粉丝是明星、艺人的支持者。由粉丝又延伸出粉丝文化和粉丝经济，因为粉丝不仅仅是一个文化符号，粉丝的所作所为和行动效果也是一种符码消费[1]。《崇拜的观众》一书思考了粉丝、明星、媒体文本和媒体产业之间的关系。该书认为粉丝是他们经常压抑的社会环境的创造性和充满活力的共鸣者，也

---

[1] 周茂君,宁馨怡.网红现象的三维视角解读[J].学习与实践,2017(02):133-140.

是他们自己文化的生产者，从这个角度看，网红与粉丝之间在精神上是有情感共鸣的 [1]。现代社会粉丝追随的范围不断扩大，网红也成为他们的支持对象。如果说社群里的各级用户是网红潜在的传播对象，那么粉丝才是支撑网红发展的真正力量。网红营销的目的就是将用户转变为粉丝，扩大自身的流量基础。

受众是流动的。网红通过自身个性风格吸引受众后，可以收获一定的关注度，但一时的共鸣并不能长久地支撑网红的发展。因此，网红会通过持续的互动反馈加强与粉丝的情感维系，并在不同的网络平台设立不同的互动机制。在斗鱼、虎牙等直播平台中，网红会与粉丝开展互动聊天，回应粉丝诉求。在微博、小红书等社交平台中，网红会回复粉丝评论，策划抽奖活动。在这个过程中，粉丝不再仅仅是一个围观的看客，而是抱着某种期望，以"角色扮演式"的角度深度参与主播所直播的内容 [2]。网红不再是遥不可及的明星大鳄，而是与粉丝平等交流的朋友。在交流过程中，粉丝收获情感陪伴，网红收获人气资源，双向的互动带来了双向的获利。当情感交流持续了一段时间后，粉丝与网红之间建立了一定程度的信任，甚至使粉丝对这种互动产生依赖，习惯于每天参与网络空间中的互动过程。当与网红的交流已经成为他们日常生活的一部分时，粉丝更容易在潜移默化中受到网红的影响，网红实现了自身影响力的扩大。

粉丝对网红的追随不仅来自物质层面的实用价值，也来自精神层面的情感共鸣。在网红发布信息的过程中，粉丝能够感受到网红思维与自身观点的相似之处，由此产生强烈的共鸣。尤其是人文类博主，经常针对社会热点事件发表看法，通过网络空间实现不同用户之间的对话。例如，papi酱以对日常生活的毒舌吐槽为视频核心内容，凭借幽默的语言风格、及时的热点追踪吸引了大量关注。这些视频仿佛为大家提供了一个发泄和表达的窗口，代替疲于生活奔波的大家讲出了一些不敢说的话，很容易引发受众的共鸣。在长期、大量的视频积累下，越来越多的人习惯于关注papi酱的视频，或是排解内心苦闷，或是作为日常的放松方式，

1　LEWIS L A. The adoring audience: Fan culture and popular media[M]. Routledge, 2002.
2　袁尓青. 网络直播对网红与粉丝关系的影响研究 [J]. 新闻爱好者，2019(05): 91–94.

潜在用户最终转化为粉丝群体。

粉丝文化具有趋同性和跟风性。美国文化研究学者在其著作《文本盗猎者：电视粉丝与参与式文化》中指出：粉丝对偶像会产生盲目从众的心理且甘心为偶像买单消费，沦为粉丝经济的一员[1]。粉丝群体被网红的个性吸引，对网红下意识地产生模仿和趋从心理，甚至愿意主动加入网红的粉丝社区，希望收获更多的交流与信息。许多网红建立了微博粉丝群、微信粉丝群、QQ粉丝群、微信公众号等作为粉丝专属交流平台，并设立一定的加入门槛（如是否关注网红本人账号、是否关注网红超话、超话等级、相关微博数量等）。粉丝为了进入群体获得更多的交流与信息，往往会迎合这些要求，这个过程也是帮助网红扩大影响或流量变现的过程。由于在群聊人数上进行了一定的筛选，网红在粉丝群中能够以更加自由和放松的态度和粉丝聊天、预告信息，调动粉丝的情绪资本，粉丝兴奋于得到回应的成就感、满足感，主动为网红做宣传、扩大购买力。在这样的环境里，网红圈层下的粉丝文化与明星圈层下的粉丝文化有很多的相似之处，只是网红通过社交媒体互动建立的信任感与亲切感让粉丝忠诚度和内容投放精准度更胜一筹。网红与粉丝可以是偶像与粉丝的关系，也可以是师生、朋友的关系，由此实现虚拟社交的现实延伸。

三、消费主义：视觉欣赏与追随心理

现代社会是一个消费社会，人们以消费为中心，社会生活的一切都成了消费品，消费对象从物的消费递进到符号的消费，丰盛是消费社会的主要特征。鲍德里亚认为随着社会发展，新的消费文化形成，符号价值是新的消费文化的核心[2]，网红是消费主义在互联网文化领域渗透扩张的结果，网红因为大量粉丝聚集消费而成为产业。[3] 网红发挥名人效应推广产品，受众受网红形象吸引主动支持，产生

1　JENKINS, H. Textual poachers: Television fans and participatory culture[M]. New York: Routledge, 1992: 46, 23−24.

2　鲍德里亚. 消费社会 [M]. 刘成富, 全志钢, 译. 南京：南京大学出版社, 2000.

3　邢彦辉. "互联网 +" 视域下网红现象的范式转化 [J]. 当代传播, 2018(03): 99−102.

视觉性消费、欣赏性消费、认同性消费等消费形态，实现购买力的转化。

视像技术的发展为消费主义的延伸打下了可视化的基础，带来了越发具有冲击力的视觉感受，也促进了大众审美的多元化趋向。网络世界呈现了广泛的信息流，俊男靓女凭借突出的外貌或独特的穿搭就可以吸引大众关注。他们或是平凡生活中的普通群众，或是走在时尚前沿的模特，通过美的传达得到网民的支持和认可。这些敢于表现的个体即拥有了成为网红的可能性，通过网络时代的图片、视频与文字迅速进入大众视野。人人都渴望变美，人们羡慕网红独特的审美或大胆的尝试，由此产生崇拜与追随心理。他们通过欣赏网络上的各路博主获得心理满足，甚至希望能够通过模仿让自己成长为理想的模样。

不同于高不可攀的传统明星，网红更具接近性和突破性。网红既是审美的接受者，也是审美的缔造者。他们迎合现代社会大众不断变化的审美需求，同时也通过自身的举动影响潮流的走向。比如，经李佳琦推荐而大火的口红会被称为"李佳琦色"，带上李佳琦三个字就是对口红颜色和质量的一种保证；程十安推出的发型技巧被称为"程十安丸子头"，引来各路网友学习。网红们的风格多变却不会过于夸张，符合大众的传统认知。他们的物品分享也更倾向于性价比的追求，在大部分人的可负担范围之内。例如，张大奕正是从模特转型为淘宝店主，打造自身的网店品牌，凭借时尚的风格与经济的价格，创造了电商营销的多项纪录。当网红遵循大众文化消费的基本规律与普遍接受程度开展营销活动时，网红就像是比大众多一点背景知识的普通人而已，人们愿意参与与网红相关的各类消费。

社会的发展带来了消费的升级，使得消费具有双重属性：一是围绕产品功能或服务所形成的自然属性；二是文化属性，即蕴含在商品中的品位、个性和文化，归结为价值观[1]。当年轻群体逐渐成长为消费的重要力量时，他们的消费观念也发生了巨大的变化——他们愿意为产品付费，也愿意为知识付费。如果他们认同网红的价值观，他们也会付费订阅文章和购买书籍。近年来众多科普博主和人文社

1　奚路阳, 程明. 试论网红经济及其发展路径：基于传播逻辑与商业逻辑的双重视角[J]. 企业经济, 2017, 36(12): 102−108.

科博主的走红已经证明了这一点。艾媒咨询发布的《2020年中国知识付费行业运行发展及用户行为调研分析报告》[1]显示，中国在线学习用户中88.8%购买过知识付费产品，罗辑思维、丁香医生等网红自媒体甚至成为知识付费领域内容生产的代表。随着技术升级与经济发展，人们的消费已经不局限于物质层面，更多寻求精神上的满足和欢愉。大多数网红通过直播提供表演和聊天等服务，主要提供情感、信息等内容。在直播过程中，网红主播需要随时管理感觉和进行情感展演以获得受众的反馈和认可，这意味着网络主播很大程度上是进行获取不确定性报酬的情感工作，即属于一种情感劳动[2]。

　　消费心理在网络平台的发展也成为助推网红发展的动力之一。国外学者对网红的研究也大多从经济角度分析网红对消费者的影响，例如，李和沃特金斯（Lee和Watkins）运用准社交互动理论和社会比较理论构建模型，发现观看奢侈品视频博客的实验组相比对照组有更高的奢侈品品牌感知和购买意愿[3]。贾法罗娃和拉什沃思（Djafarova和Rushworth）对18名女性进行深度访谈，发现图片分享社交应用的名人会影响她们的购买意愿，而新型名人即网红如YouTuber和Blogger对她们影响更大，她们更相信这些网红并与他们有更多联系。研究认为网红对消费者购买意愿有光晕效应[4]。科瓦尔茨克和庞德斯（Kowalczyk和Pounders）通过焦点小组访谈（Focus Group Interview）和问卷调研收集数据分析发现，人们在社交媒体上获取名人职业生涯和生活动态信息，真实性和情感链接是社交媒体用户关注的两个维度，实证分析验证了这两个维度对口碑及购买意愿能够产生影响[5]。以"礼物经济"的发

1　艾媒报告. 2020年中国知识付费行业运行发展及用户行为调研分析报告[EB/OL].（2020-02-14）[2021-03-18]. https://www. iimedia. cn/c400/69029. html.

2　HOCHSCHILD A R. Emotion work, feeling rules, and social structure[J]. American Journal of Sociology, 1979, 85（3）: 551-575.

3　LEE J E, WATKINS B. YouTube vloggers' influence on consumer luxury brand perceptions and intentions[J]. Journal of Business Research, 2016, 69(12): 5753-5760.

4　DJAFAROVA E, RUSHWORTH C. Exploring the credibility of online celebrities' Instagram profiles in influencing the purchase decisions of young female users[J]. Computers in human behavior, 2017（3）: 1-7.

5　KOWALCZYK C, POUNDERS K. Transforming celebrities through social media: the role of authenticity and emotional attachment[J]. Journal of product & brand management, 2016（4）: 345-356.

展为例，网络直播中的礼物打赏已经成为网红重要的收入来源。网红主播在直播间与用户互动聊天、分享技能，粉丝以打赏作为价值认同的回馈。当主播传达出一些暗示礼物的话语，很多用户会抱着感谢或赞同的心态给予打赏，但这些消费通常还是小额的。当主播继续念出打赏的粉丝的ID表示感谢，粉丝的"攀比心理"也会被激发，渴望成为排行榜的前几名，渴望得到主播的关注，由此一轮一轮地持续冲动消费。同样，网红可以在直播中介绍自己的爱用好物，形成一种软性广告。直播的观看人数、评论数量、礼物数量不仅是网红人气的证明，也是粉丝好胜心与竞争欲的体现。粉丝为了能够让自己喜欢的主播登上榜单，也会进行赌徒般的打赏消费。打赏的过程满足了粉丝双向互动的体验感，使粉丝感觉到自己"被需要"。而交流的过程也是一种"社交货币"，并衍生为社交话题，如"OMG"代表看过李佳琦的直播，"大吉大利，今晚吃鸡"证明是《绝地求生》的玩家。网红与粉丝之间、粉丝与粉丝之间产生的亲切感就是对"社交货币"的消费。

四、情感空间：自我宣泄与自我代入

在巴赫金的狂欢理论中，现实生活被划分为两个世界：第一世界是官方的、严肃的、等级森严的秩序世界，统治阶级拥有无限的权力；第二世界则是狂欢广场式生活，是在官方世界的彼岸建立的完全"颠倒的世界"，人们平等而亲昵地交往、对话与游戏[1]。

网红的出现受到了自我表现心理的影响。网络世界为大众提供了一个狂欢的平台，赋予大众更强的话语权，人们通过表达传递兴趣、爱好、观念，塑造自我形象，谋求他人认同。表现欲在年轻群体的身上体现得更为明显，他们不甘成为单方面的信息接受者，而是渴望成为社会运行的参与者与自我权利的发声者，希望可以实践"另一类兴趣与欲望的策略，既不受其成长于其中的体系的制约，也不被它俘获"[2]。网红呈现的光鲜靓丽的形象和一呼百应的影响力是人们内心所渴望

---

1 巴赫金·巴赫金全集第六卷[M]. 钱中文，译. 石家庄：河北教育出版社，1998：321.

2 米歇尔·德赛图. 日常生活实践[M]. 戴从容，译. 上海：上海三联书店，2001：93.

却无法实现的，这是网红自我表现诉求的体现，同时这种传播行为也满足了受众的表现心理。

网红生产的内容是大众情感释放心理的传递。高速发展的社会下人们的压力与日俱增，网络平台的开放性和匿名性恰好为大众提供了一个情感宣泄的窗口。在网红的评论区或直播间里，人们可以随意地表达认同或反对，也可以自由发帖抒写看法。他们不甘于受到现实生活的桎梏，企图用大胆的表达扩大自己的发声渠道，向理想世界发出呐喊，证明自己并没有迷失自我。而这些"呐喊"在事实上为网红积攒了人气和热度，助推了网红的发展。

群体心理也是网红发展的一个重要因素。《乌合之众》中提到了群体的轻信性和易感性，第一波暗示一旦形成，立刻就会感染群体所有成员的大脑，而群体情感的一致化倾向会让它立刻变成既定的事实[1]。情感会对群体产生影响，群体也会影响群体成员及外部观察者的情感、认知和行为。比如，在群体内进行情感分享，不仅有助于加强群体整合，还可以减轻个体面对消极事件带来的情感负担；群体内部成员比外部成员更容易受到情绪的感染；情感体验受群体成员感受到彼此相似性的影响，受害者与观察者越相似，观察者就越容易感到生气[2]。一方面，面对繁杂的信息流，受众对信息真伪的辨别感到困惑。网红在一定程度上起到了意见领袖的作用，通过信息的筛选和个人意见的传达引导了舆论方向。受众相信网红的知识储备和资源背景能够带来比自己更准确的价值判断，因而选择支持网红的观点。另一方面，网红受众群体庞大，出于自我保护和维持稳定的本能，群体成员往往选择坚持共同的观点。当共同意见占到大多数，个体往往不愿意违背群体标准而被其他成员视为越轨者。用户通过对网红的追随证明自己没有落后于社会潮流，以此扩大与他人的社交联系。在这个过程中，网红首先制造热点，控制舆论导向，再利用从众心理坚定集体的价值判断，吸引更多的个体成为网红的支

1　古斯塔夫·勒庞. 乌合之众：大众心理研究 [M]. 马晓佳，译，北京：民主与建设出版社，2018: 18.

2　VAN KLEEF G A, FISCHER A H. Emotional collectives: How groups shape emotions and emotions shape groups[J]. Cognition and Emotion, 2016, 30(1): 3–19.

持者。

受众对网红的追随还受到了好奇和窥私心理的影响。大众的探索欲是与生俱来的，人们对未知世界感到好奇，希望获取更多的信息。网红通过图片、视频等多种方式向用户展现自己的日常生活和行为态度，甚至包含夸张和特立独行的成分。用户即使无法亲身体验，也可以透过网红的传达感受更丰富的生活，满足了猎奇心理。

此外，网红还是平民视角的产物。网红的出现改变了传统"造星"机制，彰显着草根大众也拥有突破阶层限制的可能性。大多网红出身于草根，拥有与普通人相似的成长环境、生活方式，因而拥有很强的亲和性。不论是偶然走红还是厚积薄发，他们都经历了从社会底层一点一点爬上来的过程。只要有独特的内容和表达，身边的每一个普通人，甚至网民自己都有可能成为网红，就像丁真猝不及防的走红一样。这种心理上的亲近感像是一种受众的自我投射，使他们很容易将网红想象为自己的朋友，从而使网红更容易唤醒人们的共同记忆。

正因为成长于共同的生活环境，网红更愿意从用户的视角出发呈现内容。他们用更精练的语言、更生动的图片、更接地气的表述传递信息，结合图片、短视频、动画等多种方式，加强用户体验感和交互感，提高信息转化的成功率。无论是内容还是形式的创新，本质都是网红打造个人标签吸引更多关注的过程。当平民视角为他们打下广泛的用户基础，差异化的内容建构能够吸引特定群体的关注，给予用户"志同道合"的兴奋感。例如，《奇葩说》的各个参赛选手就针对引发社会热议的各种热点话题展开尖锐的讨论，让观众感受到思维的共鸣和碰撞，获得情感认同。

第二节　作为网红诞生空间的平台

互联网的发展过程也是一个平台企业快速崛起、从单一走向多元的过程，平台企业作为以谋求利益为核心诉求的商业企业与作为满足用户需求的内容提供者网红之间形成了高度的互动与相互依存关系，平台为网红的诞生与成长创造了空间与土壤，而网红吸引了用户、带来了流量，从而使平台在商业竞争中赢得优势。

一、传播平台：从单一到多样

网络平台是网红发布内容的场所，包括社交平台、电商平台、直播平台、视频平台等。回顾网红的发展历史，我们可以发现网红经历了文字时代、图文时代、视频时代三个阶段。相应的，传播平台也从文字主体转向图文并茂，又发展为视频与直播的交互。多元化的传播平台为网红提供了更丰富的表达方式与传播渠道。

互联网技术的进步是网红发展的重要推动力。BBS的兴起让大众拥有了参与文学表达与创作的机会，带来了网红作家群体的繁荣，痞子蔡、慕容雪村等网络文学作家凭借文字与才情脱颖而出；博客、微博的出现提供了图文并茂的传播方式，诸如芙蓉姐姐、凤姐、犀利哥等人通过搞怪与夸张的方式一举成名；短视频与网络直播的流行将传播内容生动化、具象化，造就了papi酱、李子柒、李佳琦等新一代网红。国外社交媒体Twitter（推特）和Facebook（脸书）使得许多素人成为全球瞩目的明星，如贾斯丁·比伯、泰勒·斯威夫特、蕾哈娜等，同时它们也成为许多政治明星的执政宣传领域，最著名的当数特朗普和奥巴马。Instagram则通过图片分享捧红了许多垂类网红，带来了美妆博主Huda Kattan、健身博主Kayla Itsines和美食博主Marian Ezzedine，开辟网红经济新潮流。YouTube和TikTok（抖音集团旗下的短视频社交平台）的兴起推动有趣且才华横溢的人走红网络，扶持了儿童博主Ryan Kaji、游戏博主忍者（Tyler "Ninja" Blevins）和内容创意博主Mr Beast。网红不断涌现的背后是不断更新的互联网技术赋权，见证了从论坛、贴吧、微博到抖音、斗鱼、B站、小红书等新兴网络平台的成长。

网络覆盖面的扩大和智能设备的普及扩大了网红的内容生产方式，降低了传播的成本。自媒体时代的网红已不满足于单平台的信息传递，而是根据不同平台的传播特性进行差异化的内容投放。根据Quest Mobile发布的《2021年跨平台KOL

生态研究报告》[1]，67.1%的KOL选择双平台运营。这大大激发了网红的表现欲，推动网红进行创新性的内容创作。同一主题在微博的表现形式可能是图文并茂，在小红书的投放是图片合集，在抖音的发布是竖版短视频，在微信公众号的模式是长文……在投放频率上，网红在微博和微信公众号的更新频率会更高，在视频平台的发文数量则趋于统一。这说明即使不改变传播内容的主体，表达方式的革新也可以更好地发挥平台的优势。对不同平台的组合运用也能为网红带来更大的关注量，扩大自身的影响力。

网络平台的发展还带来了交互方式的进步。对用户而言，信息的繁杂和对信息需求的扩大使用户习惯于跨屏获取信息。丰富的网络平台进一步打破了时间和空间的限制，便捷了用户的信息获取方式。网红在不同平台的内容发布满足了用户的视觉需求、听觉需求、话语需求等多方面的信息获取需求，从文字到视频的发展带来了更强的体验感。同时，自媒体的发展加速了事件曝光的频率和传播的速度，"无限放大信息的话题性、延播力和围观度，能迅速使一个街头'网红'成为众多网民关注、点击、评议的焦点"[2]。无论是长期运营的结果还是无意间被发现，多样化的网络平台都是助推网红成名的一个重要渠道。没有人能想到抖音的一则视频能让丁真一举走红，甚至成为一种文化现象。只要有某一方面的特长或特色，网红就可以通过平台展现自己，得到用户的关注。

二、内容形态：从静态到动态

伴随传播平台多样化发展的是传播内容形态的变化。从文字平台到视频平台，传播内容也从静态转向了动态。在文字—图片—视频—直播的发展过程中，信息的呈现能力不断完善，帮助网红与用户之间实现了更好的互动。

网红的内容表现经历了以下几个阶段：网红1.0时代通过发帖或发文吸引受众

1　2021年跨平台KOL生态研究报告：QuestMobile[EB/OL].（2021-06-18）[2021-09-16]. https://www.doc88. com/p-49329244760923. html.

2　敖成兵. 多元时代共生衍创背景下的网红现象解读[J]. 中国青年研究，2016(11)：4-11.

关注，文字成为连接网红和受众的桥梁，但文字的表达程度的有限性加之每个人的理解程度的区别，在一定程度上限制了网红与受众的交流；网红 2.0 时代图文并茂成为潮流，通过多样的图片增强了可视性，降低了信息理解的难度，网红与用户的交流进一步密切；网红 3.0 时代以生动的画面与亲切的解说带来了更强的交互，GIF 动图、短视频、网络直播等各类动态表现形式给予了网红更大的表达空间，催生了直播平台网红、电商平台网红、社交平台网红、电竞网红等新的群体。

回顾短视频的发展历史，短视频应用在 2013 年出现第一个高潮。1 月 Twitter 推出短视频社交应用 Wine，2 月爱奇艺推出啪啪奇，4 月 YouTube 推出玩拍，6 月 Instagram 推出短视频版，7 月快手转型为短视频社区，8 月新浪微博推出秒拍，9 月 Line 推出微片、腾讯推出微视……随后几年，美拍、抖音等短视频应用和映客、斗鱼 TV、虎牙直播等直播平台陆续出现，短视频应用向精细化方向发展，出现了一些垂类 App（如二更、一条、日日煮）和视频新闻平台（如梨视频、我们视频、南瓜视业）。短视频平台在 2016 年迎来了爆发期，涌现出众多创作者和高额融资。短视频和直播所具有的线性化、集中化、情感驱动等特点，将互联网的叙事规则与传播形式从一个去中心化、基于文本、由思想和理性驱动的"阅读网络"，演变为高度中心化、基于图片和影像、由情感驱动的"收视平台"[1]。生动立体的表达、丰富的信息量和智能算法的分发让短视频迅速成为新的潮流。

很多短视频应用兼具社交属性和媒体属性，既是视频创作的平台，也是交流的平台。这些应用通常与各类社交平台建立合作关系，以社交软件导入用户作为自身用户基础，制作视频后同样可以发布到各大平台。如腾讯开发的微视就结合了 QQ 和微信用户两大社交平台。在某些平台拥有一定粉丝基础的网红可以通过短视频应用开拓新的领域，吸引更多的用户；普通用户也可以从短视频开始创作并全平台发布，反向吸纳关注。

随着短视频应用的逐渐成熟，视频制作的门槛不断降低。几乎每款 App 都具

---

1 史安斌，王沛楠. 2018 年全球新闻传播业新趋势：基于六大热点话题的全球访谈 [J]. 新闻记者，2018(4)：17-25.

备裁剪、滤镜、特效、音乐等基本功能，甚至提供了现成的模板教学。每个用户都可以快速掌握基础的剪辑，这为"草根网红"的诞生提供了条件。"头部网红"诸如papi酱、李子柒、密子君在视频创作初期也没有接受过专业的训练，但她们用真实打动了受众，说明即便没有高成本和专业技能也可以利用视频收获流量。

短视频的发展也推动了视频直播的出现。单纯的短视频多是娱乐的工具，对社交平台有很大的依赖性。视频直播以超高的时长、活跃的互动成为又一潮流。根据艾媒咨询的《2020—2021 中国在线直播行业年度研究报告》[1]，2020 年中国整体在线直播用户规模已达 5.87 亿人，直播电商市场规模达到 9610 亿元。直播吃东西、直播打游戏、直播聊天、直播唱歌、直播带货……视频直播涵盖的范围不断拓展，为不同领域的网红创造机会，同时能够满足不同用户的需求。实时的交流、轻松的氛围加强了用户的亲切感与认同感。在礼物打赏＋分成的模式下，一场直播动辄万元的收入非常常见。因此，短视频—社交网络—直播的联动已经成为新兴的网红发展模式，为"草根网红"和网红IP的成长创造了新的契机。

三、生存空间：从小众到大众

以移动互联、移动终端设备为代表的新媒介技术，既搭建了有别于传统媒介的传播平台，也通过一种"技术赋权"打破传统渠道垄断，为每一个个体带来了"传播赋权"，进而改变了过去固有格式对内容传播的种种限制[2]。4G 网络与 Wi-Fi（移动热点）的覆盖、电子设备的普及让每个用户都拥有接触网络和获取信息的权利，降低了内容生产的门槛，扩大了网红的受众范围。

依托众多网络平台的兴起，网红的内容分类越来越细化，覆盖了日常生活的方方面面。自营店铺、擅长销售的可以成为电商网红，外貌出众、审美独到的可以成为颜值网红，逻辑清晰、观点独特的可以成为内容网红，善于沟通、性格活

---

1 艾媒咨询. 2020—2021 中国在线直播行业年度研究报告 [EB/OL]. (2021-03-15)[2021-06-18]. https://www.iimedia. cn/c400/77452. html.

2 奚路阳，程明. 试论网红经济及其发展路径：基于传播逻辑与商业逻辑的双重视角 [J]. 企业经济, 2017, 36(12): 102-108.

泼的可以成为直播网红……相较于图文时代，如今的网红技术准入标准逐渐降低，给予更多普通人成名的机会。网红不再是某个特定领域的代名词，这使得网红与网民的距离不断缩小，网民能够以更开放的心态面对网红的存在。

互联网的发展扩大了网民的群体范围，改变了网民的组成结构。女性用户比例不断提升，下沉市场用户规模逐渐扩大。Mob研究院发布的《2020年中国移动互联网趋势洞察报告》[1]显示，电商加速下沉，短视频流量池高增，直播电商风头正劲。网络的普及加速了技术赋权的实现，赋予草根群体更大的话语权，扩大了网红的潜在用户的范围。网民对于休闲娱乐的需求推动了短视频网红的出现，以抖音、快手为代表的短视频应用中涌现出一大批草根网红。同时，生活水平的提高促进了购物需求的增加，网购、拼购、团购成为购物的新形式，带动了主播网红、电商网红、种草网红的兴起。网红涵盖的领域范围不断扩大，并随着网民的需求而变化。

互联网的发展降低了网红生产的成本，改变了偶像艺人的培养模式。在传统造星时代，培养一位明星需要团队的长期经营。明星首先需要具备突出的才艺或天赋，再通过、资源团队的包装、营销走进大众视野。但网红的出现改变了传统的造星模式，即使没有专业的运作团队、没有大规模的资金投入，也有可能成为事件的中心。网红直接面对的是公众，只要公众对与网红相关的内容感兴趣并持续保持关注，网红成功的概率就会大大增加。[2]相比图文时代的文字交流，网红可以通过生产用户喜爱的内容吸引关注，与受众的心理接近程度不断增加。

1.0时代的网红是网络写手的代名词，2.0时代的网红由审丑审怪的潮流引导，网红呈现的始终是一个小众化甚至偏见化的形象。随着视频时代和直播时代的到来，网红的覆盖领域逐渐扩大，标签愈加多样，受众的接受程度不断提高，网红拥有了更加广泛的生存空间。

1　Mob研究院. 2020年中国移动互联网趋势洞察报告 [EB/OL]. (2021-01-18)[2021-06-21]. https://www. yixieshi. com/147180. html.

2　王卫兵. 网红经济的生成逻辑、伦理反思及规范引导 [J]. 求实, 2016(08): 43-49.

四、互动方式：从单向到双向

在喻国明看来，互联网给我国社会带来的最深刻的改变在于将"社会传播主体从过去以机构为基础元素，下沉到以个人为社会传播的基本单位"[1]。在传统传播途径中，媒介承担着"把关人"的角色，通过议程设置影响受众对信息的获取。互联网的发展为大众提供了更广泛的接触信息的渠道，受众可以是信息的接受者，也可以是信息的生产者。

网红的内容选择受用户的影响。网红在传播初期通常选择在某一个平台发布内容，如果形成了一定的热度，网红就会根据受众的喜好持续发布相关话题，巩固受众在其身上投注的关注度。从名人效应的注意力经济视角来看，网红会通过调整自身的真实表现，迎合受众，取得受众信赖以维持稳定的粉丝关系[2]。唯有符合用户心理导向的内容才能带来源源不断的流量，因此电商网红会根据受众意见选品带货，内容网红会根据网络热点撰写文章。传播始于小范围的粉丝社群，再由粉丝扩散至各类社交平台，形成爆点或吸引主流媒体的关注。

网红与受众的内容传播具有交互性。在传统的"传播者—传播内容—传播媒介—受众"的线性传播模式中，传播者具有决定性作用，受众处于传播路径的末端。但在网红的传播路径中，网红与受众处在相互作用的循环中，受众为网红提供策划思路与流量，网红为受众提供成形的内容。受众的反馈对网红而言至关重要，甚至能影响网红后续的发展方向。受众的正反馈是对网红内容生产的认可，鼓励网红在现有方向的基础上继续改进内容创造；受众的负反馈是对网红内容生产的督促，提醒网红把握内容导向，提升传播质量。

网红的传播遵循了交互的适应性，实现了对传统传播路径的颠覆，在传播对象、传播内容、传播渠道上都发生了巨大的改变。不同平台的用户画像决定了网

1　喻国明. 用"互联网＋"新常态构造传播新景观：兼论内容产品从"两要素模式"向"四要素模式"的转型升级[J]. 新闻与写作，2015(06)：39−42.

2　JOHNSTON J E. Celebrity, Inc.：the self as work in the era of presentational culture online[J]. Celebrity Studies, 2020, 11(4)：508−511.

红内容分发的差异，比如，抖音的用户群体更加下沉与广泛，网红在内容呈现上会更注重大众化与易懂性；小红书的用户群体更为年轻态，网红会注意内容的高质与新颖。网红既需要积极与用户互动，也需要积极接收用户的反馈，这也是直播、抽奖、回复等互动方式深受网红青睐的原因。互联网的发展提供了多样的互动途径，在便捷、高效的同时保持了每个平台的调性，比如，抖音网红更倾向于直播互动，微博网红更倾向于转发抽奖和评论回复。受众有需求，网红有回应，这既是双向的互动，也是共赢。受众在交流的过程中满足了"得到关注"的虚荣心与成就感，收获了"相互陪伴"的心理安慰，网红在交流的过程中明确了内容方向，巩固了用户黏性。

网络搭建了大众共享的媒体平台，彻底改变了传统媒体时代的"你说我听"，给普通民众提供了传播个人信息、制造社会影响的机会[1]。网红迎合用户心理创造内容，用户接受信息实现二次传播，为网红进一步扩大影响力，通过跨平台的传播与互动完成网红与受众的交流。

第三节　作为产业链支撑的机构

MCN机构是产业链规模化、标准化的标志，其一方面被认为是网红的制造工厂，而另一方面又被认为是网红代理机构，他们为网红提供各种专业化的服务，也使得相对松散的网红个体能够成为与平台、广告主博弈的重要力量，并以此成为产业链的重要环节，甚至成为产业链变革的关键力量。

一、垂直细分，锁定用户

浩瀚的互联网信息资源给予了受众丰富的选择权，如何以差异化的内容生产吸引用户也是网红走红的关键。温德尔·史密斯提出的市场细分理论通过市场调研将消费者划分为若干消费者群，每一个消费者群都是一个细分市场，在需求上存

1　薛深, 聂惠. 网红现象的生成逻辑及其引导 [J]. 中州学刊, 2017(04): 163-168.

在明显的差别。从网红 1.0 时代到 3.0 时代，网红涉及的范围愈加广泛，对于市场的划分也愈加细致。即便起家于相似的领域，"头部网红"也有其个性化的标签。独特的标签就像商品的品牌和调性，受众得以在茫茫信息流中捕捉到网红的存在。

网红在大众认知里是相对松散化的，大多网红都被冠以"潮人""写手""时尚"之类的标签，这代表了大众对他们的普遍印象，却不能让某一个网红脱颖而出。个性化的标签能够帮助网红完成个人形象的打造，甚至成为网红本人的代名词。比如，提起"OMG"大家就会想到李佳琦，提起"美貌与才华"大家就会想到papi酱，提到"甜野男孩"大家就会想到丁真。这显然是成功的形象定位，同时也与网红驻扎的垂直领域息息相关。李佳琦是电商主播，"OMG"的语气节奏能够吸引观众购买的兴趣；papi酱是视频博主，固定的自我介绍能够强化观众的记忆；丁真以纯粹的笑容走红，"甜野男孩"的辨识度为他助力地方文旅事业发展打下基础。他们不仅仅是大众网红，也是垂直网红。Twitter是一个语言市场，其中是否能成就自我品牌和微名人，取决于其增加社会和经济收益的手段及知名度。在这个系统中，主题标签（Hashtags）是一个强有力的资源，可以提高Twitter更新的可见性。这项研究分析了大约 9.2 万条推文数据中集中出现的标签的频率、类型和语法背景，该数据集取自 100 个可公开使用的Twitter账户，比较了公司、名人从业人员和"普通"Twitter成员的话语风格。研究结果表明，自我品牌和微名人的实践是一个连续体，反映并强化了线下环境中存在的社会和经济等级标签能够增强网红的个人属性和辨识度，成为他们自我品牌的一部分[1]。

网红在发展初期多由本人运营，生产的内容也相对零散，这能使他们吸引一定的受众，却未必能保持用户黏性，因为他们并不是不可替代的。MCN机构可以称为网红的中介机构，由于具备更丰富的经验、更专业的团队、更细致的分工，通常有更敏锐的商业敏感性，能够帮助网红梳理用户画像，制定发展路线。对各社交平台而言，站内领域的细分已成为必然的发展趋势，音乐、舞蹈、搞笑、游

1　PAGE R. The linguistics of self-branding and micro-celebrity in Twitter: The role of hashtags[J]. Discourse & communication, 2012, 6(2): 181-201.

戏、美食、时尚、体育等模块是常见的分类方法。在MCN机构的运营下，即便同属于时尚网红，他们也会分别深耕穿搭、仿妆、护肤、发型、vlog（视频日志）等更加细化的领域。在大数据的帮助下，使用垂直细分来研究受众，网红能更加清晰地明确自身定位，规划发展方向，同时能更加精准地分析用户喜好，满足用户的需求，培养用户黏性。

在MCN机构专业团队的协助下，网红运营不断精准化。MCN机构通过对网红的包装与规划，为网红提供资金来源、人力支持、创作思路等多方面的援助，帮助网红高质量、高效率地进行内容生产。同样以时尚网红为例，如果专注于穿搭领域，MCN机构可以帮助网红关注潮流走向，挖掘各类品牌，如迎合当年的年度流行色准备搭配；如果专注于妆容领域，MCN可以帮助网红捕捉明星热点，不断创新细节，如不断出现的"鞠婧祎仿妆""刘浩存仿妆"。与个人运营的账号相比，MCN机构的存在让网红的内容生产更加专业、内容分发更加细化。面对垂直人群的垂直推送带来了更高的转化率，用户有更大的概率点开内容、表示支持。一个大众网红的有效触达率可能仅为千分之几，而垂直网红的有效触达率可以达到前者的百倍。MCN机构的运作无疑是有效的。

二、人设规划，塑造权威

"人设"是人物设定的简称，指提前设定并演绎一个相对完整的人物形象。社群运营和粉丝经济是网红营销中的一个重要环节，网红在其中扮演了一个极具权威的角色，甚至能对受众的思维与行动产生影响。粉丝是网红的原始支撑力量，为网红带来初期的流量与反馈，网红又通过社群运营巩固粉丝，并推动受众完成从路人到粉丝的转化。

以MCN对知识类网红的推动为例，这些网红通常凭借一些独到的见解或丰富的知识储备收获拥趸，在受众群体中发挥着意见领袖的作用。在网红独立运营期间，他们的内容更新并不规律，热度的高低具有随机性，某一条微博收获高流量的背后可能是数百条微博的无人问津。但在MCN机构的帮助下，他们可以实现更加稳定的更新和更加及时的推送。由于团队会对各个平台的热门词条进行监测，他们可能在话题出现初期就完成了撰稿，有远高于信息传递到大众面前的速度。在普通人还来不及仔细思考这个话题时，他们已经作出了专业的解读。这很容易让他们在粉丝群体中树立权威，再通过粉丝的裂变传播进一步扩大权威效应，在更大的范围内打响知名度，在大众认知里为自己打上"博学""犀利""专业"的标签。在这个层面上，网红是话题的传播者，同时也有许多网红成为话题的制造者。比如，《奇葩说》的辩手们在节目中提出的观点在网络上引起了巨大的反响，实现了线上线下的宣传联动，最大化地扩大了自身影响力。

以MCN机构对视频类网红的促进为例，视频网红通常凭借新颖的视频内容与策划吸引受众的关注。比如，2016年，滇西小哥在短视频创作初期采取单打独斗和模仿的策略，跟随互联网中兴起的土味文化，制作了"油炸竹虫"等猎奇视频，吸引观众的眼球，但是反响平平。2017年，"滇西小哥"加入MCN机构Papitube后，凭借资本的借力和自身对于市场环境和受众需求的思考，视频内容以"美食创作生活"为主题，记录了自己的田园生活，叙述云南美食从食材准备到成品展现的全部过程，并且在视频中融入云南的田园风光，以及她与家人其乐融融的日常生活等元素。在专业团队的加持下，滇西小哥流量飙升，成功带火了小粒咖啡、腌腊、红茶等保山土特产，直播累计获千万人观看，带货价值超1000万元，也成为中华文化输出的响亮名片。

MCN机构造就了更具权威性的网红。MCN机构对网红的包装过程既包括外部形象的呈现，也包括专业素养的培养。精细化运营下的网红本就瞄准了用户的需求投放内容，再加上形象包装与专业话术的扶持，能够轻而易举地成为粉丝群体中的领袖，影响粉丝的决策和购买行为。一些主播甚至有自己的"家族团队"，在彼此的直播中互相支持、互相介绍，从而扩大整个MCN机构旗下网红的影响力，加强自身权威形象的塑造。

三、用户至上，内容为王

网红营销以用户为核心，网红内容的生产取决于用户需求的变化。以电商网红为例，网红会根据粉丝意见选择新品，展开直播进行产品介绍，回复评论，解答粉丝疑惑，粉丝全程参与商品的构思、生产、广告、销售、售后流程。特别是在服装领域，用户的反馈甚至能改变服装的面料、颜色、长度等，产品的个性化特征更为明显。网红电商完全根据消费者需求进行产品生产，不仅能减少库存，提高经济效益，也能推动网红与消费者的沟通，加强受众联系。这种依据订购情况再决定产品样式和生产规模的做法，可以称为移动互联时代的"以销定产"模式[1]。

传播内容的高质化是新时代网红的发展要求。随着互联网用户数量的增加，很多网红都积攒了一定的流量池，如何吸引受众的注意力就成为网红发展的关键。用户在某个内容上停留的时间越长，信息转化的成功率越高，网红得到关注的可能性也就越大。网红准入门槛的降低导致了群体数量的激增，但我们可以发现靠夸张猎奇内容博得关注的网红都只是昙花一现，高质的内容产出才是长久立足的法宝。"丁香医生"能够成为医疗健康领域的"大V"，是因为其长期稳定地提供健康科普与在线问诊服务，并会对私信内容和热门话题作出解答；"日食记"能够常年斩获百万播放量，是因为其更新频率稳定，画面制作精良，食材兼具美味与外形；"耳帝"能够成为微博知名音乐博主，是因为他可以以较为专业和客观的角度对国内外的音乐及歌手进行鉴赏，推荐优秀音乐作品；罗振宇能够在知识领域长红近十年，是因为他每天推送一段60秒的语音，源源不断地提出精练的观点。能够长期占据用户注意力的网红一定是在某个领域具备知识储备或独特才华的，可以向用户输送有价值的思想观念。网红价值通过个人IP（知识产权）得以指数化提升和显现，从单纯的秀场模式升级为"秀场+知识+社交"方式，收获最佳的用户转化效能[2]。

一个成功的IP打造离不开网红团队的共同努力，团队运作有其固有的模式。

1　周茂君，宁馨怡.网红现象的三维视角解读[J].学习与实践，2017(02)：133−140.

2　邢彦辉."互联网＋"视域下网红现象的范式转化[J].当代传播，2018(03)：99−102.

对MCN机构而言，其采取的是红人挖掘、能力提升、内容制作、宣传推广、流量变现的网红培养过程。UGC（user generated content）阶段的独立内容生产难免会遇到创作瓶颈，或无法得到有效曝光。网红团队的帮助主要体现在内容创作和流量变现两个环节。视频创意可以来自网红本人，也可以来自集体思考，在创意上更为多元和潮流，而视频制作的过程则可以拥有更为专业的摄影、道具、后期团队，形成一个以网红本人为核心的运作团队，推动资源的整合利用。在网红发展的上升阶段，网红通过团队协作经营自身IP，系列化产出作品，从而成功获取用户注意力。

四、产业链条，整合营销

伴随网红的快速发展成长的还有MCN机构。尽管来源于美国YouTube，但MCN机构经过近十年的本土化经营，已经成为网红经纪公司的代名词，市场空间不断扩大。一般来说，网红的发展离不开品牌、媒体和受众，而品牌、媒体、受众和名人之间存在明显的营销关系。网红负责向品牌生产内容，品牌所有者（或广告商）必须为广告向媒体机构付费，品牌依靠传统媒体来传递受众。但是有追随者的名人也可以使用他们自己的媒体（如网站、博客、Facebook、Twitter和Instagram）来影响这些观众（如卡戴珊姐妹）[1]，由此可见，网红产业形成了一条完整的生产链。根据克劳锐的统计，2023年中国MCN机构的注册公司数量超过了25400家，且更倾向于布局垂类市场，营销业态和电商业态是其变现的主要方式。

MCN机构的结构有一定的层次性。依托生产和运营两个基本服务，MCN机构已经形成了一个较为完整的网红产业链条：上游是网络社交平台，网红通过内容生产与分发吸引受众，聚集流量；中游是网红孵化与培养，不断挖掘有潜力的红人，并对他们进行培训与包装；下游是网红变现渠道，调动流量获得广告收入或者打赏收入。网红因在某平台吸引了一定关注而被经纪公司发现，公司为其提供

1　KHAMIS S, ANG L, WELLING R. Self-branding, 'micro-celebrity' and the rise of social media influencers[J]. Celebrity studies, 2017, 8(2): 191-208.

运营管理与商务资源，最终实现从网红"人气"到"金钱"的转化。

MCN机构的运营有一定的普及性。在内容生产与账号运营阶段，MCN机构需要为网红提供资源支持与社交账号的维护。MCN机构首先在创意和技术上协助网红进行生产，保障优质内容的持续输出。再根据不同平台的调性进行内容分发，形成一个IP的多平台布局。当网红拥有一定人气后，MCN机构会接手或辅助社交账号的运营，进一步细化内容领域，塑造网红独特的语言风格，策划多样的粉丝互动，巩固运营平台的流量。

在网红孵化与培育阶段，MCN机构通过大数据对各平台优质账号进行监测和筛选，挖掘具有潜质的红人完成签约；根据网红领域的不同对网红的个人能力和行业技巧进行培训，提升网红的外部形象、知识背景、生产能力、沟通能力，避免一些低级错误的发生，进一步塑造网红权威形象。同时联动各平台流量资源，推动网红的宣传与曝光，扩大网红知名度，为网红的商业化发展打下基础。

在流量变现阶段，MCN机构主要负责电商直播与经济管理，使内容方、平台方和品牌方的沟通更加高效。无论是主播直播带货的"硬性广告"，还是KOL通过图文与视频进行推广的"软性广告"，都需要MCN机构进行产品筛选与商务对接，制定营销策略。即便是以获取打赏为目的的直播形态，也需要MCN机构对直播内容与互动环节进行策划。对于自带供应链的MCN机构而言，他们甚至可以组织商品生产，对电商店铺进行运营管理。

MCN机构的产业链具有融通性。从整个产业链来看，MCN机构主要位于中游地带，连接内容生产者与受众广告主。平台拥有原始流量与宣传渠道，MCN机构为平台和广告主提供优质内容，品牌通过内容营销赢得关注度，网红收获人气和财富，实现多方的互助共赢。"制作人+运营者+经纪人"的一条龙服务为网红的发展提供了极大的便利，网红可以更加专注于内容生产和粉丝维护，将对接与运营环节都交给MCN机构运作，大大提高经营效率。以杭州如涵控股股份有限公司为例，其在淘宝店铺时期就组建了自己的生产线，与网红张大奕合作后建立新品牌"吾欢喜的衣橱"，负责服装生产与店铺运营，张大奕本人则作为品牌模特，参与服装设计与平台宣传。作为最初的电商网红，她与如涵的合作显然是有效的，不仅为店铺赢得了稳定的收入，也开拓了网红孵化的新思路。

第三章

"加冕"的荣耀：消费社会与流量变现

我们从未像今天这样接近成为"名人"，网红作为今天的"网络红人""网络名人""网络大V"正迅速在我们周围崛起，他们可能在我们周围突然爆火，也可能就是隐藏在我们周围的普通人。事实上，在海量网民、商业资本和官方扶持等多元力量的推动下，网红已经从边缘逐渐走向社会、文化、经济的中心地带，并呈现出普遍化、规范化、产业化的趋势。而今，网红现象的普遍使我们很难不"渴望"一夜成名，那将无疑使我们从普通人转而获得众多的关注与赞誉。然而，这些看似遥不可及的"成名的梦想"和突如其来的"一夜爆火"，是否能够转变成为一种理想工作或职业选择？网红作为一种文化现象，是否已经转变成为一些青年人的职业选择？

本章带着以上疑惑，通过线上田野和线下深度访谈的方式，与网红入行者展开交流，并依据职业动机理论进行分类梳理，探究是何因素推动他们选择了网红这一职业，通过分析职业选择的动机来探讨网络经济下不同阶层、具有不同经历的个体如何受技术、政策、文化等宏观环境的影响，出于何种心理和动机、为了谋求何种目的而进行新的职业想象和行动。

第一节 "加冕"：互联网的造星之路

20世纪60年代安迪·沃霍尔（Andy Warhol）预言："在未来，每个人都能出名15分钟。"任何人只要坐在摄像机前就会出名，只要有足够的曝光任何人都能成为知名人物。"15分钟定律"在新媒体普及、短视频技术成熟的今天成为现实，每个人都能在众声喧哗的时代留存、生产、推广自己的影像，走红从未像今天这样容易过。一种新的群体及文化——网红，也依托互联网技术应运而生，在我们的日常生活中扮演着越发重要的角色。

网红即网络红人（Influencer）的概念综合学界的观点可以理解为基于现实或网络的某一行为或事件而在网络空间走红，得到粉丝的追捧从而积聚影响力的群体。网红必须具有如下要素：一是有明确的主体，主体对象可以是现实的，也可以是虚拟的；二是传播路径和范围是网络空间，尤其是社交媒体；三是主体与受众之间存在互动关系。

从依靠文字、言论而受到追捧的安妮宝贝，到因出格、扮丑而"蹿红"的"凤姐"，到2016年获得千万投资身价上亿的papi酱，再到2020年因为气质纯真而走红的"甜野男孩"丁真……网红的身影伴随着互联网技术的发展始终活跃在网络空间的各大社交平台上，并以其强曝光、高热度、广范围的姿态成为赛博空间中的耀眼明星。从克里斯·罗杰克的角度来看："媒体的呈现是名流的基础，核心为名流效应的神秘黏性，以及名流形象的异常脆弱性。"[1] 对于网红现象的理解同样如此，表面上网红是平台媒体的流量分配，是算法推动下的前置与聚焦。而事实上，"网红现象体现了多元化主体、多元化力量对网络社会的共同建构，代表了现

---

1 罗杰克. 名流：关于名人现象的文化研究[M]. 李立玮，等译. 北京：新世界出版社，2002: 33.

实社会中的多种话语力量和话语诉求。"[1] 路易丝·爱德华兹（Louise Edwards）和伊莱恩·杰弗里斯（Elaine Jeffreys）发现中国的名人是道德高尚、生活富裕、消费主义、不屈精神元素的结合体，同时也是广告和娱乐的消费文化和官方话语的复杂互动后的定义 [2]。但是，对于到底谁造就了网红始终没有明确的答案，为什么某些人一夜爆火突然被"加冕"，又因何让公众或是粉丝而着迷？而网红能否作为大众的一种职业追求并加入其中？

一、网民"加冕"：偶发与心理调适

网红现象被认为是现实压力之下网民对新媒体的依赖，以及闲暇时间借助网红消费来实现自己的情绪宣泄。这些内容的爆火所产生的"全民狂欢"达到了共同的精神释放 [3]。事实上，初代网红的爆火具有极强的偶然性。2006 年 7 月 28 日，第四届 China Joy 中一张来自丁贝莉的照片被网友放到了新浪游戏的首页，当日约有88600 人次浏览了这张照片，100 多位玩家在博客中回复，种种美妙的词语被挑剔的网友用来形容这个女孩：最忧郁、最可爱、超凡脱俗、最清纯、清新、孤傲、性感、从来不笑。在 China Joy 之前，丁贝莉只是一个普通的 19 岁上海女孩，而在短短的几天之后，她就成了网络游戏圈里迅速走红的名人。同样，2010 年的犀利哥事件也类似，因天涯论坛的一篇帖子——《秒杀宇内究极华丽第一极品路人帅哥！》而迅速走红，被网友誉为"极品乞丐""究极华丽第一极品路人帅哥""乞丐王子"等。初代网红的成名具有很强的偶然性，既没有本人的自爆情结，也没有商家的故意炒作，仅仅是因为网友的博客照片而使一个普通人如此受人追捧。积极主动的事件发布者、自由宽松的传送渠道、信息供给多样化及特殊的网络受众群体，是偶然性传播和一夜成名的基本要素和条件 [4]。因此，网红的爆火，更多呈

1　方艳, 胡婷婷, 袁誉慧. 中国网红研究的热点关切与反思：基于文献计量学的知识图谱研究 [J]. 新闻爱好者, 2021(10): 70-73.

2　Elaine Jeffreys and Louise Edwards, Celebrity/China, in Edwards and Jeffreys (eds) Celebrity in China, 15-18.

3　殷俊, 张月月. 网红传播现象分析 [J]. 新闻与写作, 2016, (09): 64-66.

4　邵静. 网络媒介中的偶然性事件传播 [J]. 当代传播, 2007, (02): 84-86.

现为一种偶发式的、"昙花一现"式的红，突如其来的火，之后的热度很难持续。

而随着互联网的发展和用户规模的不断扩大，体量庞大的网民群体分散在不同平台、社群、圈层和各种垂类等，通过网络一夜成名的故事变得普遍且寻常。所谓网民的"加冕"，也不过是更多人的心理"调适器"，他们通过接收网红生产的信息产品来获得精神愉悦和自我满足，除此之外，还有更为丰富的互动和反馈，如点赞、转发、打赏等。算法在这些转、评、赞的触发下，将一个又一个普通人，以病毒式的裂变传播给更多的网民，吸引他们加入"狂欢"，正是在一个又一个网民设备的流转中，网红得到了"加冕"，成为被人熟知的名人、名流。

二、资本"加冕"：产业链与量身定制

网红从偶发的社会现象、网络时代独特的风景线，发展到人们茶余饭后的谈资。在资本的驱动下网红开始逐步普遍化、规范化、产业化，并开始成为职业选择，网红开始成为数字经济下的产业模式，进而成为一股强大的社会经济力量。2015 年被称为社群元年，而 2016 年则被民间定义为网红经济元年[1]。具体而言，"网络化的社会生活方式、庞大的网民市场、日益旺盛的消费需求，使网络走红与经济社会收益变现之间的关联度日益紧密，中国网络社会发展因此出现了一个特有现象——网红经济[2]"。网红是 UGC 的成功者，是对传统 PGC 即专业内容生产机制的反拨，但随着名声的增加和商业资本的介入，原本出于爱好而进行内容生产的网红们逐渐将内容自生产转变为半专业甚至专业生产，工作性质也从兼职走向全职[3]。也正因日益紧密的经济收益，网红的走红逻辑越发表现为一种资本市场的量身定制。2016 年，靠短视频"吐槽"在微博汇聚 800 多万粉丝人气的网络红人 papi 酱获得了 1200 万元投资，而据相关媒体报道，"papi 酱"的估值可能达到 3 亿元[4]。

1　张旻. 热闹的网红：网络直播平台发展中的问题及对策 [J]. 中国记者, 2016(05): 64-65.

2　杨江华. 从网络走红到网红经济：生成逻辑与演变过程 [J]. 社会学评论, 2018, 6 (05): 13-27.

3　胡泳, 张月朦. 网红的兴起及走向 [J]. 新闻与写作, 2017(01): 41-45.

4　段子手 papi 酱获 1200 万元投资 [EB/OL].（2016-03-24）[2021-06-18]. https://www. 163. com/news/article/BIT0ST3V00014Q4P. html.

如今，在资本驱动下，网红经济已经形成了较为完整的产业链，包括上游提供广告营销需求的品牌方/广告主；中游内容创作端的网红KOL与MCN机构，内容分发端的各类短视频、电商及社交平台；下游通过购物、打赏实现最终消费的用户群体。《2016中国电商网络红人大数据报告》显示，2016年网络红人产业预估产值为580亿元。另据新浪微博与艾瑞咨询发布的《2017年中国网红经济发展洞察报告》，2017年粉丝规模在10万人以上的网红人数较去年增长57.3%，网红粉丝总人数达到4.7亿人，中国网红经济进入高速发展期[1]。

资本的涌入使得网红作为职业的专业化程度快速提升，网络的爆火虽然还是以网络社群的建构为中心，但资本无疑已经具备了"加冕"的资格，专业的孵化机构，成熟的内容创作团队，完善的营销分发渠道，一条网红制造产业链所能爆发的潜力已经超越了红人自身的力量。在资本的"加冕"和驱动之下，名人、名流可以迅速转化成为网红经济产业链上的一分子，如罗永浩首场直播销量近1.68亿，陈赫单场直播成交销量8000万……总之，在资本推动下，网红产业焕发出强大的生命力，"成为注意力经济体系内掘金的全新热点"[2]。

三、官方"加冕"：融合发展与规治赋能

网红经济发展带来不断增长的产业经济价值和社会价值。其社会价值体现在技术赋权让网红成为时代的意见领袖，他们或许分散在各个新媒体平台、社群、圈层和各种垂类领域，但其也必然带来对传统媒体、权威的替代和消解。网红具有固定的粉丝群体，并与粉丝保持密切联系，因此他们打造的主要是一种"自品牌"（self-branding）[3]。因此，社交媒体时代个体作为重要的影响力资源，其必然成为政府重要的关注对象。对此，官方主流媒体通过媒体融合，放低姿态进行"网

1　第一财经商业数据中心http://cbndata.com/report/69;艾瑞咨询, http://report.iresearch.cn/report/201706/3009.shtml, 2017-01-06。

2　敖鹏. 网红为什么这样红？基于网红现象的解读和思考[J]. 当代传播, 2016(04): 40-44.

3　Liselot Hudders, Steffi De Jans &Marijke De Veirman, The commercialization of social media stars: a literature review and conceptual framework on the strategic use of social media influencers, International Journal of Advertising, 2020, 40（3）: 327-375.

红化"转型，进行"亲民"传播，与用户进行人格化互动，以此牢牢掌握舆论制高点 [1]。除此之外，政府各部门各机构也被要求积极参与政务公众号建设，在新媒体时代让民众更便捷地获取信息与各机构部门展开沟通。47 次《中国互联网发展状况统计报告》显示，至 2020 年 12 月，全国共有 140 837 个经新浪平台认证的政务类官方微博号 [2]。如"共青团中央"由于亲民俏皮的风格而受到网民喜爱，成了名副其实的"主流网红"。另外，2020 年 5 月 11 日国家人力资源和社会保障部发布的《关于对拟发布新职业信息进行公示的公告》中新增加的"互联网营销师"，即"在数字化信息平台上，运用网络的交互性与传播公信力，对企业产品进行多平台营销推广的人员 [3]。"网红即包含其中，从而在政府层面对网红作为职业的合理性、合法性与规范性进行了确认。

在网民的追捧下，在产业生态的如火如荼中，在政府官方的支持参与下，网红由最初小众圈子里受到追捧的网络文学写手发展到今天体系完整、功能成熟的网红经济、网红产业和网红产业链，以及链条上数十万名相关从业者。当前，网红可谓万众瞩目，不仅成为一种潮流与趋势，更吸引了众多年轻人跃跃欲试，期待参与其中。据统计，近六成的 95 后有兴趣成为网红，并且最想成为的网红类型是电子竞技玩家和主播 [4]。人人都在找网红，人人都想做网红。在越来越多的普通人倾向于选择网红作为职业发展方向时，在这个圈子沉浮多年的网红们，在入行之初又是基于哪些原因选择了网红这一职业呢？

---

1 夏治林. 广电媒体的"网红化"转型：以"四川观察"为例 [J]. 青年记者，2021(01): 78-80.

2 中国互联网信息中心. 中国互联网络发展状况统计报告 [R]. 北京：中国互联网信息中心，2021.

3 中华人民共和国人力资源和社会保障部职业能力司. 关于对拟发布新职业信息进行公示的公告 [EB/OL]. (2020-05-11) [2021-06-18]. http://www. mohrss. gov. cn/SYrlzyhshbzb/zwgk/gggs/tg/202005/t20200511_368176. html.

4 王琦. 95 后职场新秀调查：六成想当网红 三成通过父母找工作 [EB/OL]. (2016-08-19) [2021-06-18]. http://education. news. cn/2016-08/19/c_129242140. htm.

第二节 变现：虚拟空间的成名想象

自 2016 年网红经济元年以后，网红从过去小众的亚文化标签发展成为大众关注焦点的群体现象和文化趋势，网红受到资本的青睐，商业价值日益突出，催生出网红经济、网红产业等一系列新的经济增长点。"人人都想做网红，人人都在找网红。"在这种网红热潮的背后，蕴含着一种更为深刻的文化现象。本节将以网红为研究主体，通过对网红选择这一职业的原因、经历和看法的分析来回答以下问题：哪些因素推动了网红选择这一职业？网红入行的职业动机有哪些？入行前的职业想象是什么？通过分析职业选择的动机和原因来探讨网红经济下不同阶层、不同经历的个体如何受技术、政策、文化等宏观环境的影响，出于何种心理和动机、为了谋求何种目的而进行新的职业想象和行动。

一、职业选择和职业动机

（一）职业与职业选择

职业是贴在每个人身上的标签，是个体身份和能力的确认标志。正如艾伯特所言："职业支配着我们整个世界。它们治愈我们的身体，衡量我们的收益，拯救我们的灵魂。"[1]而人们又是在哪些力量、要素的作用下将个体和职业一一对应的呢？社会学、心理学、管理学等学者均参与过对这个问题的回答。

个体的特质对应相应的工作环境，职业需要中"人—环境"相匹配的观点最早在 1959 年由美国心理学家霍兰德（Holland）提出[2]。他将人的个性区分为六种，并提供了与每种个性相适宜的职业。劳夫奎斯特（Lofquist）和戴维斯（Dawis）在坚持个性重要性的基础上，认为职业选择是个体能力与职业需要相匹配的过程，职业需要既包括个体通过职业实现的生理、心理需要，也包括工作对员工的需要[3]。

---

1 阿伯特，职业系统：论专业技能的劳动分工 [M]. 李荣山，译. 北京：商务印书馆，2016.

2 HOLLAND JL. Making vocational choices[M]. Englewood Cliffs, NJ : Prentice Hall, 1997.

3 LOFQUIST L H, DAWIS R V. Essentials of person−environment−correspondence counseling[M]. Minneapolis: University of Minnesota Press, 1991.

除了强调某一特质，一些学者也从整体的角度分析生理、心理、家庭、社会、文化对个体职业选择的影响，其中苏泊（Super）的人生互换理论（Life-Span，Life-space Theory）[1]最具代表性：个体职业选择变迁的过程可以划分为五个阶段，而每个阶段都是自我概念的变迁和演进作用的过程；同时家庭、学校的早期经历会对个体产生"烙印效果"，即使在职业选择的过程中也会有两者潜移默化的影响；职业的成熟度是应对职业难题的能力强弱程度，成熟度越高，专业化程度越强，职业选择就会有更多机遇；而个人兴趣的开发、自我认知能力的提升也对找准职业有所帮助。古塔弗瑞德森（Gottfredson）在受到苏泊影响的基础上，提出职业选择实际上是"放弃最爱—接受可行"的过程，是相容性和可达性相互作用的结果。相容性是指包含性别、能力、声望等的"社会我"和包含兴趣、个性和价值观的"心理我"的相互匹配，而可达性则是个体能否从事某一职业的可行性判断[2]。麦克莱恩（Mclean）把职业选择的动机分为内在和外在两种，其中内在动机（intrinsic motivation）指为获得满足感而作出的选择，即使这一职业可能无法带来更多利益，包括兴趣、价值、经历；而外在动机（extrinsic motivation）则是追求某种结果，包括社会地位、金钱、声誉等[3]。

一些社会学、经济学者关注以个体为代表的特定群体、阶级，如少数民族、女性等，从更为宏观的视角来研究职业选择，劳动力市场、消费主义、经济全球化这些宏大议题。

（二）网红的职业动机

当前对特定群体的职业动机研究较为常见。在中国，研究对象集中在毕业大

1 SUPER D E, SAVICKAS M M L, SUPER C A. Life-span , life-space approach to career development. In Brown D, Brooks L. Career choice and development[M]. San Francisco: Jossey-Bass, 1996.

2 GOTTFREDSON L S . A theory of circumscription and compromise. In Brown D, Brooks L. Career choice and development [M]. San Francisco: Jossey-Bass, 1996.

3 MCLEAN L, TAYLOR M, JIMENEZ M. Career Choice Motivations in Teacher Training As Predictors of Burnout and Career Optimism in the First Year of Teaching[J]. Teaching and Teacher Education, 2019(85): 204-214.

学生、新闻从业者和公务员这三类群体，目前国内没有针对网红的职业动机研究。但在国外已有学者注意到这一现象。2018 年，德国的菲特维茨等人对线上微名人即网红提供内容的动机进行研究，采用内容分析的方式将平台、性别、国籍、年龄、内容和动机进行交叉比较，发现名声和金钱是网红传播内容的最主要动机，并且年长的网红渴望获得金钱而年轻的网红更喜欢名声，不同平台上的网红有不同的动机偏好[1]。而费雷贝格通过 q-sort 的识别方法发现，网红这一群体和多话、聪明、富有野心、高效率和稳重这些特质相联系[2]。

以往的职业选择和职业动机理论与文献为本次研究网红的职业动机提供了框架思路，本节将根据访谈结果，首先从微观个体的角度分别考察从业动机，包括内在性动机和外在性动机是如何影响或者改变从业者对职业的选择和期待，随后考察宏观层面的社会文化环境、中观层面的行业环境如何对从业者的职业选择进行影响。

二、深度访谈和访谈资料搜集

本节采用个案分析的研究方法，通过深度访谈、搜集访谈资料的方式获取资料。包括在知乎、百度知道等问答式知识社交网站采集有关网红回答的职业动机资料；在微信、微博搜索网红的采访报道，获取关于网红为什么走上这条道路的相关资料；深度采访则是通过中间人介绍的方式与网红进行沟通交流，获取其基本资料和针对本次调查问题的回答。

通过以上方式，本研究一共收录了 37 位受访者资料，其中获取了 33 位受访者的访谈资料搜集，4 位受访者的深度访谈资料。通过资料分析，我们发现了如表 3-1 所示的网红选择这份职业的原因。

---

1 FIETKIEWICZ K J , DORSCH I , SCHEIBE K , et al. Dreaming of Stardom and Money: Micro-celebrities and Influencers on Live Streaming Services[M]. Social Computing and Social Media. User Experience and Behavior. Springer, Cham, 2018.

2 FREBERG K, GRAHAM K, MCGAUGHEY K, et al. Who are the social media influencers? A study of public perceptions of personality[J]. Public Relations Review, 2011, 37(1): 90-92.

表 3-1 受访者职业选择原因

框架	具体细目		数量
宏观：社会文化环境	1.生产力进步，人们追求个性、兴趣		2
	2.社会价值观变化，金钱至上消费主义		1
	3.社会开放程度提高		1
中观：感知当下的行业环境	4.网红行业正当风口		3
	5.网红职业门槛低		4
微观：个体经历及动机	外在动机	6.为了获得金钱	18
		7.为了地位	2
		8.为了出名	12
	内在动机	9.为了轻松自由	4
		10.为了寻找志同道合的朋友	1
		11.记录生活和自我表达	3
		12.被人认可、尊重的需要	8
		13.兴趣	1
		14.分享经验、帮助他人	10

在 37 位受访者中，18 位将金钱作为其成为网红的动机之一，12 位受访者将名声作为其成为网红的动机之一。金钱和名声是网红成为网红的主要动机，这一发现验证了 2018 年德国菲特维茨的《梦想出名和赚钱：网络名人和影响者的在线服务》一书中所指出的通过定性研究得到的结论。

紧随其后的是分享经验、帮助他人的动机，此类网红共计 10 人，他们抱着利他的目的选择这个职业，被人认可、尊重的需要使得 8 位受访者成为网红；追求轻松、自由的生活的动机促使 4 位受访者选择了网红这一职业；还有 3 位受访者表示是由于网红行业正当风口、记录生活和自我表达的需要而成为网红。

第三节　期待：价值实现与群体认同

在不断变化的现代化社会场域中，原子化、碎片化的个体来来往往、流动不止。而部分社会成员会共同出现在网红相关的场域，事实上是源自个体的欲望、需求推动。

德西和瑞安曾提出人是基于目标而行动的，每个人的目标都各不相同，有些行为是基于外在动机，即认识到这一行为会带来让人期待的结果，包括收入、名誉、地位等，而有些行为是为了实现自我满足的内在动机，是享受或是喜欢而导致的，即使这可能无法像外在动机一样带来利益，它包括兴趣、成就感等[1]。网红个体的职业选择行为就受到这内、外动机的驱动。

一、内在性动机

（一）言说：自我表达与自我呈现

受访网红表示，分享自己的日常生活，表达自己的对事物的看法是其成为网红的重要动力。区别于影响力、名声这一类外在动机，这部分动机源自网红本身自我表达和自我呈现的自发天性。

人有着表达自我的天性，通过表达自己的某一特点、特质，一方面可以吸引自己的同类，找到有相同爱好的伙伴或者社群，另一方面也可以显示自己的独一无二性，从而得到他人的认可乃至追捧。每个人自我表达的欲求强弱不同，有些人满足于在小圈子里展示自己的日常，和熟悉的亲朋好友互动交流；而有些人则渴望被更多的人注视、认可，希望自己的话语、日常行动影响到更多的人。成为网红的通常是后者，他们是互联网技术变革下因话语权下放而获益的一批人，正如采访中所言："我想分享一种生活……把我觉得美好的东西带给大家。"（编号22）"网红的大流量，可以让我的观点被看到。"（编号13）"我当时正处于 20 岁

1　DECI E L, RYAN R M. The "what" and "why" of goal pursuits: Human needs and the self-determination of behavior[J]. Psychological inquiry, 2000, 11(4): 227-268.

的年纪，越迷茫越喜欢谈人生道理。我发现比起海鲜饭，人生道理更被陌生人喜欢，更容易有共鸣，于是我写文章分享日常生活和感悟。"（编号 17）他们在互联网讲述"自我"的故事，展露私人生活，分享个人经验，通过社交媒体分享给海量的素不相识者，随后获得与自己有着或是渴求有相同特质、经历的人，形成一个以自己为中心的社群。而自我表达常伴随着自我呈现，网红在展现自我时会期待受众对自己产生良好的印象。

这种他者眼里的"我"的形象，就是米德"主我与客我"中的"客我"，即影响他人行动的他人态度。互联网的发展和社交媒体的兴起，使得"客我"原本社会化的环境变成了媒介化环境，"客我"变成了与现实脱钩，完全可以在互联网上建构、修改的形象。人们就可以借助虚拟的网络空间这一"前台"，通过文字、图片、视频等方式选择符号来塑造自己的形象，而对于这一过程，网红会比普通人更有意识地进行一种"表演行为"，通过选择合适的内容来打造得体的人设，塑造个人标签，刻意营造美好的氛围，从而获得自己粉丝的认同，并以此得到自我认同。

所以，渴望自己的日常生活、观点被他人听到、看到的职业动机，源自人们内心自我表达、自我展露的需求，网红有更强烈的"被关注"的渴望，期待自己能将最好的形象呈现在他人面前。

（二）尊重：认同渴望与价值迷惘

在采访中，有 8 位网红提到渴望被认可和尊重的想法驱动着他们走到互联网台前，成为一个网红。被认可和尊重，实际上属于马斯洛需求层次理论中的第四层，是在实现了生理、安全和社交需求后人们渴望获得的。一位受访者这样描述这种需要："人活着最重要的驱动力是'希望具有重要性'，做的事情能得到他人的认可。"（编号 3）

抖音公布的网红画像显示，当前网红的主力是 97 后，并且 85％的网红年龄在 24 岁以下[1]。在这个年龄的青年人离开校园不久，开始承担起相应的家庭责任和社会责任，承受当前社会普遍的物质财富压力和情感压力：996 的工作制，天价的房子、车子，相亲，婚姻……离开了纯洁的象牙塔，人生真实的焦虑感扑面而来。每个人都渴望得到鼓励、认可和尊重，以此来获得心理支持。如前文所说，自我表现和自我呈现吸引着有相同特质和需求的人形成以呈现者为中心的社群，实际上网红就是一个有着相同文化追求和兴趣的"共同体"。网红作为这个共同体的中心人物，其传播的内容会自然地"倾泻"到其他成员的终端，并且大部分会得到正面反馈。在过去表达对一个人认同的方式是多样又复杂的，而发展到互联网时代，认同具象化为机械而低成本的活动：点赞、收藏、评论、转发、送礼物……网红们可以通过这些简单的互动反馈数据感知到粉丝对自己的认可和喜爱，在互动中减少焦虑和孤独感。一位受访者这样描述自己的职业："还有这么多人跟着我，一口一句小姐姐，我做啥大家都喜欢。"（编号 11）在一声声夸奖和追捧里，网红的个人价值被认同，内心得到了支持和安慰，这大大缓解了网红尤其是青年网红的焦躁感和危机感，使其在这共同体中获得安全感和归属感。

然而，这种渴望被认同的职业动机也恰恰反映了网红这一职业群体面临着价值迷惘的危机。一位受访者这样描述自己的动机："因为觉得被认同，被更多人喜欢才能安心。"（编号 15）网红将自我价值寄托在他人的认同上而不是自我确认，他们在别人言论反应里寻找自我，甚至用注水的互动数据、消费数据来显示自己的能力。长此以往，受此动机驱动的网红必然会主动迎合认可者、夸奖者的需求，用他人的眼光来认识自己，用他人的认可来约束自己，即使明知这种"自我"是虚假的，但为了获得或者维持关注而不得不维持这种假象甚至自我欺骗，久而久之必然会感到迷茫和虚无，丧失人生的方向。

综上，我们可以看到，出于"被认同""被认可"的动机成为网红的这批人，通过网红职业满足尊重的需要，在他人的认可里消解了原有的焦虑感、孤独感，

1　周小白. 抖音首次公布用户年龄分布：97 后成网红主力 85% 在 24 岁以下 [EB/OL]. （2017-09-03）[2021-06-18]. https://tech. 163. com/17/0903/10/CTDCDSGN00097U9G. html.

但这种消解只是暂时的，将自身的认同寄托于他人，长此以往自身的情绪行为必然被他人牵动，自己将成为"假面傀儡"，迷失在虚无感之中。

（三）自由：时空脱嵌和个性张扬

"为什么当网红？很简单，因为自由。"（编号14）自由成为受访者常常提到的词，相较于常规职业，网红职业的自由度的确很高。常规职业下，人们需要在规定的时间到固定的地点进行限定好的劳动，"打卡制度"控制着上下班的时间，"日程表"控制着肉体的行动，条块化区隔的"工位"则控制着移动空间，人处于组织严密的监视和规训之中，兢兢业业地进行劳动、创造价值。相比较而言，网红这一职业对时空要求并不高，有着"能够摆脱固定的地点、环境和场所的制约而进行流动而灵活"的"脱嵌性"特点[1]。

首先，网红这一职业具有空间的脱嵌性，网红可以根据工作的需要、自身的喜好自由选择工作区域，这实际上是互联网发展带来的劳动空间扩展的结果。在现实的工作空间和私人空间之间构建了虚拟的劳动空间，给网红这一类自由职业者提供了生存的机会；同时网红这一职业也具有时间上的脱嵌性，一位受访者这样介绍自己的工作："我们比上班族要轻松得多，我们不用每天打卡上班，可以睡懒觉。（就看自己愿不愿意睡）但是，也不能天天睡大觉，我也要让自己变得更好，要严格要求自己，我自己的普通话说得有点不标准，所以我每天都会练。"（编号32）网红们不像常规工作一样有着每日时间的细分，而是实行弹性工作制，只要在规定的时间节点之前完成交付的任务，过程不会被严格控制，而且网红不会被组织要求每日打卡、总结每日工作，可以自由地支配时间，实现了时间自由。但在采访中我们发现，不少网红对自己的时间进行了充分的自我管理，其每日日程的充实程度不亚于常规工作，可见即使没有组织的压力，要成为一位优秀的网红也离不开自我时空的管理。

同时，自由也体现网红可以根据自己的喜好、兴趣和特长来选择服务对象，

1　董运生.演变与重塑：中国农民生活空间的变迁[J].江苏社会科学,2018(06)：43-49.

并且这种服务是短暂性的契约关系，这就意味着服务对象对网红的约束力较小，不能形成一种组织压力。

而网红被视作"个性偶像"，当前青年对"个性""独特"的迷恋实际上来源于对"自由"认知的普遍化和显著化[1]，大众期待能在合理合法的范围内使自己的个性自由发展不受约束，而网红成了这种"个性化"心理需求的产物，也成了"个性化"的代表，不少网红表示进入这个行业最初就是冲着网红这一职业可以让自己不受拘束，自由发展自己的个性。

综上所述，在"自由"动机回答的背后，网红从业者追求的是这份职业带来的对时空、工作的支配感，对自身个性的解放。但我们也应该发现随着网红经济的发展，网红产业链的成熟，大型的造星公司、MCN机构培养出一大批流水线式的网红，收割大笔流量，这种不被组织规训的自由网红又能支撑到几时呢？

（四）助人：利他主义和自我实现

10位受访对象提到分享经验、帮助他人的动机驱动着他们成为网红。做癌症科普的医生想要帮助更多的癌症患者及其亲属获取信息："我发现了这个信息的匮乏，在经过了接近十年以后没有什么变化，依然是那么糟糕。所以我当时就觉得应该做一些什么事情，自己学了这么多年的知识，应该能够反馈到社会上做一些东西。但实话实说，当时纯粹只是想小规模地做一些东西来帮助一些身边的人，我实在是没有想到会有这么大的影响力。"（编号23）退休在家的老市长想要继续为家乡做贡献，为家乡造福："要为江西、为南昌说好话。"（编号37）擅长画仿复古妆而走红的英国留学生想要把美丽的经验分享给更多女性："技术熟练后，我就不再满足于只让自己变好看了，而是更想把自己的经验分享给大家。于是我就开始拍摄一些美妆视频上传到微博和公众号上……我的目标是让世界充满好看、可爱、自信的妹子！"（编号30）

……

1　闫方洁,周颖嘉.从网红与"网黑"的变奏曲看青年个性发展态势[J].思想理论教育,2019(05):77-81.

这些网红博主最初进入这个行业，并非追求金钱、名利等这些大众看重的东西，而是单纯地想帮助他人而不期望任何回报，完全是"利他主义"行为。当前社交媒体发达，每个人都能分享、发声，这有利于个人在特定的社群里分享经验或是在知识问答社群里回答他人的问题，人们可以用自己掌握的专业信息来帮助他人，"我帮人人，人人帮我"的互联网共享共助精神促成了这一类"利他主义网红"的出现。同时人有着道德倾向，渴望实践一种有德行的生活，由同情心、正义心和行为利他主义倾向构成的人性促使人们在虚拟世界里也进行着高尚的事业[1]。

按照社会交换理论，人们在帮助他人之时往往会预期在未来获得一定回报，这种回报可能是有形的商品，也可能是无形的服务、满足等[2]，这些基于助人动机的网红运用自己的经验、技能、知识、名声帮助他人和社会的同时，也实现了马斯洛需求层次中的最高层次需求——自我实现需求，"除了当网红经历了这些有趣的事以外，网红还让我每时每刻都在获得积极的能量。"（编号 23）一些来自专业领域的网红将原本高深的知识用直白易懂的话语解释给大众时，这些知识的贡献者也因为他人获得有用的信息而得到鼓励，增强自信，获得内心的满足，提升自我效能。

为了帮助他人而成为网红的职业动机占了受访者的近三分之一，这种无涉利益动机的网红通常是掌握普通大众不了解的知识、技能的专业人士或是有一定社会影响力的知名人物，他们本身就是大众眼里的"成功人士"，或是名校毕业，或是功成名就，这说明"打铁还需自身硬"，想要通过成为网红来更好地帮助他人，本身就要有过硬的素质和能力。

二、外在性动机

除了上述重视活动过程本身，以获得满足和快乐为主要目的的内在动机以

1　展宁，吴飞. 知识共享型网站的社会学考察：基于"新浪爱问共享资料"的个案探析[J]. 新闻记者，2011(09): 39-43.

2　BURNS T. A structural theory of social exchange[J]. Acta Sociologica, 1973, 16 (3): 188-208.

外[1]，强调活动后获得有价值结果的目标导向的外在动机更显著地刺激着网红群体选择这个风口上的职业[2]。

（一）赚钱：金钱崇拜与消费社会

在37位受访对象中，接近半数（18位）的受访者将赚钱作为自己的动机之一，并且有4位受访者直白地强调，获取金钱是其成为网红的最大动机。

金钱从一开始作为一般等价物出现，其衡量价值、交换商品的功能使之成为人们日常生活中不可或缺的存在；在消费社会里，人们利用金钱进行消费行为，获得商品，人们看重的不再是商品的功能或者行为的目的本身，而是这些商品、行为背后的符号。凡勃伦的《有闲阶级论》一书指出："要获得并保持尊荣，仅仅保有财富或权力是远远不够的，有了财富或权力，必须能提供证明，因为尊荣是通过这样的证明得来的。"[3]人们通过财富购买的符号来获得身份认同，换取并维持社会荣耀。此时人们追逐金钱只是为了凡勃伦说的"炫耀性消费"。而想通过网红这一职业赚钱的受访者，除了"为了维持两人的生计"（编号22）这一回答以外，其他更多的是想通过金钱来获得支配感，来进行炫耀展示，通过商品显示自己的非凡的地位和身份。"第一次开直播的原因特别简单，就想赚钱买个包……第一个月就赚到了两万元，实现了买包的梦想；第二个月赚了四万，买了两个包……突然一下赚了好多钱，那时候觉得自己好酷啊，然后就花了，花了就没了。"（编号19）"想买豪车豪宅，过那种奢华至极的生活。"（编号12）所以获取金钱不是最终目的，用钱来进行消费，购买一系列标榜身份地位的大牌、豪车、豪宅等才是这些网红想要的，金钱迷恋的背后是消费主义下对各种符号的着迷。然而，为什么包括受访网红在内的大多数人都会认为网红很赚钱呢？

首先，网红本身有着强大的吸金能力，有着众多的赚钱渠道，尤其是2020年

1 DECI E L, RYAN R M. Intrinsic motivation and self-determination in human behavior[M]. New York: Plenum, 1985.

2 DAVIS F D, BARGOZZI R P, WARSHAW P R. Extrinsic and intrinsic motivation to use computers in the workplace[J]. Journal of Applied Social Psychology, 1992, 22 (14) : 1111-1132.

3 凡勃伦. 有闲阶级论 [M]. 蔡受百, 译. 北京: 商务印书馆, 1964.

后短视频迅猛发展，直播带货等新形式带动电商产业的成熟，专业的MCN机构的加入，使得网红经济的商业模式不断更新，网红有了更多获利的渠道，从最初的粉丝打赏、付费服务、线下活动到今天的出售广告位、代理推销产品，甚至自己做电商，还有一些网红参与投资、参加商业演出、代言广告……身价上亿的网红比比皆是。其次，媒体宣传偏爱人气网红，而对人气网红的报道侧重于对其经济收入的描述，侧重描写其"吸金能力强的高薪一族"的形象，例如，吴志超曾在搜集有关知名网红雪梨的媒体报道时发现，媒体总是强调其年收入过亿，吸金能力堪比当红明星，展现其"闷声发大财"的形象，却忽略其背后的辛苦付出和努力[1]。长此以往进行这类偏差报道，会在人们心中形成"网红人人都赚大钱"的错觉，有采访者表示看到媒体上的"××网红年薪百万、千万"（编号1），以及工作搜索平台上"起薪一万五的网红职位"（编号7），就想当网红赚大钱。最后，网红本身在一定程度上就是消费主义的代言人，他们或自愿或是被策划着展示自身"美好形象""美好生活"，这些"美好"大多都是国内外各种大牌构建、金钱堆砌的：吃播博主啃着龙虾鲍鱼抱怨肉太老，美妆博主对着摆满了台面的化妆品挑剔没有适合自己的产品……这或许是人设，或许是炫耀，或许是推广需要，但随着以上的内容传播的同时，"网红可以过美好生活，非常有钱"的印象也深入人心。

逐利是网红的主要职业动机，"网红很能赚钱"的印象通过媒体的片面报道和网红的群体形象展示而深入人心，于是，各种各样的人抱着类似的目的走上了网红这条道路。

（二）出名：成名想象和流量变现

有近三分之一的受访者表示，当网红的重要原因是想要出名。

当前社会正经历转型期，多元化的社会思潮和文化现象涌现，众多的选秀节目、素人短视频让一些社会上原本默默无闻的人一夜之间变得人人皆知、家喻户晓，这些极为偶然的成名个例被媒体不断放大，笼罩在这些人身上的名与利的光

1　吴志超. 网红媒介形象研究[D]. 保定：河北大学，2017.

环吸引着一批又一批的人复制这种成名神话，渴望自己有一天也"一夜成名"（编号 1）。

而有一部分人不满足于像一颗流星，红极一时却又立刻被湮没在更多的出名者之中，想要成为一个偶像、明星，长久地被人们喜爱和记忆。一位受访者表示："我一个人来到长沙，签约经纪公司，做培训，想做一名艺人，因为之前没有这方面经验，我就从零开始，先做网红，离梦想近一点，我不想放弃，家人开始非常反对，后来自己很努力也做出了一些成绩，他们也慢慢就接受了。"（编号：32）对于这一类人而言，选择网红这一职业只是其人生规划中的一个跳板，他们想要"借势"网红的身份，为自己积攒粉丝、经验、名声、资源等等，当网红不是目的，重要的是成为网红之后的事。先成为网红为自己今后的明星之路做铺垫而不是直接做明星的选择也有其考量：首先，相对于高高在上的明星，对于普通人而言，网红更为"触手可及"，明星的生活总是被高定、大牌、限量款环绕，出入都伴随着闪光灯，充满神秘感和奢华感；而网红大多是草根出身，用摄像头展示着与常人相似的生活，更有烟火味和亲切感。其次，明星的日常远离人们的视线，除了屏幕上的人设和影视剧里的角色，现实中他是一个怎样的人很难被观众发现察觉；而网红则不同，他们把日常生活公开化，小到吃饭买菜，大到结婚生娃，时时展示给受众，更有真实感；除此之外，网红的成名方式更容易，对普通人更有代入感，从而会对大众产生"我也可以试试"的诱惑和"如果我当网红大概也是这个样子吧"的想法，从而产生追随的欲望。

也有受访者表示，渴望成名是为了成名之后被粉丝包围，获得话语影响力。"当网红有一种不是明星却有大量粉丝追捧的优越感。"（编号 9）网红通过在互联网的特定圈子里发表观点、表露自我而获得部分网友的喜爱，在这一过程中，众多有着相同爱好或者特质的人因为网红而集合在一起，在对网红追随和喜爱的过程中，这些人不断形成并巩固共同的价值观念，从而形成对所属群体的归属感和认同感，网红作为这个社群的中心也因此获得话语权，追随者会将网红发布的话语进行更广泛的传播。这一过程也是追随者助推网红进位的过程，通过可见、可量化的粉丝数、点赞数、评论数增长来帮助网红提升影响力。"还有这么多人跟着我，一口一句小姐姐，我做啥大家都喜欢。"（编号 11）

网红有着庞大的粉丝体量，其台前的一举一动牵引着无数视线，可以说一些知名网红本身就是一个火爆的招贴广告位，所以网红可以将这些注意力转化为购买力，将流量转化为销量，他既可以与商家合作推广产品收取分成，也可以自建品牌、店铺，为自己的产品引流。并且随着网红经济产业链的形成完善，网红变现的渠道、方式更加丰富，获得收益也更可观。

总之，我们可以看到网红通过成名，可以获得进一步提升的渠道、可以获得粉丝的追捧、可以获得大量金钱收益……成名带来的真切利益吸引着人们涌入这个名利场。

（三）跨越：壁垒突破和都市欲望

在与业内网红的深度访谈中，四位网红均提到金钱是促使其选择成为网红的重要原因，这份全职或兼职的职业带来可观的收益对其人生方向转变带来显而易见的影响，甚至可以用"改变了人生的走向"（编号 35）来形容。

一位"成分党"的美妆测评网红这样介绍自己职业带给自己人生的改变："我本科是学化学的，对化妆品的成分比较懂，后来学着其他博主发了一点内容就做起来了……我现在本职工作是一个建筑公司的项目经理，但是单单靠我本职工作，我觉得我挺难买房的，网红的收入让我现在在杭州交个首付没有问题，可以说离我梦想更近了一步，之前妈妈一直催着我回老家县城找工作，现在也没说什么了。"（编号 35）职业让这位"斜杠"网红离在杭州落户买房的梦想更靠近了一步。

当前"丧""躺平"等词汇成为当代年轻人自我调侃的一个个标签，从这些意志消沉的自嘲中折射出的是当代年轻人对低收入、高房价、高支出等社会现实的无奈，更进一步说是对社会阶层固化、社会利益分配不均现状的不满和对社会公平正义的质疑。如果奋斗和努力无法换得未来长远的利益和回报，无法打破"富者恒富""贫者无立锥之地"的僵局，那么年轻人在与其他人或群体的比较中产生了相对剥夺感，丧失了奋斗的意义和动力。而网红这一新兴职业则是在以上背景下向有想法、有才华的所有人敞开了一条阶层攀升的路径，尽管它不是对所有底层人民开放，依然有选择有限制，但它至少证明了"寒门贵子"的存在，阶层壁垒依然可以冲破，李佳琦从月薪三千的欧莱雅柜员到月入七位数的"口红一哥"的经历在社交媒体上广泛传播，部分原因正是基于此。学者薛深将网红视为"强化阶层利益协调，优化社会阶层结构"的产物，这份职业让普通人也能够通过个人努力改变原有的生活状态，构建属于自己的活力世界，实现自己的人生价值[1]。从这个角度看，网红这一职业对于促进社会阶层流动、缓和社会矛盾、保障社会和谐有着重要意义。同时从访谈中发现，网红这一职业天然地与都市化生活相勾连，网红大都租住在房租较高的市中心地段的商品房中，每日衣着打扮时尚潮流，日常展现的也都是都市化生活方式，这些都从侧面表达了网红们对都市化生活的推崇和肯定以及对于融入城市、分享现代化成果的渴望。

而对于女性而言，网红这一职业更具包容性，可以突破性别带来的种种限制。在职场中，女性相对于男性总是处于更边缘的位置，面临体力、健康方面的限制和生育、家庭方面的压力，在工作种类选择、收入水平、就业可流动性和再就业可能性方面总是与男性有着明显的差距。而网红这一职业不仅可以帮助女性争取到社会流动的机会，而且所在的网络媒介可以提供一个没有性别、年龄等限制、唯流量论的自我展现和表达的平台。所以即使遭受种种不理解，如"周围的亲戚不懂我的职业是做什么的，也不理解我为什么要选择做网红，我就统一解释说是网课老师"（编号36），以及"和我的本职工作比起来不是什么好工作，至少名声上不好听"（编号34）；女性网红依然坚持这份职业，"都是靠我的努力来取得这份报酬"（编号34），"相较于去公司上班，网红在时间上更灵活，没有严苛的时间管理制度，人际关系也相对简单，面对的都是隔着屏幕的粉丝"（编号37）。

网红这份职业被视作可供"逆袭"、突破阶层、性别壁垒的有效途径，当事人可以通过这一职业身份更紧密地融入都市化生活，用自己的话语和行动展示、建

1　薛深，聂惠. 网红现象的生成逻辑及其引导 [J]. 中州学刊, 2017(04): 163-168.

构对现代化、城市化的意义。网红所借助的图片影像类叙事更是在一定程度上助长了这种想象图景。

第四节　风口：草根崛起与大众狂欢

个体是时代里的个体，个人的命运和时代变迁息息相关，正如纪录片《互联网时代》所说："你的身影，都在这场伟大的迁徙洪流之中。"从受访者话语中，我们也得以窥见个人职业选择背后时代潮流的缩影。

一、时机：时代风口和个体崛起

网红根据其进入行业的主动性程度，可以分为两种类型：一种是没有刻意的职业规划，由于某些事件、行为而走红网络从而进入这一行业的群体；另一种则是有着明确的规划，主动借助互联网，有意识地进入这个行业并达到某些目标的群体，知名网红papi酱便是后一种的代表。两者并没有优劣之分，仅仅是进入行业的主动性不同，只是后者在受访解释入行原因时，常有现实宏观环境中"有一种'潮流'正在涌动""'风口'就在眼前"之类的表述。以"快手第一锦鲤"出名的网红胡一点在一次受访中讲到，当时她"看到自媒体做得越来越大，就想自己是不是也该试一试""我当时真的做足了'走红'的准备，但没想到会蹿红得这么快……2019年10月离职和两个朋友一起做短视频，我一直相信自己还是走在一条'会红'的路上……我做了四年新媒体内容，太熟悉了，我知道短视频就是风口"（编号24）。

"风口"一词语出苏舜钦等《地动联句》："日腹昏盲伥，风口鸣呜咻。"原指通风的口子，因无遮挡而风比较大的地方，后来发展演变为"比喻激烈、尖锐的社会斗争前哨或艰难困苦的地方"。这些本意、旧意现在鲜少有人再提，上述网红们表达的也不是以上这些意思。"风口"在互联网时代获得新生靠的是"站在风口上，猪都能飞起来！"这句互联网名言，2006年海尔集团张瑞敏在参加一次名家论坛时用这句话去解说海尔的成功，随后这句话被小米的创始人雷军在微博上引用，来表达当前互联网营销正处于一个风口，只要把握机会，任何人都能获得成功。由这句话随后又诞生了"飞猪理论"或"风口论"，"风口"一词也成为"互联网思维"的重要脚注，直至今天各行各业的人们仍然孜孜不倦地寻找着"风口"，准备成为下一只"飞猪"。

网红正是那只风口上的"飞猪"，自被称为"网红经济元年"的 2016 年以来，网红已经成为互联网上不容忽视的现象级产品，随着网红经济的出现，网红走上了产业化的正轨，"网红＋直播＋电商"的模式日益成熟，电商直播刺激当下大量年轻用户的消费，头部网红长期驻扎微博热搜，网红的影响力一次又一次刷新了我们的想象、吸引了我们的眼球，并且，网红还将继续"飞翔"，"从面向未来的新兴职业来看，从面向未来的新合作模式来看，从新注意力新影响力革命来看，甚至更极端的白领革命来看，网红经济都是豁然开朗的"（编号 14）。

网红热潮的背后是两大风口：一是技术革命，二是个体崛起。随着移动媒体普及且规模化，数字准入门槛不断降低，信息技术不断成熟，各类短视频平台纷纷涌现，信息传播的生态发生了剧变，传统媒体时代"你说我听"的传播形态被现在"人人都有麦克风"的传播形态取代，普通人拥有了传播个人意见，产生社会影响力的机会和可能。以上信息技术升级正是网红现象生成的基础条件，依靠这些技术，网红才能出现在屏幕之中，传播到五湖四海，一旦失去网络，网红的影响力将不复存在。技术变革不仅仅为网红的出现提供了技术支撑，它还改变了当下人的社会心态，促成个体崛起时代的到来。网络空间有去地域化、去现实化、价值多元化的特点，让个体得以更加自由地表达自我，在不知不觉中，网络成为网民自我构建的追寻地[1]，在过去很长一段时间里，个人作为集体中的一分子而存在，个体的欲望是被压抑和漠视的，而互联网的出现改变了这一状况，个体可以利用文字、图片、视频等多媒体形式，随时讲述个人的经验、经历，发表自己的意见

1　宋红梅, 戚宇菡, 刘彦希. 自我构建与社交娱乐中的消费意见领袖：电商网红的文化解读[J]. 当代传播, 2018(01): 82-83, 89.

感慨，个体张扬个性、寻求肯定等自我实现的需求也逐步得到满足，每个人都可以在这个时代的互联网上留下自己的脚印，无怪乎有专家感叹：这是一个"个体崛起"的时代。

技术的发展推动了个体崛起时代的到来，网红这一群体的一部分人恰逢其时，抓住了时代的风口，迎风飞翔，走向成功。

二、入行：低下门槛和斜杠青年

网红的行业准入门槛近些年来随着技术的普及不断降低，只要有一台带有摄像头的手机，不论你是什么样的身份、学历、能力、样貌、经历，当你站在镜头前将自己的影像实时同步到网络平台被所有人看到时，你就进入了这个行业。"每个人都可以进行直播。正是在这样的背景下，越来越多的普通人跻身网红队伍之中。"（编号1）一方面，低门槛的职业吸引越来越多的人进行尝试，或是主业或是副业，每个人都能在视频平台上一展所长。另一方面，受访中一位早期的网红面对行业人潮涌入、行业风气败坏、内容良莠不齐的现状，渐渐产生了放弃这一职业的念头："越来越多受教育程度不高的人做网红，导致很多人对网红有偏见。最关键的是，这些偏见都是对的，导致我再也不想在这个圈子待下去。"（编号11）"我为什么觉得丢脸呢，其实也正是因为网红门槛太低。我在生活中是一个留美的博士生，做直播的时候还没考博士，但是也算是美国名校的学生。我直播认识的所谓朋友，真的跟我太不一样了。思想完全不同，对于时事的关注度和见解也不同。而且当我跟身边的朋友说我做直播的时候，他们的反应都是，'怎么了？书读不下去了？'"事实上，准入门槛只是成为网红的第一步，网红行业内部还存在一种隐形的筛选机制，想要长期留在这个行业的网红不仅仅需要观察力和创造力，还需要稳定的输出能力，"台上一分钟，台下十年功"，一系列短短三十秒的短视频背后，是网红们从选题策划、角色表演、内容拍摄、后期剪辑、后台维护等一步步的努力和付出。

随着当下"互联网+"模式的兴起，大数据、云计算、物联网等互联网高新技术与各行各业结合得越发紧密，"直播+电商""互联网+金融""互联网+教育"等新兴行业模式迅速发展，行业的融合催生更多人才的需要，为当下不满足于单一职业追求的青年人创造出了更多的就业岗位，在此条件下"斜杠青年"应运而生。"斜杠"就是指当下年轻人在介绍自己的职业身份时，喜欢用斜杠来表示自己有不止一个职业，如鲁迅的斜杠身份是"文学家/思想家/革命家/教育家"。斜杠青年是指追求多重职业身份和多元生活方式的年轻人。随着发展的深入，"斜杠青年"也出现了"全职斜杠""资深斜杠""玩票斜杠"之类的具体划分[1]。

而在本次有关网红职业选择调查的 37 位调查对象中，有 12 位是将网红纳入职业身份的斜杠之中，有 8 位是年龄相符的"斜杠青年"，这 12 位"斜杠网红"主业不一：高校辅导员、建筑公司项目经理、学生、退休市长、癌症医生、化学家、香港议员、退休警察、电台主播、创业者。他们在短视频平台上生产的内容也与他们的身份、学识、兴趣、特长有着紧密的关联，6 位调查者的网络平台生产内容和其主业直接相关。这体现了当前共享经济时代，掌握技能和知识的人才获得了新的发展机遇，相较过去专一的职业奋斗终生，当下的年轻人借助互联网平台上不断诞生的共享经济、众包经济、平台经济等新模式，产生了新的劳动关系，可以轻轻松松身兼数职，足不出户就能完成多种工作角色的切换，甚至主业和副业齐头并进，为个人的职业发展开拓了更加广阔的空间。

网红行业的准入门槛低，但内部存在隐形的筛选机制，想要真正留存在这个行业，观察力、创新力、输出力都必不可少。互联网平台的包容性和共享性也让越来越多的人选择通过网红这个职业来分享自己的知识观点、展现自己的特长，"斜杠青年"里的斜杠后网红选项不再罕见。

---

1 敖成兵. 斜杠青年：一种"互联网+"时代的职业身份解码 [J]. 中国青年研究，2017(12): 80–84.

第五节　校准：理性选择与合理发展

选择网红作为个人职业，背后的职业动机既契合自我满足的需要，也带来足够的物质利益，顺应了社会发展的潮流，所以，短时间内"人人都想当网红"的热潮不会消失。

网红这一职业可以解放内心自我表达的天性。网红通过表露自我来显示自身的独特，获得他人的喜爱和认可，找到志同道合的同伴并形成以自身为中心的社群；可以在与他人的互动交流中感知他人对自我的态度，从后台的数据中量化自我在社群中的影响力，在共同体中获得安全感和归属感，实现个人价值；可以摆脱时间、空间对个人肉体和行动的约束，消除组织压力，在自由灵活的环境中工作；更可以在现实生活中实践一种德行的生活，基于"利他主义"在虚拟社会中利用自己的知识、专业技能帮助他人，从事高尚的事业。

网红这一职业能够带来可观的金钱收入。网红可以通过消费彰显自身的身份和地位，进行身份认同；可以一夜成名，获得关注度、话语权和影响力，为进一步的职业发展——成为明星做铺垫，或是将流量通过多种渠道变现，获得金钱收益；也可以借此突破阶层、性别的壁垒，实现阶层的向上流动，改变原有的生活状态，融入都市化生活。

网红这一职业也正处在时代风口。技术变革不仅仅为网红的出现提供了技术支撑，还促成了个体崛起时代的到来，个体的欲望不再被压制，个性被张扬，网红行业的受众由此产生。网红的行业准入门槛近年来也随着技术的普及不断降低，网红数量增加，提供的内容的数量和质量都大幅提高，各行各业的"斜杠青年"纷纷来当网红，专业性和创新性增强。

与此同时，当越来越多的人甚至青少年将网红作为职业梦想时，人们也应该看到网红职业动机背后潜藏的风险和隐患。

存在迷失自我和价值迷惘的危机。网红在日常中的自我表达和自我呈现常常是经过精心设计和包装后的"伪日常"，镜头之内的光鲜亮丽令人艳羡，镜头之外的他们却常因财力而倍感落差，网红的性格、外表也与现实里的未必相同，面对如此反差，长此以往，网红本人也会迷失。同时将个人的价值寄托在后台的点、赞、评这些机械的数据指标中，个人情绪随他人的评价反馈而波动，过于看重他人的认可，久而久之会感到虚无和痛苦，找不到人生的方向。

成名和暴富是成为网红的原始动机。从产生之日起，网红就不可能与功利主义相分离。一些人甚至突破道德的边界和法律的底线来达到走红的目的。当前直播、电商、短视频行业的乱象都是与此有关。《中国青年报》曾做过一期大众对网红印象的调查：79.9%的受访者认为网红是为了出名的年轻人，43.8%的受访者认为网红是通过整容和撒谎包装自己的骗子，40.5%的受访者则认为网红是搞粉丝营销、卖低劣产品的淘宝卖家。以上调查表明网红的形象在大众的印象里以负面居多，急于成名、缺乏诚信、虚荣爱美、虚假、年轻这些标签牢牢地粘贴在网红这一群体身上，虽然不乏偏见，但也从侧面反映了网红行业实在是良莠不齐。

地位焦虑和利益焦虑助长了社会浮躁的心态。不少网红为了博出位，常做出一些挑战人性底线的事，从而满足受众的低级趣味，在获得流量的同时向社会传递了不良价值观。网红背后是商业资本和利益集团，他们为了出售商品获得利益，常常在社会制造问题、贩卖焦虑，而网红是其最好的代言人，从针对女性的"身材焦虑"到针对宝妈的"教育焦虑"，甚至针对老年人的"食补焦虑"，无一不是网红冲在最前头摇旗呐喊。

我们应该对网红有一个较为理性、清醒的认识。互联网时代催生出许多新的行业和职业，网红只是其中之一，并且网红行业仍处于野蛮扩张阶段，行业内的从业者还没有经过时间、大众的检验，质量难免良莠不齐。会存在坚持操守、保证产品品质的优秀网红，也难免存在没有道德、素质低下的劣质网红，这就要靠政府、市场、平台和大众在接下来对网红制造监督、管控和惩罚的细化措施，网红行业本身也应该对自身进行一次自我校准。

第四章

全民网红梦：野蛮生长与道德恐慌

网红作为新媒体时代快速崛起的群体，一方面赢得了大众的掌声与关注，另一方面也在面临传统价值观和道德观的审视与批判。恰如罗杰克所言，"魅力"与"恶名"通常被视为两个对立的概念，"魅力"意味着深受公众的喜爱，而"恶名"（notoriety）却不受欢迎[1]。网红现象背后同样面临如此的对立与冲突，一方面是网红作为现象、经济、群体，甚至产业的野蛮生长，另一方面是公众对于网红的负面印象越发固化且挥之不去，甚至出现敬而远之的道德恐慌。对此，我们不禁要问：公众对于网红现象、网红群体的印象和态度是怎样的？我们会对自己成为网红产生期待吗？或是我们更担忧这种突如其来的关注、对来自网络中陌生人的窥探感到恐惧，甚至避之不及。

本章针对以上疑惑，希望通过对网红认知的梳理，从个案到媒体报道角度，来探讨人们心目中的网红正在发生着哪些变化。

1　罗杰克. 名流: 关于名人现象的文化研究[M]. 李立玮, 等译. 北京: 新世界出版社, 2002: 8.

第一节 野蛮生长与全员 "网红化"

公众对网红的评价褒贬不一。赞誉的观点认为，网红代表着全新的经济形式，其以平民化、廉价、精准营销为特点，展现出巨大的商业价值[1]。批评的观点则认为，网红为了博出位，言行低俗、炒作营销、制造话题，怎么恶俗怎么来，是"恶搞无底线""网络无节操""很黄很暴力""出位有理，炫富无罪"，只要能赢得"江湖名声"，哪怕"剑走偏锋"，出的是"恶名""臭名"也在所不惜[2]。矛盾冲突之下，有人迫切希望得到一夜成名的"加冕"，也有人对待突如其来的"加冕"唯恐避之不及。在网红作为产业野蛮生长的年代，普通人可能因为一篇文章、一幅图片、一段语音或视频，被推向大众视野。他们甚至都无法预测，即将来临的是"名望"（renown）还是"恶名"（notoriety），更无从知晓这股来自网络的力量对自己的生活影响几何。

一、技术加速更迭：网红的野蛮生长

前文将网红的发展分为文字阶段、图文阶段、富媒阶段和移动互联阶段。在此过程中，互联网技术的更迭、普及与发展起到了关键的推动作用。从 1994 年开始，中国进入了互联网时代，但彼时互联网还处于 "KB 时代"，网民获取信息的渠道主要是文字，该阶段的网红传承着传统印刷媒体时代的特点，他们被称为 "网络作家" 网络写手，他们妙笔生花、文采飞扬、才思泉涌，皆以文字见长。这个阶段具有代表性的人物有：痞子蔡、饶雪漫、独木舟、步非烟、沧月、江南、天蚕土豆等。他们简单、质朴、平民化，不浮华、不鼓噪、不虚张，契合那样的时代情调、叙述话语和文字需求，应和普通人的悦纳心理、自在寻常和闲暇娱乐，有其成长和延播的空间和范式[3]。

1　王先明，陈建英. 网红经济 3.0: 自媒体时代的掘金机会 [M]. 北京: 当代世界出版社, 2016: 5.

2　敖成兵. 多元时代共生衍创背景下的网红现象解读 [J]. 中国青年研究, 2016(11): 4−11.

3　敖成兵. 多元时代共生衍创背景下的网红现象解读 [J]. 中国青年研究, 2016(11): 4−11.

网红野蛮生长的阶段恰是网络技术突破性发展、网络速度大幅度提升和全社会网络大范围普及的阶段，吸引网民的不仅有文字，更有图片。网红成长也由以往实打实的依靠才华，转变为依靠吸引眼球的图片和话题炒作。这使得大众对网红的认知从欣赏、赞美转变为低俗、恶搞，网络上开始有了调侃声浪、创意整蛊、亵渎经典的行为，并充斥着恶搞与自娱、偏好与病态、解构与颠覆、虚无与快感、嬉笑与谩骂、怪诞与涂鸦等状况，以此为基点，各色网民粉墨登场，各类网红就此诞生。

媒介的进化使得个体的表达权逐步提升，社交媒体更是开创了"人人都有麦克风"的时代。2010 年后，我国移动通信设备步入智能化阶段，微博、微信等也逐步出现在人们的生活当中，成为个人日常工作、学习、沟通交流的有力工具。媒介使用的便捷化促使公众纷纷开通个人微博账户或微信公众号，回忆专用小马甲、叫兽易小星、延参法师、丁一晨、江宁婆婆等在各自的领域呼风唤雨，并通过内容产出实现一定程度的流量变现，他们与明星一起，成为社交媒体时代的焦点，符合了多元价值的社会需求和思想独立的个体需求。在"内容"成为社交媒体时代吸睛法宝并可创造效益的同时，更多乐于生产内容的个体加入其中，网红数量也因内容生产者和内容接受者的同时增多而实现快速增长。

紧接着，视频时代终于随着媒介技术的演进于 2015 年到来。长视频、直播、弹幕、短视频等各有其风格特色与应用场景，并逐步成为媒体传播格局的重要组成部分。与此同时，诸如 papi 酱、胡楚靓、冯提莫、华农兄弟、手工耿、李子柒等越来越多的自媒体博主因优质的视频内容走红于网络。B 站、抖音、快手等视频平台的发展也为网红队伍提供了源源不断的传播途径和新鲜血液，网红正如已经蓬勃发展并嵌入我们生活的视频平台一样，变得随处可见、随处可感。

从文字到图片再到视频时代，网红借助平台而火，平台也在不断催生新的网红，牢固的共生关系已然形成。随着智能手机、网络使用率的不断提高，网红也实现了与之正相关的快速发展，也宣告了网红时代的来临。

二、话语持续"破圈"：网红的全面泛化

2016 年被称为网红经济元年，此后的网红的发展也呈现出别样的景观。网红在经由媒介不断放大后，变得愈加多元，且内涵与边界也变得模糊不定。网红最初作为名词主要指向"网络红人"，在野蛮生长阶段，网红似乎是仅限于网络的名人，他们执着于追求网民的关注和流量的变现。而今，网红还拥有了形容词标签，含义简单来说即"因网而红"[1]，其内涵与边界的泛化指向了任何地位、任何职业、任何身份的社会主体，科学家、企业家、学者，他们在本领域已经颇有建树，但也不妨碍他们在网络上的"破圈"与"加冕"。同样，那些普通的社会工作者、公务员，都可能被"加冕"成为网红。作为形容词的网红，不再是所指向或界定的某类人或群体，更多的是在描述一种状态，以表达被修饰对象获得社会广泛的关注与赞誉，更适合被称为一种"加冕"，诸多商品、景点、行为，甚至语言，都被打上了网红的烙印。

显然，野蛮生长时期的网红是让人感到突如其来的、瞠目结舌的，也是富于一定贬义色彩的。随着网红的内涵与边界不断泛化，网红的负面形象不仅被流传，更成为一种网络时代的流行语，完成了从指人到既指人又指物、从一个贬义词发展到褒贬皆可、从"网络红人"的缩写词到独立成词并延伸出多元的词性使用[2]。以至于一些人对网红趋之若鹜，一切事物皆可"网红化"，作为网红出圈的不仅仅是商品和景点，网红书店、网红餐厅、网红思维、网红用语数之不尽，并最终演变为一种独属于这个时代的"网红文化"。网红是有别于一般普遍的存在，其逐渐成为一种可供复制的潮流元素，如同"个性化"逐渐成为一种趋之若鹜的"网红化"审美情趣与价值判断。围观网红、向往网红、努力成为网红，成为个体、行业、地区等不同主体的共同追求。

网红话语所产生的泛化及其影响，很大程度上是由当下的技术环境所决定的，

1　朱春阳, 曾培伦. 圈层下的"新网红经济"：演化路径、价值逻辑与运行风险 [J]. 编辑之友, 2019(12): 5–10.

2　刘颖川. 无处不网红：当代中国网红话语泛化现象研究 [D]. 杭州：浙江大学, 2021: 31.

毕竟网红之红的关键在于对线上空间在一定范畴内的认同，故技术的变迁，包括算法的盛行、平台的扩张等互联网变化当是网红话语泛化最为坚实的基础和条件[1]。而另一面，则是网民社会心态的变化，网红不论是作为一种现象、一种个体还是一个空间，都存在一个认同的问题。网红话语不论是作为人物身份还是消费符号，都在一定意义上反映在当下互联网所带来的社会变革中，网红基于其日益扩大的辐射力，正从一种小众兴趣逐渐变为大众喜好，从人到物、从现实到虚拟，网红日益下沉到普通大众的现实生活中，对社会整体施加着越来越大的作用，"网红化"成为一种普遍的社会文化现象，网红实际代表了对更多的社会、文化、经济乃至政治资本的掌控[2]。

我们何以接受某些事物成为网红，并如何过渡到全员推崇，直至"一切皆可网红化"。在此，我们首先要考察的就是那些负面的、贬损的认知，是那些弊端被扭转，那些道德底线被重新建立，使得网红话语在反复被使用或调用后，不仅被全社会的主流话语接受，还占据优势地位形成对当下社会资本与文化资本的再分配。

三、弊端：被流量压垮的道德底线

网络视阈充斥着后现代主义思潮下的泛娱乐化和网民狂欢。按照巴赫金的"狂欢"理论，现实生活划分为两种世界：第一世界是官方的、严肃的秩序世界，而第二世界则是狂欢广场式的生活，是在官方世界的彼岸建立起的"颠倒的""娱乐性"的世界。在互联网的世界中，无数打破边界、非传统的网络奇迹因此而生，"网红文化""网红效应"更是影响深远。以网红为代名词的人或物中，不乏有李子柒、papi酱、老番茄等优质个体，但大多时候，诸多网红乱象的存在也使这个本应中性的词语倾向负面，为人诟病。

1　王昀, 徐睿. 打卡景点的网红化生成：基于短视频环境下用户日常实践之分析[J]. 中国青年研究, 2021(02): 105−112.
2　刘颖川. 无处不网红：当代中国网红话语泛化现象研究[D]. 杭州：浙江大学, 2021: 56.

"网络红人"的基本生存逻辑是：靠流量来变现，这和娱乐圈明星是一个套路。吸引流量的方式多种多样，有的靠独特的人格魅力或优质内容取胜，有的则"另辟蹊径"，以"审丑"为切入点，吸引公众目光。从初代网红凤姐到如今的giao哥、郭老师，除了不修边幅的外貌特征之外，污言秽语亦成为他们的专属特质，甚至吸粉工具。若说审丑只是关乎个人喜好选择，那部分网红的所作所为则是践踏了道德底线，如已被封快手网红王乐乐，就曾在平台上大肆炫耀与17岁妻子结婚产子的行为，从而掀起了一股未成年人怀孕的风气，甚至遭到未成年人粉丝的效仿；再如已被封的虎牙主播莉哥，2018年10月7日直播期间，竟然公然篡改国歌曲谱，并将国歌作为自己网络音乐会的开幕曲。当低俗网红盛行于网络，受到影响的不仅是受众的审美与道德标准，社会主流文化价值观也会因此消解，使得负面、悲观、恶俗情绪蔓延，极大影响社会物质文明发展与文化积累进程。

若说低俗网红影响了人们的思维，网红景点和网红产品则是掏空了人们的钱包。打开社交媒体平台，一幅幅山清水秀、优美雅致的景点图片被冠以网红之名出现在用户的推荐栏上，其中景点不乏真材实料者，但大多文不对题，如鱼骨沙洲、纸片岩石等，游客旅行中留下的美好回忆少之又少，剩下的无非"受骗"二字，久而久之，网红景点虽然凭借特定标签引发游人蜂拥而至，可对大多数知识学历较高者而言，则是避而不谈，略显鄙夷。同网红景点相似，网红产品经由媒介打造而成，但随着质量问题、安全问题逐日增多，人们的偏见也经由媒体报道愈演愈烈，网红二字仿佛成为一种信号，提醒人们绕道而行、避免上当。

网红依流量而生，依流量而活，采用正确的方法积累流量与关注度无可厚非，可市场监管效率低下、平台责任意识淡薄、个人道德素养欠缺，一系列践踏道德底线甚至违法违规的行为不时发生，导致网红常常受到社会的抵制，甚至法律的严惩。网红本为褒义词，却因越演越烈的低劣现象而被屡屡贴上负面的标签，在当前时代背景下，网红经济迸发出巨大潜力，如何杜绝不良网红，发挥网红正面价值意义，成为需要探讨的重要话题。

第二节　挥之不去的负面标签

一、内容边界：审丑文化大行其道

随着互联网技术的飞速发展和智能移动终端的全面普及，个体的"表达权"得到了前所未有的提升。在这个图像超过文字成为人们接受信息主要方式的"第二读图时代"，多家互联网公司应势而动，打造视频平台，这类平台大多门槛较低、操作简便，个体的表达权在此得到无限放大，网红数量也不断增长。

网红因媒介而生，每个平台都有自己的头部网红。不断扩张的网红大军中，不乏专注于内容生产与文化传播的优质红人，他们以自身才华为依托，不断产出高质量作品，从而吸引粉丝关注。可当审丑文化因多方作用而蔓延，一个个土味、低俗网红也迅速吸引公众目光。雷人的造型、粗鄙的言语、反常的行为不仅没有成为他们的阻力，反而成为他们走红网络的筹码。

（一）历史传统与后现代主义的双重影响

盛行于网络并造就无数网红的"审丑文化"依托独特的社会土壤环境而生。首先，它深受历史传统和后现代主义思潮的双重影响。对审丑这一观念进行溯源，就可发现其自古相传，出现于无数经论典籍之中，例如，《山海经》中就记载了大量丑陋且有违常理的人或者怪物；战国时期的庄子就从哲学相对主义来看待审丑，并在众多著作中塑造了一系列畸形但能天人合一的形象，从侧面提出"以丑为美"的观念。经后人不断发展，审丑也成为一种反讽现实的利器，成为传统文化中不可或缺的一部分，由此可见，审丑有其经久不衰的历史渊源，伴随人类社会始终，在当下依旧存在便不足为奇。后现代主义又被称为反叛现代主义，充满着嘲讽、戏谑、拼贴，否定高雅和严肃，否定有价值的追求，语言粗鄙自由，结构松散混乱。在这样的思潮之下，精英文化价值受到怀疑，多元化的非主流的文化反而受到推崇，审丑文化作为非主流文化的一部分，其走红也符合当前社会的需求。

（二）媒介赋权与平台竞争并行

审丑文化的流行也离不开媒介的助推。现代大众媒介的发展，为各种各样的新思潮提供了土壤。诸多社交视频平台以其易得性的特质赋权于普通个体，人人都有了表达自我、展现自我的渠道，对于那些长期处于社会边缘或小城镇、乡村的普通青年来说，媒介更成为一扇接触外界的窗口。受众主体的草根性注定了其内容通俗性的特征，这也是诸多网红依靠审丑走红的原因所在。除此之外，随着各大媒体平台之间的竞争愈演愈烈，使尽浑身解数吸引流量与关注度成为资本方赢得竞争的关键环节，当主流视频市场已经达到饱和状态，另辟蹊径依托审丑模式吸引用户则成为重要手段。从城际分布来看，下沉区域用户增长明显。一一线城市、新一线城市和二线城市，月活跃用户规模与去年同期相比，出现负增长情况；而三线及以下城市用户增长潜力更为显著。所以抖音要想维持这些用户的活跃度，就必须迎合下沉市场用户的口味。处在经济欠发达、生活节奏慢的三、四线城市，其用户的使用偏好更倾向于选择搞笑娱乐类的短视频。在这些地区，审丑类短视频的发展有很大的空间。

（三）传受双方的双向互动

传播者与受众的双向互动也成就了网络中一大批"审丑式网红"。"人的原始性指的是无论身处什么社会，最重要的任务就是从社会或者竞争对手手中获得社会资源。网络时代，这种稀缺的资源变成注意力资源。"[1] 为了争夺注意力，审丑成为被采用的方式之一。再者，"审丑文化也反映了窥视欲、从众和补偿性的社会心理渊源。短视频平台的公开性与全景性，给众多受众以敞开的视角，审丑客体选择公开上传视频、面向公众的表演行为满足了人们合理窥视他人生活的心理。同时，在观看审丑客体的夸张、扮丑视频的同时，客体也有一种补偿性心理机制存在，这在一定程度上克服了自己生理上的缺陷或心理上的自卑，反衬自身拥有的

1　崔雪峰. 从"迷人的郭老师"看抖音短视频审丑现象的原因 [J]. 新闻传播，2020(15)：13-15.

优势和特色，产生了自我肯定和强烈快感"[1]。当前正处于经济迅速发展的社会变革期，大众生活节奏加快伴随的是个人压力的剧增，在此背景下，通过观看"审丑类网红"产出的视频内容不仅能够娱乐自身，有效缓解个体压力，也能形成一种对草根生活的"窥视"，从而带来安慰感和满足感。

"审丑文化"的出现体现了一种平民话语模式对精英话语模式的对抗，同时催生了众多以此获胜的网络红人，纵观"冬泳怪鸽"等人，均在媒介的放大下吸睛无数。可久而久之，这种边缘化的话语结构也会在一定程度上消解主流价值观和传统、高雅文化，造成主流话语权的旁落，并对个体的审美判断力造成一定影响。审丑有其合理性，但审丑理应适度，切不可造成网络平台"黄钟毁弃，瓦釜雷鸣"现象的发生。

二、未成年人：被洗脑的下一代

知乎曾有人提问：你听过小孩说的最可怕的话是什么？有一位叫七七的用户回答道："几个穿假万斯小脚裤的初中女孩在奶茶店聊天，一个小女孩说，'我以后玩快手，然后找个社会上的男朋友出钱买衣服和化妆品，要是火了就不用读书了，网红都这样'"。在社交媒体未曾出现，网红二字还没有入侵未成年人生活的时候，谈及梦想，得到最多的回答总是医生、科学家、航天员，而如今，当网红、赚流量、挣快钱则成了一些少年儿童的"奋斗目标"，用"网红产品"、做"网红行为"也成了他们生活中不可或缺的一部分。

曾在抖音爆火的网红温婉，粉丝达到1200万，年龄不到二十的她，不用上学不用工作，整日喝酒蹦迪，身上都是奢侈品，周围都是富二代。尽管后来被封杀，但一些未成年人依旧为她摇旗呐喊："姐姐，我以后要成为和你一样的人！"全然不知她是打着未成年旗号，宣扬炫富、贪图享受、不学无术等价值观的社会毒瘤。快手粉丝排名前十的网红王乐乐，在快手平台晒自己17岁的"妻子"杨清柠产子的视频，获粉无数，乃至在快手掀起一股炫耀少女怀孕的风气，众多未成年人纷

1　华颖. 反串、土味、审丑："抖音"网红形象建构研究 [J]. 东南传播，2020(09): 104–106.

纷效仿，一时间快手上涌现一大批晒孕照的未成年妈妈。一时间，网红二字好像全无优处可取，成为家长闻之色变的洪水猛兽，也成了危害青少年身心价值观的魑魅魍魉。

勒庞曾在《乌合之众》中说道："群众没有真正渴求过真理，面对那些不合口味的证据，他们会充耳不闻……凡是能向他们提供幻觉的，都可以很容易地成为他们的主人；凡是让他们幻灭的，都会成为他们的牺牲品。"不知何时，网红已成为当前新媒体时代向广大青少年提供"幻觉"的操控者，这只庞大的"怪物"用巨大的光环和利益诱惑一个个猎物争先恐后地落入其囊中，并将理应赋予未成年人的优良价值观消磨殆尽，打造出一个又一个被幻想操控的低龄傀儡。

未成年人模仿网红、渴望成为网红有着深刻的社会心理根源，青少年正处于价值观转变、成形的关键阶段，只有了解其模仿行为的背后原因，才能对症下药，以合理方式进行劝服引导。

（一）"从众心理"影响下热衷模仿的个体

从众心理（conformity），指个人受到外界人群行为的影响，而在自己的知觉、判断、认识上表现出符合公众舆论或多数人的行为方式。实验表明只有小部分人能够保持独立性，不从众，因此从众心理是部分个体普遍的心理现象。"从众心理"主要由信息压力和规范压力造成。

当前媒介资源变得普遍易得，智能设备的使用也日趋低龄化，青少年有了更多探寻外界的窗口。而随着网红群体和网红标签的不断增多，算法推荐模式下铺天盖地的宣传都使青少年对这一领域人、事、物有了更高程度的接触和了解。当"向关于网红的一切靠拢"成为同龄群体中的一股热潮，当相关的言论和信息不断涌入脑海，当"不采纳"等于"离群"和"背叛"，心智尚不健全的青少年自然会受到信息和规范的双重施压，对网红持认可、妥协的态度。塔尔德的模仿理论认为："每一种人的行为都在重复某种东西，是一种模仿。模仿是最基本的社会关系，社会是由互相模仿的个人组成的群体。"于是，受到从众心理影响的个体开始采取模仿手段，以求融入群体，与群体结成良好关系。

（二）日常生活审美化造成"审美暴力"

皮埃尔·布尔迪厄将日常生活的审美化称为"把审美特性授予原本平庸甚至'粗俗'的客观事物，或将'纯粹的'审美原则应用于日常生活中的日常事务……彻底颠覆将美学附属于伦理学的大众倾向。"[1] 丹托则认为，日常生活的审美化可以描述为如下两个方面：第一，艺术家摆弄日常生活的物品，并把他们变成艺术的对象；第二，将自己的日常生活变成某种审美规划，旨在从他们的服饰、外观、家居用品中营造出某种一致的风格，以至将自身及周围的环境看作艺术的对象。随着社会的发展变化，当代文化正在试图把所有可能的东西都视作审美消费的对象，从日常生活环境到"身体""心智"全部面临着审美改造的要求。迎合审美取向可以带来愉悦和满足，但个体也会因难以达到审美需求而感到焦虑、恐慌。"所有这些恐慌，通常是由那些不符合我们意愿的外在强迫性审美引起的，我们把这种外在的、强迫性的审美称作审美暴力。"[2]

在网络中频繁出现的网红往往穿着时尚、光鲜亮丽甚至离经叛道，对于心智、判断力尚不成熟的未成年人来说，这套独特的审美规则仿佛成了网红走红于网络的原因，网红被烙上了超前、潮流的标签。随着日常生活审美化的不断加剧，在此套审美规则的作用下，未成年人从吃穿用度到日常行为都更加倾向于向网红学习，着力改造自身以便营造"一致的风格"，达到期待的审美标准，若是不加以模仿，则会感到焦虑和恐慌，由此产生了由外在强迫性审美引起的审美暴力，从而使得网红对未成年人的影响不断加剧。

（三）社会发展背景下"需要层次"的提升

需要是个体和社会所必需的事物在人的头脑中的反映，是个体有所缺乏时所产生的一种内在状态，是主体积极性的源泉，人的行为就是满足需要的活动。美国心理学家亚伯拉罕·马斯洛在 20 世纪 40 年代初出版的《人的潜能和价值》中提

1　布尔迪厄.区分 [M].黄伟，郭于华，译.北京：中国社会科学出版社，2003: 48.

2　徐法超.日常生活的审美化与"审美暴力" [J].肇庆学院学报，2012, 33(04): 11–16, 32.

出"需要层次理论"。该理论将人类需求分为五个层次，从低到高分别为生理需求、安全需求、社交与爱情需求、尊重需求和自我实现[1]。同时，研究也表明受众的需求有不同层次的需求，在不同的历史时期总有一到两个需求占据主流的地位，占据主流地位的需求一定与当时的社会环境相关，在不同的历史时期，这些需求分别以不同的形态呈现[2]。

近年来我国经济社会发展明显增速，居民人均收入显著提高，对于未成年人来说，生理需求、安全需求这两类基本需求总体上得到满足，而对于社交与爱情需求、尊重需求和自我实现的意愿逐步增强。随着网络和智能手机的普及，未成年人接触网红的频率也不断增加，更容易以使用网红产品，打卡网红景点、餐厅，模仿网红行为等来实现自身的社交需求、尊重需求和自我实现需求，从而达成标榜个性、融入群体的目的。在需求层次的作用下，一方面，优质的网红会对未成年人形成潜移默化的良性影响；另一方面，类似"王乐乐""温婉"等毒瘤也会对未成年人人生观、价值观造成更大的危害。

（四）"拟剧论"视野下个体形象的塑造

美国社会学家欧文·戈夫曼认为社会中的人可以看作舞台上表演的演员，利用各种道具（符号），预先设计或者展示自己的形象来进行表演，在他人心目中塑造自己的形象。拟剧理论主要包括表演场域、自我、印象管理三个部分，其中印象管理是最为核心的部分，指在人际互动过程中，行动主体总是在有意或无意地运用某些技巧塑造自己给人的印象。行动主体会选择适当的言辞、表情、动作等来塑造自己的行为，使他人形成对自己的特定印象。戈夫曼认为："不管个体怀有何种目的，不管个体怀有这种目的的意图何在，个体的兴趣总是在于控制他人的行为，尤其是他们应对他的方式。"[3]

青少年也有采取多种方式进行印象管理的需要。网红二字往往与时尚、潮流

1　马斯洛. 人的潜能和价值 [M]. 林方，译. 北京：华夏出版社，1987.

2　吴红雨. 当代中国电视需求研究 [D]. 上海：复旦大学，2008.

3　戈夫曼. 日常生活中的自我呈现 [M]. 冯钢，译. 北京：北京大学出版社，2008.

挂钩，且相对来说，其行为往往简单、浅显，比起需要长时间积累练习的活动，网红行为具有低成本性和更高的可模仿性。因此，青少年倾向于借助模仿网红的方式来对他人进行"表演"，塑造个体形象，以此来获得认可和关注。

三、网红经济：遭绑架的消费者

网红经济是指网络红人在社交媒体上聚集流量与热度，以红人的品位、眼光对商品进行挑选和视觉推广，对庞大粉丝群进行定向营销，将粉丝关注度转化为购买力，从而将流量变现的一种新型商业模式。与传统零售业相比，网红经济具有五个方面的显著特征：即时化、社交化、融合化、强覆盖性和规模效应。（引用：现状分析）从文字时代到图片时代再到视频时代，网红从最初的"知名"到如今通过吸粉、销售进行流量变现不过经历了短短数年，由此衍生的网红经济也越来越在国家经济增长和消费结构升级换代过程中发挥重要作用。2020年受新冠疫情影响，线上消费大放异彩，网红经济展现出巨大的生机与活力。资料显示，2020年10月20日"双十一"预售活动期间，淘宝头部网红主播李佳琦斩获33.27亿元的销售额，创历史新高。

网红经济的兴起离不开技术的推动、资本的扶持培育以及政策的引导支持，各平台头部网红也确实做到了最大限度的流量变现，对实体产业的生存发展产生重要作用。然而网红引导、带动消费的原因，则主要体现为以下几方面。

（一）"名人效应"打造消费意义

"名人效应"在网红经济的发展过程中作用显著。布尔斯廷在美国文化的批判性研究中提出，名人是指因其知名度而被熟知的人，也是由媒介打造的人物性虚假事件。之后，学者们在名人定义中继续补充强调了名人的个体性，认为名人是那些具备一定内在特质，或具备技能性、真实性、明星力或超凡个人魅力的个体。名人往往能够引发公众关注，名人本身也成为一种符号资本，并具备转换成其他资本的能力，模仿名人其实就是将名人作为一种"符号"来理解，通过关联这种符号的象征意义，实现形象的塑造。网红本就具备名人所有的"吸睛"和"符号"属性，其一言一行、一举一动往往被附加以专业、时尚、美丽等标签，在此背景下，个体为了更好地进行形象塑造，往往乐于利用网红来推荐产品，以此获取与之相关的符号意义。

（二）"粉丝经济"建立情感价值

网红经济实则是"粉丝经济"的变体，情感消费助推了网红经济的发展。网红经济的消费模式以网红为切入点，率先购买产品的往往是红人的粉丝群体，因此，网红经济实则是"粉丝经济"的表现形式，其本质是粉丝消费及参与性文化的盛行。粉丝消费最大的特点在于粉丝是一群"过度的消费者""完美的消费者"。粉丝消费者更加忠诚、更具仪式性、更加愿意分享并且经常形成社群消费。除此之外，与传统消费行为相比较，粉丝消费行为表现出冲动消费、过度消费和超前消费的特点。当作为"消费者"的个体与作为粉丝的个体合二为一，当崇拜、依恋等感性思维代替了理性评估、购买思维，网红经济势必比传统经济模式具有更大的爆发力。

（三）"场景""符号"并行，促进行为产生

"场景"与"符号"的运用和操控也成了网红经济蓬勃发展的原因所在。"场景"原是指戏剧、影视、文学作品里的场面或者情景[1]。随着商业社会的发展，出现了"服务场景"的概念，即"依靠人而建立起来的一种有形的环境"，并由气氛环境、空间陈列布局及功能性、符号象征和人工制品三个要素构成[2]。互联网技术的发展和普及让"场景"由线下转移至线上，在一个个网络直播间中，经由技术建构的不仅仅是类似于线下店铺购买的消费场景，也有由主播和消费者共同构成的社交场景。"场景"的真实性极大优化了消费者的购物体验，从而促进了消费行为的产生。除此之外，网红主播还十分擅长操纵符号，"通过制造一系列符号化幻象，

1　邵书锴.场景理论的内容框架与困境对策[J].当代传播,2015(04):38-40.
2　李康化,在销售的文化[M].上海:上海交通大学出版社,2016:19.

建构人们的身份认同，从而刺激人们深层次购买的欲望，不知不觉中掀起了一场消费的狂欢"[1]。于是，在诸如"OMG！买它买它！"的呼喊声中，符号意义代替了商品本身的价值，被狂热的追随者收入囊中。

网红经济对于产业和社会发展的促进作用毋庸置疑，也逐渐受到官方认可，并成为疫情期间带动国货销售和各地脱贫助农的重要抓手。然而，基于名人效应、粉丝效应、场景符号控制而兴盛的网红经济也不免使个体陷入无理性的消费主义浪潮当中，最终导致浪费量剧增、超前消费行为扩散等现象的发生，个体深陷消费主义的怪圈当中。以符号学的视角对消费主义进行分析，就会发现，网红经济消费具有典型的符号化特征。"它使现代消费由过去对商品的崇拜转向了对商品形象和意义的崇拜，使人们愈来愈注重商品的精神价值和情感意义。""消费主义是指一种生活方式，消费不是为了实际需要，而是不断追求被制造出来、被刺激起来的欲望的满足。"[2]当消费主义日益蔓延、无止境扩大，所带来的只有充斥着虚浮经济泡沫的市场和无理智的、被符号统治操控、失去自我的庞大群体，最终陷入"买买买"的无止境狂欢之中。

四、道德底线：社会风气与价值观的衰败

以前，人们讲"人红是非多"，可当下，似乎是"是非多才人红"。"打工是不可能打工的，这辈子都不可能打工的。"四次因偷盗电瓶车被判入狱服刑的周立齐，怎么也想不到，因为这"惊世骇俗"的一番话，自己竟然被数万网友奉为"精神领袖"，并称其为"窃·格瓦拉"，相关衍生段子、表情包、鬼畜视频等火遍大江南北。2020年出狱后，众多网红公司甚至开出天价酬金招募周某为主播，这仿佛颠覆了人们已有的认知——流量至上的时代，不管做什么事，只要火起来，就是正确的。

1　燕道成，李菲. 场景·符号·权力：电商直播的视觉景观与价值反思[J]. 现代传播：中国传媒大学学报，2020(6)：6.
2　杨魁. 消费主义文化的符号化特征与大众传播[J]. 兰州大学学报，2003(01)：63–67.

电商遍地开花，数字经济飞速发展的杭州，也在迅速从历史文化名城演变为"网红之城"，网红餐厅、网红景区层出不穷，甚至连湖滨银泰，也成为诸多网络红人的街拍聚集地，一款款爆款服饰由此进入公众视野，一个个爆款短视频于此拍摄并在各大平台吸引流量。

对于杭州来说，与网红相关的一切的确带来利润万千，可随之而来的负面影响也与日俱增，街拍网红以母婴室作为化妆间，甚至索性在公众场合换装；为拍摄抖音的网红齐聚钱塘江边，成片的粉黛花海被踏碎踩烂；湖滨银泰本是商业中心，却成了网红专属、专用的街拍背景……如此破坏公序良俗的行径数不胜数，网红也成了负面新闻报道中频频出现的字眼。

在为了走红不择手段的当代，被一些网红用来维持红利的工具，也可能是伤痛与灾难。2020年年初新冠疫情防控期间，部分美妆博主竟在社交平台发布新冠病毒仿妆，并配以煽情的文字，一场夺走数万同胞和医护人员生命，给整个国家和无数家庭带来伤痛的疫情已然沦为网络上调侃、吸睛的手段。网红晚晚则是在国内疫情严重时期于微博上大秀自己与老公在国外度假的照片，并配文"你们还好吗？想送你们小岛的阳光和美食"，与其说是问候粉丝，不如说是站在高处对家国灾难的俯视。诸如此类的事件不仅仅发生在国内，在国外，影片《切尔诺贝利》上映后，切尔诺贝利原址也迅速吸引了一批网红，铭刻着人类共同灾难记忆的核电站遗址旁，一个个妆容精致的网红女郎摆出各样造型，甚至脱下防护服，全然不顾可能造成的核辐射危害，用来"铭记历史"的一砖一瓦在流量的操持下，俨然成为"灾难消费"。除切尔诺贝利之外，在二战中夺取数万犹太人生命的奥斯威辛集中营遗址、曾有数百人遇难的威尼斯沉船，均沦为部分网红用来作秀、吸粉的工具。

网红因流量而红，但不是什么热点都能蹭，不是什么流量都能追。价值观的扭曲、行为的低俗、消费灾难纵然能获取热度，可这样的热度却过于病态，"纵然能抓住'眼球'，也不可能换来'回眸'"，若任由其野蛮生长，久而久之，整个社会价值观的倾斜和风气的衰败则成必然。

第三节　媒介批判与道德恐慌

一、向贬义靠拢的网红与无处安放的道德恐慌

低俗、欺骗、恶劣……当这些词语逐渐与网红挂钩，活跃于公众视野中的他们也逐渐被阴影覆盖，并被众多道德卫士打上了贬义的标签。以知网数据库为样本库进行新闻报道检索，所呈现出的报道内容多为负面倾向的；再观微博、知乎等社交媒体平台，公众对网红的评价也不甚乐观。网红因互联网、自媒体的发展而步入公众视野并获得巨大流量，可在此之后，这个称谓又仿佛被赋予了与恶有关的大多数意义，让人们闻之惶恐、谈之鄙夷。毋庸置疑，网红本身与网红模式下的一切行为在收获巨大经济效益的同时，也引发了民众的质疑与批评，造成了难以消除的恐慌蔓延。

1972年，英国社会学家斯坦利·科恩（Stanley Cohen）首次在其博士论文《民间妖魔和道德恐慌：青年摩登派和摇滚族的创造》中对道德恐慌进行系统定义，科恩认为：社会会不时地陷入道德恐慌的周期当中，首先，某种状态、事件、人或是群体突然出现并被定义为对社会价值观和社会利益的威胁；大众传媒以刻板、类型化的方式呈现这种行为；这些道德缺失行为和有此行为的人被编辑、主教、政治家和其他思想正统的人们所控制；被社会认可的专家对这些行为进行定性或者提出对策；多种解决之道被推演出或者使用；接着，这一状况在消逝、湮灭、退化、解体中变得愈加常见；恐慌的对象有时是虚拟的，有时却是长期存在着的但突然出现在公众视野；有些时候，恐慌过季了便被逐渐遗忘，仅仅留存于民间传说和集体记忆当中；另一些时候，其影响更为严重和长远并且可能导致法律和社会政策的变化，甚至改变社会建构方式[1]。

斯坦利·科恩的研究使"道德恐慌"这一概念初步步入西方研究者的视野，从夸张与扭曲、预测、符号化角度出发强调媒介在恐慌构建过程中的重要作用。随

1　Stanley Cohen, Folk Devi, Moral Panic: The Creation of Mods and Rockers, London: Routledge, 2002: 9.

后，霍尔、古德、查斯·克里彻（Chas Critcher）对此理论进行了进一步的研究，其中，克里彻的研究最为突出，他提出道德恐慌研究所关注的并不在于偏离行为和社会问题本身，而在于媒介、控制文化和偏离群体之间的互动过程。除此之外，克里彻还从三方面指出了道德恐慌与其他恐慌事件的区别：聚焦于某个群体、状态、事件的内在偏离行为；对现有的社会道德秩序产生可感知、全面的威胁，而非某个局部问题；其所造成的威胁最终从基本的善恶维度进行定性[1]。最后，克里彻对柯恩的进程模式进行更具体的阐释，将道德恐慌分为七个阶段：问题浮现（emergence）、媒体库存（media inventory）、道德卫士（moral entrepreneur）、专家定性（expert）、应对和解决之道（coping and resolution）、恐慌消退（fade away）和遗产（legacy）。

总的来说，道德恐慌的相关研究主要聚焦于媒介层面，致力于探究媒介在恐慌形成过程中的关键作用，并以此来了解社会系统各组成要素之间的互动过程。以道德恐慌视野进行分析，网红的污名化虽然主要归结于其自身的低俗、恶劣行径，但在当下负面标签由个体延伸至整个群体，公众刻板印象形成固化的过程中，媒介的功用亦不可忽视。因此，从媒介的角度出发，探析媒介信息内容如何建构网红形象并引发公众恐慌情绪，不仅能够使公众以正确、客观的态度对待部分网红的偏离行为，杜绝以偏概全的群体"污名化"现象，也能够揭示新闻媒介报道缺漏所在，以此来为未来相关报道提供参考。

二、因何而来的道德恐慌

克里彻认为，道德恐慌的诱因众多，新闻报道、群体行动、政治宣讲等等都可能促进了道德恐慌的形成，因此很难归咎于一点原因。然而种种恐慌现象表明，媒介在道德恐慌的形成过程中有着不可或缺的作用，"媒介对信息选择、观点表达以及传递信息的态度无不推动着事件的发展，影响着受众的认知"[2]。毋庸置疑，

1　查斯·克里彻. 道德恐慌与媒介（英文影印版）[M]. 北京：北京大学出版社，2006：144.

2　柯善永. 新媒体环境下道德恐慌的媒介生产研究[D]. 武汉：华中科技大学，2016.

网红因媒介报道而成名，也因媒介报道而被赋予了各种标签，由此在公众心目中留下或好或坏的印象，媒介对网红偏向行为的强化，在一定程度上塑造"公众妖魔"，最终引发公众道德恐慌。

（一）媒介——道德恐慌的制造者

古德与本雅胡达提出，道德恐慌的第一个关键因素是"关注"，即对某一类群体行为及其社会后果有较高的关注[1]。根据议程设置理论的基本假设，媒介越是报道某件事，公众就会越发关注某件事，媒介的报道程度与公众的关注形成正比。可见媒介在引发公众关注方面的重要作用，这在一定程度上促进了道德恐慌的形成。

若将媒介对异常行为的关注视为克里彻道德恐慌进程模式下第一个阶段"问题浮现"的表征，那第二阶段，即媒介库存则真正强化了公众对异常行为的判断与感知，将异常行为构造成对社会秩序及传统道德的威胁。克里彻认为："事件的性质和威胁的本质通常由媒介进行建构，媒介对类似的事情有着趋于一致的热情和敏感，通常采用放大、扭曲、语言、象征等手法进行建构。"在异常行为事件中，媒介受到经济、政治、文化、把关人的多重作用，往往采用特定的报道框架进行事件呈现，并常常辅以夸大、扭曲的报道手法，以求获得公众关注。而这种报道方式必然影响受众对某一事物的整体认知，最终引发道德恐慌。值得注意的是媒介十分善于利用基于特定框架的报道方式将偶然出现的个别现象、异常行为转喻为一种群体行为，通过标签化的行为加深观众关于某事物的刻板印象。在此类信息流的浸染之下，公众很难越过媒介获得客观、全面的认知，这也是当下网红群体被持续污名化，难以因人而异获得公正、理性对待的原因所在。

（二）媒介——道德恐慌的传播者

媒介通过特定框架强化偏离行为，有意或无意制造道德恐慌事件，除此之外，

1　GOODE. E. and Ben-Yehuda. N, Moral Panics: The Social Construction of Deviance. Oxford: Blackwell, 1994, p. 34.

媒介还会持续传播事件相关信息，促进恐慌的蔓延。传统媒体时代，报纸、广播、电视成为传播恐慌的主要载体，因版面、时长受限，恐慌影响范围相对有限；随着媒介的进一步发展和人们生活水平的不断提高，智能移动终端的普及和互联网准入的低门槛都使得媒介信息储存能力大幅度提升，异常行为事件也有了更加多元、广泛的存在空间，变得随时可见、随处可见，在此背景下，特定群体或事件也将引发更为严重的道德恐慌现象。

当前，多元媒介并存，官方、专业媒体传播道德恐慌的作用有目共睹，但由于技术赋权已成常态，多元化的群体也会利用技术成为"道德卫士"，传播异常行为事件，并且对此发表观点，提出应对方法等。在官方与民间交融互动的过程中，特定的异常行为事件也获得了更多的关注度，道德恐慌也因此获得了更为广泛的传播与关注。

（三）媒介——道德恐慌的应对者

一般而言，道德恐慌的发展遵从一个固定的模式。首先，社会发现并认为某件事或某人群对公共道德规范构成一定威胁。接下来，大众媒体会把这种威胁夸大或者简化。这会导致公众开始呼吁"应该采取相应的应对措施"，进而向有关当局施压，督促启动新的立法程序。由此可见，道德恐慌现象最终的落脚点在于有关当局进行体制、政策上的某种变革，从而解决问题，缓解公众恐慌情绪。一般而言，官方、主流媒体报道在引发当权者关注方面具有更大的效能，而随着民间舆论场的逐步扩大，由下至上的舆论"蒸腾模式"逐渐在诸多重要的事件中产生重要作用。"道德卫士"这一群体的边界亦逐渐扩宽，他们可能是拥有一定知识储备的普通网民，有可能是各领域的关键意见领袖，正日益与权威方一起对道德恐慌事件进行定性评价，并从自身出发提出相应的解决方案。

三、道德恐慌的媒介建构机制

通过以上叙述可知，媒介在道德恐慌的构建过程中产生了巨大作用，同时担任制造者、传播者、应对者三重身份。下面将对具体媒介信息内容进行简要的文本分析，以便能够直观感受到新闻媒介在报道网红人物、事件等信息内容时的具体倾向。

样本筛选主要分为传统媒体、新媒体两部分。传统媒体以报刊为主，通常代表官方主流意见和态度，新媒体则是当今时代人们接触信息的窗口。考虑到取样的遍及性与可行性，样本涵盖时间范围为 2020 年 3 月至 2021 年 3 月。传统媒体相关报道从知网报刊库中筛选，以网红为关键词进行标题类目筛选，共得到 235 个样本，剔除无用样本 8 条后，得到 227 个有效样本。新媒体相关报道从腾讯新闻官微、新浪新闻官微进行筛选，新浪新闻官微共得到有效样本 130 个，腾讯新闻官微共得到有效样本 82 个。具体分析结果如表 4.1 和表 4.2 所示。

表 4.1 各媒体网红相关报道数量

渠道	总篇数	网红产品	网红人物	网红景点	网红经济	其他
知网报刊库	227	58（25.6%）	66（29.1%）	46（20.3%）	23（10.1%）	34（15.0%）
新浪新闻官微	130	29（22.3%）	73（56.2%）	11（8.5%）	0	17（13.1%）
腾讯新闻官微	82	14（17.1%）	38（46.3%）	14（17.1%）	5（6.1%）	11（13.4%）

表 4.2 媒体网红相关报道态度倾向

项目	总篇数	负面	中性	正面
网红产品	101	71（70.3%）	22（21.8%）	8（7.9%）
网红人物	177	87（49.2%）	51（28.8%）	39（22%）
网红景点	71	31（43.7%）	28（39.4%）	12（16.9%）
网红经济	28	12（42.9%）	10（35.7%）	6（21.4%）
其他	62	15（24.2%）	38（61.3%）	9（14.5%）

通过报道内容分析可知，无论是以传统报刊为代表的主流媒体，还是作为当今流量入口的新媒体，对网红相关报道大都呈现出负面倾向。从网红人物来看，

负面报道集中对其低俗、违规行为展开批评；从网红产品来看，负面报道主要集中在质量、不良影响等方面；从网红景点来看，负面报道多关注景点欺骗消费者、图文不符、环境问题等层面；从网红经济来看，媒介主要批评了直播带货、虚假泡沫等现存问题。除此之外，值得指出的是，相较于网络媒体，传统媒体基于舆论引导、教育民众等职责，在网红的呈现上逐渐开始以正面报道、宣传、鼓励为主，突出其价值和益处，这无疑是对网红吸引流量，实现经济效益和社会效益能力的肯定，也对网红群体正名有一定的意义。然而，网络媒体作为当今人们获取信息的主要来源，却在网红内容报道上显示出高度负面化的特征，这种群体污名化的议程设置与报道框架极易引发公众道德恐慌。

（一）"神话价值"引发公众关注

尽管科恩、克里彻等人的研究并未将引发公众道德恐慌的影响因素归咎为媒介一点，但纵观几人的研究历程，媒介始终是不可忽视的重要环节，在道德恐慌的形成、蔓延过程中起着重要作用。而媒介建构道德恐慌，始于引发公众关注。

丘鸿峰认为，若是某事件中包含使新闻更具冲击力、影响力、关注度的要素，那就把这种要素定义为新闻的"神话价值"。新闻的意义在于其广泛的传播力与接受程度，"神话价值"在一定层面上符合新闻"重要性""显著性"等内在要求。当前市场经济环境下，"事业经营，企业管理"的媒介运行方式使得利益成为媒介管理层不得不考虑的重要目标，"神话价值"更加凸显在媒体内部采编的过程中，也更受把关人的重视。换言之，只有具备冲击力等要素的新闻事件，才有登报登网并吸引流量的资格。

注重新闻事件的"神话价值"是西方的传统，近年来随着技术的发展，媒介矩阵的不断完善，盈利的需要和受众需求的转变，"神话价值"也逐渐成为我国媒体追求的主要目标。求新、求异的价值取向取代了宣传为主的正面传播策略，反映了我国媒体商业背景下新闻价值偏好的转移。网红作为与互联网新媒介相伴而生的产物，经过多年野蛮生长后逐渐被官方规制并步入正轨，可在注意力经济的助推下，部分个体负面行为依旧屡禁不止，其不良影响也与日俱增。极具新闻敏感的记者和媒体自然不会忘记从网红人、物中挖掘新闻线索，这一圈层仿佛成了取之不尽，用之不竭的素材库，满足媒体对"神话价值"的追求。除此之外，大众传媒自诞生之日起就具备"社会环境监测""社会规范治理""教育启示"这类警示作用，从这一层面来看，媒介对网红事物批评质疑也是其履行社会职责的体现。因此，一篇篇负面倾向明显、多含贬义的相关报道接连出现，在融媒体联合"议程设置"的作用下，不断引发公众关注，从而造成公众的道德恐慌。

（二）"隐喻""转喻"塑造群体标签

"新闻文本中情节是文本明确表达的东西，而故事是文本所隐含的东西，新闻叙事常常给读者以言外之意。"[1]这种蕴含于新闻中的"言外之意"可用符号学中的"隐喻""转喻"进行解释。雅各布森（Jakobson）认为兰考夫（Lakoff）和约翰逊（Johnson）的"隐喻"和"转喻"概念是信息表现指代功能的两种基本方式[2]。"隐喻"基于两种事物之间的类比关系，使我们根据某一事物联想到另一事物；"转喻"允许我们使用一个事物代替另一个事物。通过约定俗成的方式，"隐喻"和"转喻"能够使作者传达比本意更加丰富的信息，因为显示的表征离不开"隐喻"和"转喻"的使用。费斯克认为不同于自然的指代关系，"转喻"包含一种常常被掩饰的或者至少是被忽视的高度武断，是以一种不容置疑的方式表征现实[3]。

新闻媒体在网红相关负面事件的报道中往往突出网红身份和标签，从而使负面影响与特定身份的关联性被建立并不断扩大，实现了符号层面的"隐喻"和"转喻"。不仅仅是身份与影响之间关联性被媒介构建，个体身份与群体印象之间的关联性也在媒介的"转喻"过程中得以形成，这就使得某网红人物个体的失范行径在媒介文本的修辞下延伸至整个群体类别，在不断标签化"民间恶魔"的过程中，

---

1 邱鸿峰. 从"英雄"到"歹徒"：新闻叙事中心漂移、神话价值与道德恐慌[J]. 国际新闻界, 2010, 32(12): 66–71.

2 JAKOBSON R, HALLE M., The Fundamental of language[M]. Hague: Mouton, 1956.

3 FISKE J, Introduction to Communication Studies[M]. London: Routledge, 1990: 96.

公众基于刻板印象而产生的道德恐慌愈演愈烈，导致"谈网红色变"的情况依旧存在。

（三）多媒体共动加速事件传播

古德（Goode）与本-耶华达（Ben-Yehuda）提出了判定道德恐慌的五个关键因素，分别是关注、敌意、共识、不成比例、稍纵即逝。不成比例是指社会成员在感知中，不道德行为的数量所引起的威胁与损失多于现实。这种不成比例的受众感知是不成比例的报道作用的结果。"媒介对社会恐慌事件的报道才使得受众感知到了周遭的无形压力。"相较于传统媒体时代，新媒体以其便捷性、开放性、低门槛、传播速度快、传播范围广等特征逐渐取代传统媒体成为当前的流量入口及公众获取信息的主要方式。而基于对新闻"神话价值"的追求，常有失范现象发生的网红成了当前媒体获取注意力的不二选择。由此，媒介开始不遗余力地报道与之相关的一切，无论是网红群体的失范行为，还是网红产品的不良影响，均构成了足够惊人的"引爆点"，并逐渐为网红二字加上负面标签，收割流量的同时将无形压力附加于受众，导致"可感知到的社会秩序和社会道德受损"，最终引发道德恐慌，并使得恐慌情绪经由传统媒体与新媒体不断扩散。道德恐慌也在新媒体传播速度与广度无限提升的助推下越发严重。

（四）销声匿迹抑或持久存在

"认知基模"由瑞士心理学家皮亚杰在研究儿童成长和认知发展过程基础上提出，后被广泛应用到教育学、信息处理和传播学研究当中。所谓基模，指的是人的认知行为的基本模式，或叫作心智结构、认知结构或者认知引导结构。"基模"是人类认识世界最简单的方式，在个人成长过程中不断产生并逐步完善，并对认知新事物有着强大的指导意义。

科恩认为，道德恐慌在经历产生、发展后，或是"在消逝、湮灭、退化、解体中变得愈加常见"；或是"恐慌过了便被逐渐遗忘，仅仅留存于民间传说和集体记忆当中"。诚然，一些涉及网红标签的具体失范、违规事件经由媒介报道引发公众热议后，终归于寂静，鲜少再有人提及。可媒介以特定意识形态、价值取向塑造的网红形象却在一次又一次的传播过程中形塑着公众的认知基模，最终导致同类事件发生时公众极易将当事人的负面行为与其网红身份对等，让网红这一词语难以摆脱"污名化"的标签，并长久地留存在"民间传说与集体记忆"当中，最终使片面化的认知成为人们的共识。

科恩在其定义中也强调了道德恐慌的另一层后果，认为"其影响更为严重和长远，并且可能导致法律和社会政策的变化甚至改变社会建构方式"，可见道德恐慌对社会制度的完善与个人权益的保障也有一定的积极作用。以"网红直播带货"为例，随着虚假广告和产品质量等问题频频出现，媒介的相关报道也呈上升趋势，道德恐慌日益扩散。基于此，国家市场监督管理总局在其文件《市场监管总局关于加强网络直播营销活动监管的指导意见》中要求直播者应当真实、合法对商品或服务的性能、功能、质量、销售状况、用户评价、曾获荣誉等做宣传。除此之外，网络直播销售应遵守《中华人民共和国广告法》规定，不得对禁止宣传的商品进行宣传，不得通过网络直播销售禁止进行交易的商品或服务。

第五章

新媒体竞合：时代风口与产业浪潮

　　网红经济被认为是商品在社交媒体平台上的一种新型的营销模式，最早由阿里巴巴前CEO张勇提出，如今已经成为备受关注的概念和经济现象。随着互联网技术的发展与变革，网红群体快速崛起，他们颠覆了传统的内容生产方式和信息接收习惯，成为注意力与流量资源日益稀缺之下，迅速崛起的一股变革力量。网红经济则是社交媒体时代，网红群体对商业模式和产业链的重构，网红经济的崛起不仅重构了消费者的需求路径和品牌方的商业逻辑，还推动了中国本土品牌的塑造与崛起。本章通过深度探访和梳理网红经济的发展历程、发展动力、产业链联动及多方竞争合作，总结互联网时代背景下网红经济的传播渠道与传播方式，深入挖掘网红经济的实质及其背后隐藏的营销模式与数据支撑，厘清网红、机构、平台等多方关系，为网红时代传媒产业的发展提供新思路与新视野。

第一节　数字经济领域的主力军

　　网红经济是社交资本变现的有效方式，能够充分挖掘社交媒体平台的经济价值，是互联网对供求两端的裂变重塑，是借助因互联网病毒式传播而受到广泛关注的网红，以全新的方式使产业价值链中的设计商、制造商、销售者、服务者与消费者高效对接，以此来获取巨大的商业价值[1]的经济模式。在BBS、博客、微博时代，少数人借助网络社交平台而迅速成名，并抢占头部网络红利；在以微信、微信公众号等为代表的移动社交时代，更多人通过争当网红而获取网络经济收益[2]。社交媒体正在快速改变我们的社会生活方式。庞大的网民市场、日益旺盛的消费需求，使得网红经济愈加成为中国数字经济领域发展的"主力军"。

一、网红经济的发展历程

　　网红经济是基于互联网时代背景下，以各类新媒体平台为推广渠道，依托网络红人的内容生产，配合专业机构的运营而聚集社会关注，培养大量粉丝社群，并将粉丝的注意力转化为购买力，从而实现流量变现的一种商业模式。与传统媒体时期"中心化"的造星方式相比，网红的制造是"去中心化"的，在社交媒体平台，每个人都有机会收获粉丝，成为网红。在这个时代注意力被稀释了，"四大天王"这类家喻户晓、老少通吃的明星不会再出现了，未来或许是你有你的明星，我有我的明星[3]。社交媒体时代明星与明星的制造都在加快"去中心化"的进程。

　　随着互联网的发展和媒介技术的革新，网红经济产业链逐渐升级和完善，产业链中各主体之间的联系更加紧密。作为内容生产主体的网红逐渐向职业化和专业化方向发展；作为中介的MCN机构持续发力以实现稳定的商业变现；作为分发渠道的平台不断升级优化，掌握着网红经济的流量入口。

1　王先明，陈建英. 网红经济 3.0：自媒体时代的掘金机会 [M]. 北京：当代世界出版社，2016: 16.

2　杨江华. 从网络走红到网红经济：生成逻辑与演变过程 [J]. 社会学评论，2018, 6 (05): 13−27.

3　袁国宝，谢利明. 网红经济：移动互联网时代的千亿红利市场 [M]. 北京：企业管理出版社，2016: 64.

网红经济的商业模式随着传播渠道和内容产出方式的革新而不断变化。在文字时代，网红主要依靠文字写作走红，以线下销售作品及周边产品为主要变现方式。盈利模式单一，以个人为主，缺少专业化的团队或者幕后推手助力。图文时代到来，"草根"文化和"审丑"之风兴起，网红主要依靠博人眼球的照片或者语录走红，通过参与演艺节目或成立公司等方式变现。此时，网红不再是"单打独斗"，而是开始借助幕后推手进行更为广泛的传播，但是此时并没有实现产业化；随着互联网的快速发展，微博等社交媒体的兴起，微博"大V"、"段子手"和高颜值网红受到广泛关注，逐渐出现专业的网红孵化器[1]，网红市场开始向产业化和规模化方向发展，网红经济雏形初现。如今，随着新媒体渠道变革，直播和短视频快速占据市场，网红经济蓬勃发展。商业资本不断介入，专业团队和MCN机构相继发展。借助各类新媒体平台，网红主要通过知识付费、直播、电商和社交媒体广告营销等实现商业变现，网红经济在规模化和产业化的道路上逐渐完善和成熟。在网红经济时代，网红既是一种身份，也是一种传播方式。网红逐渐向专业化和职业化转变，各类平台和机构也纷纷出台相应的扶持计划，一种"以人为本，内容为王"的竞合模式在网红、平台和MCN机构之间逐渐形成，推动着网红经济产业链的完善和升级。

二、网红经济崛起动力

（一）互联网的发展和基础设施的完善

互联网和移动通信技术的发展是网红经济发展的基础，基础设施的升级完善也为网红经济蓬勃发展提供了有力的硬件支撑。移动互联时代信息传播的深度和广度不断增强，涌现出了更加丰富的信息类型和内容，逐渐形成了互联网新型传受关系，网红经济随着互联网的发展而不断呈现新形态。从供应端到内容端再到消费端，物流运输仓储管理、数据分析与应用、平台信息传播与在线购物等方面

1　胡泳,张月朦.网红的兴起及走向[J].新闻与写作,2017(01): 41-45.

的升级都为网红经济发展增添动力。5G 时代有望解决 4G 时代直播网络不稳定、画面延迟卡顿等问题，实现更快网速、更低延时、更广覆盖等优势，VR 和 AR （Augmented Reality，增强现实）等技术的运用也将进一步优化线上体验，增强直播的流畅性，给直播电商带来更强的互动体验[1]，加快网红经济产业变现步伐。

（二）消费习惯的转变与新的消费场景的形成

互联网的发展进一步催生了新的生活方式和消费场景，线上购物的渗透力不断增强。据商务部官网消息，2023 年，我国网上零售额为 15.42 万亿元，同比增长 11%，连续 11 年成为全球第一大网络零售市场。截至 2023 年 12 月，我国网络视听用户规模达 10.74 亿，网民使用率为 98.3%。调查显示，七成以上用户因看短视频/直播购买商品，超四成用户认为短视频/直播已成为主要消费渠道。2023 年，全国网上零售额达 15.4 万亿元，连续 11 年稳居全球第一。其中，实物商品网上零售额比上年增长 8.4%，增速比上年加快 2.2 个百分点；占社会消费品零售总额的比重达到 27.6%，占比较上年提升 0.4 个百分点。截至 12 月，我国网络购物用户规模达 9.15 亿人，较 2022 年 12 月增长 6967 万人，占网民整体的 83.8%。直播电商和各类网络购物平台保障了疫情期间消费者的基本需求，也解决了优质农副产品面临的销售难题，有力地推动了经济内循环。

（三）新媒体的蓬勃发展促使流量向直播和短视频迁移

技术的创新和基础设施的升级完善为网红经济的发展提供充足动力，新平台的涌现和发展推动私域流量兴起，实现了流量大量向短视频和直播迁移。2023 年 6 月短视频用户规模达到 10.3 亿人，占网民规模的比例为 95.1%，短视频用户渗透率极高。由于短视频平台通常具有"直播"内容场域，大规模短视频用户可转化为直播电商用户。2023 年 6 月直播电商用户规模达到 5.3 亿人，占网络购物用户规模的比例达到 59.5%，直播电商已成为网络购物用户购买商品的重要途径之一。

---

1 李金宝，顾理平. 技术赋能：5G 时代媒介传播场景与应对方略 [J]. 传媒观察，2020(09): 5–14.

未来伴随直播电商用户规模的持续增长，直播电商行业流量池将进一步扩容。

　　截至 2023 年 12 月，我国网络购物用户规模达 9.15 亿人，较 2022 年 12 月增长 6967 万人，占网民整体的 83.8%。2023 年，我国网络购物行业持续健康发展，进一步发挥稳增长、促消费作用，推动国民经济回升向好。各类新媒体平台也更加明晰其风格与定位，网红带货的领域也更加多元和丰富，从最初的服装、美妆、母婴和美食，逐渐延伸到汽车、数码、金融等领域。越来越多的品牌也开始转变策略，将网红视为重要的合作对象，将营销重点转移至社交媒体，甚至着手培养属于自己品牌的网红。网红经济的发展离不开内容创作和社群构建，新媒体是网红传播的重要渠道，传播渠道的变革使得品牌影响力得以扩展，有机会形成全方位的品牌推广，为商业变现打下坚实基础。

　　中国直播电商乘网红经济风口之势蓬勃发展，市场渗透能力不断提升，一跃成为网红经济最重要的营收模式。2019 年被称为电商直播元年，直播电商整体市场规模为 4338 亿元，2023 年中国直播电商市场规模达到 4.9 万亿元，同比增速为 35.2%。艾瑞预计，2024—2026 年中国直播电商市场规模的年复合增长率（CAGR）为 18.0%，行业未来将呈现平稳增长趋势并步入精细化发展阶段。短视频和直播为用户提供了更加丰富的内容和更好的观看体验，满足了网络用户的需求，使得互联网流量快速向短视频和直播迁移。短视频不再限于娱乐和消遣，而是已经与教育、科技等不同领域和不同行业实现渗透和融合，网红经济产业链逐渐丰富和完善。

（四）受众注意力与网红价值观资源的货币化

　　一方面，技术发展、消费场景与消费习惯的变化无疑是网红经济崛起的外部动因，而内部的核心动因是网红对于互联网内容生产、传播和消费所形成的一系列商业模式和盈利模式变革的总和[1]。网红经济的本质是在日渐稀缺的互联网注意

1　奚路阳, 程明. 试论网红经济及其发展路径：基于传播逻辑与商业逻辑的双重视角[J]. 企业经济, 2017, 36 (12): 102−108.

力资源背景下，通过对网红IP资源的挖掘，获得受众注意力资源的竞争优势，并将网红的IP资源与受众的注意力资源进行商品化。另一方面，驱动网红经济的是互联网时代个人价值的多元化。在网络中，青年人身上既表现出了符合其年龄阶段的思想行为特征，如思维活跃、敢想敢干、勇于创新等，同时他们身上也体现了时代发展的特征，如对自由、民主的追求，对自身权利的维护，等等。青年人身上的这些特点借助网络平台得以充分表现出来，在互联网上他们表现为个性的张扬与解放、强烈的表现欲、反传统、调侃戏谑社会现实等，如网络红人papi酱的表演风格就是对社会的辛辣讽刺与调侃吐槽，同时还以夸张的动作表演来吸引网民的眼球[1]。对于年轻的互联网用户而言，他们关注网红，将自己有限的时间和注意力消费在网红身上，他们同样愿意为自己所认同的价值观付费，进而成为驱动网红经济的内在动力。

第二节　产业链的整体布局与联动

网红的商业价值来源于传统粉丝经济的延伸，垂直领域的网红能够基于自身的特点在特定领域发挥专业性与影响力，进而实现产品营销的高效性与精准性。而网红又具有大众化与低门槛的特点，有较传统明星更为亲民的人设，这使得网红更便于在社交媒体平台与粉丝群体进行交流与互动，从而实现更为低廉、广泛的产品宣传[2]。从产业链角度而言，网红经济与传统的明星代言营销类似，其参与主体包括品牌方或广告主、网红与网红经纪公司（MCN）、各类社交媒体平台或电商平台。

一、"金主"：品牌方或广告主

互联网的发展加速了信息的传播，技术的革新推动了数据分析和科技应用，

1　王卫兵. 网红经济的生成逻辑、伦理反思及规范引导 [J]. 求实, 2016(08): 43-49.

2　王先明，陈建英. 网红经济 3.0: 自媒体时代的掘金机会 [M]. 北京: 当代世界出版社, 2016: 86.

基础设施的完善提供了强大的物流运输和仓储管理支撑，短视频和直播兴起拓展了更加广阔的平台，直播电商催生了新的消费场景，这些都为网红经济的崛起和发展提供了强有力的支持。

网红经济重构了消费者的需求路径和品牌方的商业逻辑，直播电商的发展促使"人找货"向"货找人"转变。消费者不再是单纯因为需求去关注和购买产品，而是先被内容吸引，再形成需求，最后进行消费。网红经济时代，品牌方或者广告主开始将UGC的内容生产看作营销的一部分，并以短视频或直播为载体，进行广告投放或直播带货，期望能够利用社交平台上的优质内容吸引更多的消费者，与消费者建立信任，将消费者逐渐转化为粉丝群体，从而最终促成粉丝的购买行为。与传统的需求导向型的营销模式相比，网红经济下的营销模式互动性更突出、个性化趋势更加明显。

新媒介渠道的出现催生了新的经济增长点，影响着广告主和品牌方营销策略的调整。截至2023年，移动端仍是广告主营销投资的主要选择，社交、短视频仍是重点，分别有83%和76%广告主选择在此投放，其中直播和电商比例为31%和27%。AI广告创意的使用度目前为25%，但未来会使用的比例高达44%，AI营销也是"未来预期"最高的创新营销形式，目前使用度不高但未来预期高，说明广告主在AI营销落地上还存在障碍。品牌格局随着流量变迁和营销方式的改变而不断变化。新媒体的兴起不仅颠覆了信息传递的方式和格局，也为品牌的崛起提供了新的机遇。2009年，B2C电商高速发展，市场潜力巨大，不少品牌抓住淘宝平台的流量红利迅速崛起，如韩束、一叶子等；2015年起，随着微博、微信等社交媒体的兴起，新的流量入口出现，不少微商品牌借势崛起，如麦吉丽、三草两木和思埠等；2018年以后，主流电商平台流量红利逐渐减少，新媒体的发展推动社交电商平台崛起，新锐品牌发力，如以小红书为主场的完美日记、依靠创意视频裂变传播的三只松鼠、依托抖音走红的半亩花田等。高性价比产品借助社交媒体加速市场下沉，国货品牌迎来互联网时代的发展新机遇。

网红经济的发展推动中国本土品牌塑造和崛起，国货品牌一改往日"低质量""low"的刻板印象，借助短视频和直播等新渠道KOL的推广，在消费者心中重塑了品牌认知和品牌形象。近年来，中国企业开始努力进行产品升级，提升产品的品质和性能，力争打造本土优质品牌，开始获得越来越多消费者的关注和青睐。新的消费群体开始更加关注产品的个性化和性价比，在直播带货品类方面，消费者主要购买的是食品类、洗护用品及美妆个护产品。2020年直播热销商品Top100中有61个为食品饮料类产品，29个为美妆个护类产品，其中大部分为国货品牌[1]。根据麦肯锡《2020年中国消费者调查报告》，33%至57%的中国消费者不仅在挑选面巾纸等生活必需品时选择中国品牌，在手机等与生活和身份相关的产品，以及冰箱等家电产品中也逐渐倾向于选择国内本土品牌。其中，相当一部分消费者还会在品牌时装、数码产品、护肤品和化妆品等高端产品上选择中国品牌。国货品牌借助网红经济的"东风"迎来了全新的发展机遇。

二、"孵化器"：网红或MCN机构

网红经济引爆MCN产业，MCN机构已经成为中国网红经济产业链的重要环节。2019年中国MCN机构数量突破20 000家，近六成MCN机构营收规模达到千万级，近三成头部MCN机构营收规模破亿[2]。从组织规模和架构来看，头部MCN机构的人员规模基本保持稳定，内容和运营部门仍然是MCN机构的核心部门。随着直播电商的快速发展，品控、客服和供应链管理部门也逐渐兴起；在平台选择方面，随着短视频红利爆发，MCN机构在稳定微博和微信等社交平台布局的同时，也不断加速短视频平台布局。头部MCN机构依靠强大的运营能力实现多平台布局，最大程度地扩大KOL传播影响力。

在商业模式方面，广告营销和电商变现是MCN机构的核心营收方式。2022年是机构的"重生"之年，在经历了三年的奔跑、观望、测试与反思后，MCN机构呈现出了较大的格局变化。克劳锐《2023中国内容机构（MCN）行业发展研究白皮

1　华泰证券. 2020年网红经济深度报告 [R]. 南京：华泰证券股份有限公司, 2020.
2　克劳锐. 2020中国MCN行业发展研究白皮书 [R]. 2020.

书》显示，2022年营销服务成为各MCN机构的重要增长点。整体上看，KOL广告商单占MCN机构营销贡献比超40%，直播电商占比16.8%，其中，广告营销收入较2021年提升16个百分点，主要来源于营销服务（整合营销/全案服务）；电商营收较2021年提升2.3个百分点。克劳锐认为，更多机构将增长重心聚焦在营销服务及电商侧，电商业务涵盖直播带货、内容电商、团长业务、红人店铺等形式；部分机构计划围绕头部IP、供应链资源等孵化新品牌，并以电商作为品牌变现主要方式。

MCN机构作为"舶来品"在中国迅速发展壮大。中国MCN机构的职能也随着网红经济的发展而不断更新。MCN机构不仅扮演网红签约、内容管理、技能培训和商务推广的角色，而且有自己独特的成长路径和生存机制。

从业务形态来看，国内MCN机构的业务形态可以主要分为内容创作型、网红资源型、IP布局型、电商运营型。如表5.1所示，内容创作型MCN机构的主要代表有二更、橘子娱乐、鼓山文化等，其特点为专注于优质内容的生产和创作，注重品牌建设，大多由热门PGC转型MCN，逐渐形成了自己的IP或者专栏。

表5.1　国内部分内容创作型MCN机构特点

MCN机构	主营内容	主要成就	合作方
二更	原创短视频、纪录片；文化、娱乐、财经、生活等领域	《更城市》系列短片、《伞》获威尼斯国际电影节地平线单元最佳纪录片奖	阿里巴巴、京东、欧莱雅、联合利华等
橘子娱乐	明星娱乐类、泛娱乐类，"内容创作+明星互动+场景化品牌植入"营销模式	橘子辣访、娱乐情报橘、娱乐大数据等	INCL博广、腾讯企鹅号等；深度合作的明星超500位
鼓山文化	网红运营、IP孵化、广告营销、图书出版及发行、电商运营、影视制作等	英国报姐、刘哔电影等签约博主；《创造101》《明日之子第二季》新媒体营销策划	包括腾讯、阿里在内的300家以上品牌及其代理公司

IP布局型MCN机构的主要代表有大禹网络、震惊文化等，从表5.2中可见其

特点是在内容垂类方面选择深耕IP研发、生产和营销，主要通过IP实现变现，以品牌授权、衍生品创作等形式开展业务。

表 5.2　国内部分 IP 布局型 MCN 机构特点

MCN 机构	主营内容	主要成就	合作方
大禹网络	数字内容生产，旗下有大禹传媒、大禹动漫和大禹游戏三大事业部	《一禅小和尚》《拜托啦学妹》《奔波儿灞与灞波儿奔》等	腾讯认证的顶级开发商之一，微博四大视频战略合作伙伴之一
震惊文化	娱乐、生活、时尚等领域，以品牌授权、周边开发、游戏联运等为主要变现方式	旗下拥有当时我就震惊了、猪小屁、黄一刀有毒等内容IP	抖音和微博官方合作 MCN 机构

网红资源型MCN机构的主要代表有蜂群文化、papitube、无忧传媒、洋葱视频等，从表 5.3 可见其特点为"以网红为本"的人才运营模式。此类公司以签约大量网红资源为基础，形成传播矩阵，在与平台方或品牌方对接时，可以凭借大量的网红资源形成较强的议价能力。从内容来看，其关注的主要是泛娱乐领域。

表 5.3　国内部分网红资源型 MCN 机构特点

MCN 机构	主营内容	主要成就	合作方
蜂群文化	游戏、时尚美妆、美食、电商等；主要变现方式为网红孵化、影视创作、内容营销、IP 孵化等	营销创意团队"您的实验室"、《恋与制作人》宣发	新浪、小红书、淘宝、网易、抖音等
papitube	短视频内容聚合品牌，涉及搞笑娱乐、美食、美妆、电商等领域，通过广告合作、短视频、直播和线下活动等实现变现	从个人 IP 升级为 MCN 机构，以"滚雪球"的方式实现网红孵化。	微博、微信、抖音、B 站、小红书等；泰洋川禾经纪公司

续表

MCN机构	主营内容	主要成就	合作方
无忧传媒	泛娱乐领域，时尚美妆、美食、电商等，涉及直播、短视频内容商业化、电商、整合营销、音乐制作发行、游戏电竞、艺人经纪等业务	签约艺人超万人，其中签约优质艺人超过600人。	微博直播、抖音、腾讯NOW、淘宝直播等平台；天猫、支付宝、华为、斯柯达等品牌
洋葱视频	泛娱乐领域，爆款IP自研孵化、短视频营销、商业IP孵化、直播、电商等	签约多位知名网红	荣耀手机、九阳、支付宝、Dior等；YouTube等海外平台在国内官方重点合作机构之一

电商运营型MCN机构的代表主要有如涵控股、谦寻控股、宸帆等，见表5.4。随着网红经济蓬勃发展，各大电商平台通过"电商+内容"的模式纷纷入局，借助各大电商直播平台，在内容领域持续发力，实现商业变现。

表5.4 国内部分电商运营型MCN机构特点

MCN机构	主营内容	主要成就	合作方
如涵控股	时尚美妆、生活方式、母婴快消等多个消费领域，包含网红孵化、电商和营销三大主营业务	中国网红电商第一股，签约多位独家网红	合作品牌超500个，与微博、抖音、快手、B站等平台达成战略合作
谦寻控股	主要覆盖美妆、生活、服饰等全品类目，以淘宝直播为主营业务，涉及直播、娱乐、供应链合作等业务	签约多位网红	淘宝直播、新浪微博、优酷等平台；阿里汽车、联合利华、华为、雅诗兰黛等品牌

三、"扩音器"：社交媒体平台或电商平台

"人人能因被人认识而得益"，新媒体的发展为网红提供了更加便捷和广阔的

平台，而网红也赋予了平台生命力与活力。网红经济形成了全新的商业形态，各大流量平台也开始优化自身商业化功能，如电商直播和内容付费等（见表5.5），纷纷构建网红经济商业链。同时，不同的平台有其各自的特色和分发规则，相继推出相应的网红扶持计划和激励政策，整合广告主和品牌方资源，期望实现内容价值的最大化。网红与平台具有一种相辅相成的合作关系。网红创作的优质内容通过平台进行分发，利用平台上的流量实现变现；而平台借助网红创作的优质内容增强了用户的黏性，获得了更加稳定的用户群体，也不断吸引新用户加入。

表5.5　部分平台近三年网红扶持计划

流量平台	扶持计划
抖音	"创作者扶持计划"（2020年） 1.现金+流量：投入1亿元现金奖励，给予优秀内容创作者价值100亿元的"专属流量券"。 2.向用户推荐有特点和个性的主播和创作者，对其进行活动包装、提供曝光资源位等。 3.盈利模式多元化：巨量星图（隶属于字节跳动）推出"繁星计划"，面向10万到100万粉丝量级，具有高潜力的腰部账号，推出保量商单、流量扶持、专属运营、培训晋级的四大扶持政策。
腾讯	"百亿计划"（2017年） 以"100亿流量+100亿资金+100亿产业资源"的模式，在流量和变现、投资孵化、线下文创基地等领域全面扶植内容创作者。
网易	"TOP100头部网红计划"（2017年） 1.打通内外部娱乐资源筛选和培养网红，包括网易影业、网易云音乐、网易游戏等内外部娱乐资源。 2.为头部网红配置商业化资源。 3.平台流量向头部网红全面开放。
bilibili视频网站	"潜力UP主激励——B站创作者社群帮扶计划"（2020年） 1.面向粉丝数在两千到二十万之间的网红，投稿数量不少于3个。 2.提供社群运营补贴、"井盖"建群指导、随产品推广的粉丝社群流量扶持、参观知名互联网公司、参与"UP主圆桌会"等奖励。
小红书	"时尚C计划"（2020年） 以百亿流量扶持美妆时尚品类视频作者，通过"冷启动"流量、激励金、专业运营指导、顶级合作资源等多项权益，打造"C位"出道的美妆时尚新星。

续表

流量平台	扶持计划
淘宝	"百亿扶持计划"（2020年提出） 让直播受众持续扩大；支持5G技术迭代；扶持更多明星、淘外主播、PGC机构入淘等。 "中国质造"计划（2015年首推，2020年重启） 提供商家直播扶持专项计划，包括"零门槛开播""专属直播活动"，以及相应的直播服务、课程培训等。
微博	"网红电商平台"（2017年） 1. 资源共享，汇聚垂直领域的电商红人、电商企业和电商服务商。 2. 引入微博电商服务商，为电商企业和电商红人提供账号的运营策划、图文和视频制作、微博推广、数据分析、供应链管理等服务。
今日头条	"创作者收益计划"（2019年） 1. 加大优质内容扶持力度，上线微头条流量分成，扩大多体裁创作收益。 2. 打造创作者个性化IP，为优质创作者定制独家视频节目。

资料来源：根据各平台网站公开资料整理。

第三节　网红经济中的三方共赢与博弈

网红经济是一种创新的产品营销模式，其核心在于网红，其为连接消费者与供应端的中间环节。网红或MCN机构通过深耕垂直领域，以专业化的团队和社交媒体账户的运营维护管理，培育适合特定领域的网红；社交媒体平台的商业化与盈利压力则需要平台能够满足广告主或品牌方的需求，不仅要通过大数据和算法精准将信息推送给具备影响力的网红，也需要平台能够对高质量网红具有吸引力；对品牌方或广告主而言，社交媒体平台的网红营销意味着销售流程的优化与再造，意味着更强的消费者感知与更高效及时的供应链反馈体系。从深度访谈中可以看出，访谈对象对网红经济中的利益主体有更为深刻的理解。

一、MCN机构与网红的协商共进

MCN机构是网红经济产业链的重要环节，是连接品牌、社交媒体平台和网红之间的纽带。在新媒体时代，各种类型的MCN机构都或多或少入局品牌营销领域。

对于品牌方而言，MCN机构逐渐成为品牌营销生态中不可忽视的一员。MCN机构通过签约网红，稳定输出优质内容，借助多元化社交媒体平台帮助品牌进行曝光，推动品牌的社会化营销，最终实现商业变现。

对于网红而言，签约MCN机构是网红职业发展的路径之一。MCN机构以实现商业变现为目的，以专业化的团队分工为网红赋能，把原本需要网红个人产出和分发的内容分配给整个职业团队，形成更加职业化和专业化的培养体系和商业模式。网红与MCN机构各司其职：MCN机构主要为网红提供社交媒体账户的运营、相关商务接洽及执行、人设定位、内容发布和管理等服务，承担后期制作、社交媒体平台规划和广告接洽等可能挤占创作时间的任务；网红则专注于前期的头脑风暴和内容创作。

MCN机构在签约网红时，主要从网红的个人能力和发展潜力两方面进行考量。个人能力包括外形条件和个人技能两个方面，发展潜力包括个人发展意愿和对未来发展的规划。签约并不是单方面的事情，MCN机构对网红的培养和孵化也不是单方面的，需要网红有对自身未来发展的规划和想法。MCN机构更像一个外在驱动力，而网红能否实现长远的发展，也需要网红自身的内在驱动力，即自身的发展意愿。

"网红需要有眼界，有长远的目标。有些博主突然火了现在能赚钱，但不知道怎么长远发展，生命周期比较短……后面和团队合作碰到问题时不太能够作出更好的选择。"（访谈材料20210402-Y1）

"一方面，会看他的外表吧，虽然现在大家都说不看脸，但是还是会喜欢外在条件好一点的。另一方面，要有做内容的能力、对内容的想法，对各个社交媒体平台的敏锐度；还有他个人是不是想做这一行，要有成为网红的自我驱动力。"（访谈材料20210403-Y4）

在签约"头部"和"非头部"网红的时候，MCN机构考量的侧重点也存在一定的差异。对于"头部"网红，MCN机构方更加注重其商业价值和变现能力，而对于"非头部"网红或者是素人，MCN机构方更加注重其个人能力和发展潜力。除此之外，在签约时，MCN机构还会考虑网红自身的经济状况和心理素质。

"量级比较大的（网红）商业也比较成熟，可能会更多考虑未来的发展方向，以及和他合作之后的商业回报；素人博主更多考量潜力，需要有耐心、有远见。"（访谈材料20210402-Y1）

"（会考虑）红人的经济水平，如果他经济水平比较差的话，可能会导致他急功近利。还有心态，以及对内容的想法，有没有粉丝缘。"（访谈材料20210405-Y3）

在发掘到有孵化潜力的网红之后，MCN机构通常会评估网红的涨粉成本和变现潜力，并且通过网红活跃度较高的平台联系网红，寻求商务合作。MCN机构与网红协商内容主要见图5.1，包括合作平台、合作内容、合作期限、合作范围、收益分成、结算周期等。

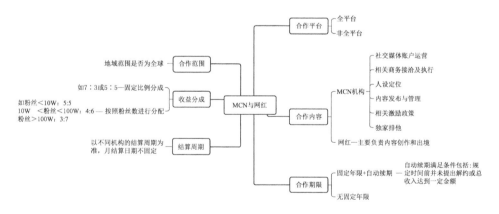

图5.1　MCN机构与网红主要协商内容

在网红遇到了创作瓶颈期或流量下滑的时期，MCN机构可以利用专业的数据分析帮助网红找到症结所在，对症下药，例如，给予网红关于内容的指导意见或流量扶持，帮助延长网红的生命周期，保持账号活力。

网红与MCN机构的合作是一种可协商的关系，但行业中也存在矛盾。随着网红市场的扩大，行业竞争的加剧，不少MCN机构也面临着人力资源管理的困境。不少人质疑MCN机构正在批量生产网红，但是针对"批量化"也需要辩证地看待。一些程序化的操作是可以"批量化"以提高效益，如摄制流水线和技能培训课程等。但内容和个人特色是难以进行"批量化"的。在网红经济发展初期，批量复制成功案例，或者千篇一律走红的"网红脸"已然不复存在。如今，网红经济更加强调"以人为本"，并不是仅仅靠"长得好看"就能脱颖而出。程序可以复制，但是人难以复制。

"我在某种程度上是认同（这种观点）的，我觉得（MCN机构的工作）是复制更多的成功案例，但不是复制人。企业做大了都会存在这个事情，因为产量规模做大，效益才能最大化。但人作为服务对象是很难批量复制的，他的团队、内容都是不一样的。"（访谈材料20210405-Y2）

随着网红的粉丝基础不断扩大，影响力和话语权不断上升，头部网红对于机构的需求和依赖程度越来越低，频频"出走"；而对于留在机构的网红，也可能因为个人的特色不够鲜明而始终处于"捧不红"的状态。MCN机构团队的人力资源成本不断提升，迫切需要更加优质的后期团队。大量的"入局"者涌入，导致各机构之间人才争夺战加剧，机构内团队人员流动加剧，价位虚高。

二、社交媒体平台与网红的规范共赢

社交媒体平台主要从资金、流量、商业资源和服务方面为网红提供支持。其中，现金奖励和流量倾斜是各大平台对网红最基础的政策扶持。平台不生产内容，而是要传播信息和建立关系。平台流量最终的分配还是取决于网红的内容质量与个人影响力，稳定的内容输出始终是平台发展的核心要点，优质网红是平台保持活力的重要人才资源。

随着网红经济的发展，社交媒体平台从寻找独立的内容创作者到寻求MCN机构合作，再到自身推出针对内容生产者的扶持计划与MCN机构形成博弈。在网红经济兴起初期，社交媒体平台功能较为单一，主要是向内容创作者提供发声渠道。随着网红经济蓬勃发展，优质内容的重要性逐步凸显。平台对生命周期较长的优质账号的需求与日俱增，为保证更加稳定的内容输出，平台开始与MCN机构合作。例如，2017年微博与多个垂直领域MCN机构的接入合作，提供账号推荐、内容推荐、开放特定功能权限，以及推出特定权益等深度合作模式；网易号的"MCN赋能计划"向MCN机构开放平台50%的资源；今日头条"MCN合作计划"为MCN机构提供专属流量资源扶持和阶梯式奖金奖励，以及今日头条合作伙伴身份认证等。随着更多商业资本的涌入，社交媒体平台不再仅限于扮演"分发者"的角色，而是开始逐渐向"赋能者"转变，通过整合平台内部和外部资源，从运营策划、内容推广、数据分析、社群运营和商务资源对接等方面为网红提供服务。平台开始与MCN机构形成新一轮博弈，双方博弈的焦点在于获得优质人才资源以实现长期稳定的变现。

在分成方面，随着网红经济产业链的日渐成熟，不少平台也对相关政策作出了调整。如表5.6所示，以抖音为例，2020年抖音公布的直播新政策，主要针对公会任务分成比例。新政策主要有三大变化：第一，取消公会评级制度，以任务决定分成比例；第二，降低分成比例且缩小梯度，分成从70%降低至65%，最高梯度与最低梯度缩小至10%；第三，更加细化分配主播任务与公会任务。

表5.6　2020年抖音直播政策对比

项目	原政策	新政策
公会评级制度	公会均按照月流水来分享相应档位的基础分成。例如：月流水300万元以上的公会评为S级，基础分成为65%；月流水100万—300万元的公会评为A级，基础分成为60%等	取消公会评级制度，明确划分为主播和公会两个部分，以任务确定分成比例
分成比例	主播最高分成可占比50%，公会最多可分成15%，加上最高5%的任务加成，总计分成最高可达到70%	主播和公会总计最高分成调整为65%，较之前减少5%；主播固定分成为45%，最高达55%；公会基础分成5%，最高达15%

续表

项目	原政策	新政策
任务分配	按照奖励分成，以月为单位进行有效主播和新增开播的计算	从主播直播的音浪、日时长和周有效天进行调整，将主播任务分为日任务和周任务；按照每个月的公会流水增幅、有效主播流水情况和新增主播数等方面进行考核，完成任务即可获得一定的分成奖励

资料来源：根据抖音官方公开数据整理。

抖音的政策调整是一个典型的案例，预示着"躺着赚钱"的网红经济时代已经渐行渐远，网红经济市场需要更新相应的规则来规范市场，促进网红产业的良性发展。目前，直播市场上存在"主播被经纪公司套牢""网红遭遇长期欠薪"等乱象，这不仅限制了网红主播的长远发展，也影响了整个行业的生态。网红市场不断扩充，入局者越来越多，在"谁都想分一杯羹"的网红经济时代，平台政策的调整也体现了行业固有玩法和体系的变革，平台、公会与网红之间的新型关系也正在构建。

三、社交媒体平台与MCN机构的竞争博弈

随着网红经济商业模式的日渐成熟，在前文提到，各大流量平台也开始优化自身商业化功能，期望能在网红经济产业链中"分一杯羹"。目前，不少社交媒体平台逐渐出现"MCN化"趋势，例如，为网红发展提供相应的扶持计划或者直接孵化专属平台的网红，给予相当的资源倾斜。一方面，社交媒体平台商业链的构建似乎是大势所趋，节省了网红与流量分配之间的协商过程；但另一方面，社交媒体平台着手参与网红孵化也给专业孵化网红的MCN机构带来了新的挑战。对平台而言，源源不断的内容是平台生存和发展的核心，但平台聚焦的更多是内容本身，而非网红本身。换言之，若能有特定的优质网红持续输出内容自然是锦上添花，但是平台并非一定要守住某一个或某几个网红，因为平台的核心诉求是内容。平台对于网红更多表现出的是一种"你方唱罢他登场"的需求。

"他们（平台）可能更多关注这个网红现在能给平台带来什么作用，看中的不

是一个网红的生命周期有多长，而是说现在需要这样子的人……平台确实能给网红很多资源，但可能过一个月他们（平台）就觉得你可能不是他们想要的网红，他们（平台）就不捧你了。对于平台来说，网红是可有可无的，没有你还有下一个人，但是对于MCN机构来说，在网红身上做的投入是要看长远发展。"（访谈材料20210402-Y1）

对于MCN机构而言，网红的发展是首先需要考量的因素。因为网红若能实现较长的生命周期，保持账号活力，那么将会给公司带来稳定的商业变现。因此，MCN机构作为专业的网红孵化机构，在网红的成长和个性化发展方面扮演着重要角色。

"我觉得平台不如MCN机构专业，比如之前B站和小红书都有（尝试孵化网红），但这些平台更多的是从运营的思维来做。但是培养网红的话，还是需要考量账号的个性化，（平台）没办法顾及每个账号和网红。"（访谈材料20210406-Y5）

在网红经济产业链中，流量是平台手握的核心竞争力，但从人的发展的角度来看，MCN机构更具专业性和针对性。平台的主动性增强是大势所趋，但是对于专业的MCN机构而言，这并不是"零和博弈"，二者依旧是在竞争中合作，又在合作中竞争。

"平台和MCN也是相互依托的关系。一个平台你做再大，没MCN入驻，没'金主爸爸'为你花钱，你也活不久；而MCN机构，你不和平台搞好关系你也生存不久。"（访谈材料20210405-Y2）

四、多方竞合为网红经济持续赋能

网红、MCN机构、平台方和品牌方是网红经济产业链的重要组成部分。其中，网红主要负责内容生产和创作；MCN机构负责组建专业化的团队为网红赋能，提供更好的创作环境和持续的内容生产规划；平台方主要扮演流量扶持和渠道分发的角色；品牌方则以网红创作的短视频或直播内容为载体，通过网红进行广告投放或直播带货，并向MCN机构、网红或平台支付营销费用。

网红主要负责内容生产与创作，为平台提供内容，为品牌"带货"，与MCN机构合作实现盈利。优质网红仍然是稀缺资源，网红博弈的资本在于个人条件和内容创作能力。但网红行业中马太效应加剧，头部主播的议价能力远超非头部网红。MCN机构更愿意将资源倾斜给创作者中的前2%至5%，剩下的人获得的投资则十分有限[1]。"单打独斗"的网红分身乏术，纷纷开始寻求出路，与MCN机构或平台方展开合作。

MCN机构作为网红经济产业链的中间环节，主要负责组建专业团队为内容创作者赋能，连接传播渠道和对接商业资源，如图5.2所示。对于网红而言，MCN机构可以帮助网红获得更多的流量扶持和更加精准的受众投放。签约后，网红可以专注于创作，并将后期、分发和商务等业务交给MCN机构专业团队负责。对于品牌和平台方而言，MCN机构有能力将独立的网红个体聚集起来，实现规模化的内容创作、整合多方资源，解决平台方面临的持续的内容生产与网红管理方面的难题，帮助平台进一步丰富内容生态[2]；同时，也让网红的粉丝社群更为聚焦，帮助品牌方实现精准营销。平台借助网红提供的内容去吸引和留存用户，品牌方则更关注网红的销量与商业价值。

网红、MCN机构、平台方和品牌方之间也存在竞争和摩擦。大多数网红对商业并不熟悉，在签约了MCN机构之后可能会面临创作自主性降低的困境，或者被不合规范的"霸王条款"套牢，阻碍自身发展；MCN机构入行者鱼龙混杂，人力资源管理压力和行业乱象凸显；品牌方也存在为了营销而对网红打"擦边球"的现象视而不见的问题。平台亦面临严格监管整治、用户红利消退两项难题，其软肋在于可能会因为内容敏感而面临随时被查封或下架的危险，也可能因为广告营销内容过多降低用户黏性，因此，平台需要合理平衡内容与流量。对于MCN机构、平台方和品牌方而言，优质网红都是网红经济发展的核心竞争力，三方之间的竞争

1　胡泳，徐辉. 网红社交资产如何改变商业模式 [J]. 新闻界，2020(08): 48–56.

2　崔保国，徐立军，丁迈，等. 中国传媒产业发展报告 (2020) [M]. 北京：社会科学文献出版社，2020: 288–295.

与合作的最终目的都是获得优质人才资源以实现稳定的商业变现。

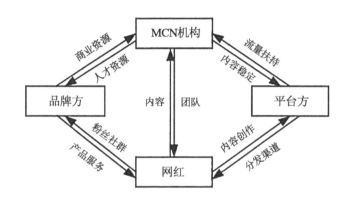

图5.2 品牌方、网红、MCN机构和平台方关系简谱

　　新媒体平台赋予了网红更加丰富的传播渠道和传播方式，而网红自身也在不断积累内容创作和吸引流量的资本。网红经济实质上是一种关系经济，需要重建和维系用户关系[1]，才有可能发挥最大的传播效力。一方面，受众对知识需求的不断增长和对内容质量的要求不断提高，激励网红不断提升内容创作和生产的质量，保持创作活力，实现长远发展。另一方面，私域流量兴起，KOC（Key Opinion Consumer，关键意见消费者）开始掌握更多的话语权和流量，网红经济的市场竞争开始从增量竞争转向存量竞争。网红需要发挥自身影响力，通过社群运营形成稳定的流量池，与粉丝建立长期稳定的关系。

　　网红经济时代传播者和传播渠道的更新换代催生了新的营销模式——"先需求后供给"。消费者不再单纯因为需求去关注和购买产品，而是先被内容吸引，形成需求，最后产生消费行为[2]。品牌方或者广告主开始将网红的内容生产或者是网红本身看作营销的一部分，将产品或服务融入内容或打造网红个人IP，以短视频

---

1 谭天. 新媒体经济是一种关系经济 [J]. 现代传播 (中国传媒大学学报), 2017, 39(06): 121–125.
2 朱永祥. 重塑 "人货场"，直播带货的挑战与机遇 [J]. 新闻战线, 2020(10): 46–49.

或直播等新媒介为载体，进行广告投放或直播带货，期望能够利用优质内容生产或网红个人影响力吸引更多的消费者，与消费者建立信任，最终刺激粉丝的购买行为，实现变现。与传统需求导向型的营销模式相比，网红经济下的信息传播模式和营销模式的互动性更突出、个性化趋势更明显。

网红经济背景下形成的是一种资本驱动与数据支撑的合作模式。品牌方、平台和MCN机构之间的合作大多数以数据为支撑，在资本的驱动下，通过推荐机制影响受众的偏好和选择，带有很强的商业属性。胡泳在《众声喧哗：网络时代的个人表达与公共讨论》中提出，"不能根据财富的多寡来决定发言权的大小"，而在网红经济时代，传播的门槛被资本和运营逐渐垒高，个体与机构之间的差异正在逐渐拉大。网红作为传播者，一方面需要专业化的团队和平台流量助力，一方面又希望保持内容创作的独立性和自主权。网红自媒体的商业模式和游戏规则并不是网红自身可以完全掌控的，个体与机构之间也并不是平等对话的主体[1]。平台和机构看似为网红提供了更加丰厚的传播筹码，但实际上加剧了个体与组织之间关系的不平等。

网红、MCN机构、平台和品牌方之间不是存亡的关系，而是一种共生的关系。四方竞合的核心落脚点仍然是人才的竞争。优质人才本身就是一个拥有独特价值和广泛影响力的品牌。网红经济时代，网红既是信息也是渠道。传播者期待被传播，也需要被传播。一种"以人为本，内容为王"的新媒体竞合模式正在为网红时代传媒产业的发展提供新思路和新视野。

1　邵鹏，刘珣. 自媒体将如何存在？自媒体产业的生存与发展研究[J]. 传媒评论，2016(02): 22–25.

第六章

儿童网红：网络中的童真与童年

　　数字化时代已然来临，新媒介技术无处不在，几乎渗透到每个人的日常生活。在这个喧嚣的互联网时代，儿童群体尤其值得关注，作为祖国的希望、民族的未来，儿童群体不仅具有独特的价值与潜能，同时也具有脆弱性与易侵入性[1]，需要关怀和保护。根据 2020 年发布的《青少年蓝皮书：中国未成年人互联网运用报告（2020）》：未成年人的互联网普及率已达 99.2%，显著高于我国 64.5% 的总体互联网普及率，未成年人首次触网年龄不断降低，10 岁及以下开始接触互联网的人数比例达到 78%，首次触网的主要年龄段为 6—10 岁[2]。传播学集大成者威尔伯·施拉姆（Wilbur Schramm）早在电视普及之初就呼吁"儿童是电视的使用者"，半个世纪后，屏幕前的儿童们不仅是"使用者"，更是大规模存在，但往往被忽视的真实

1　喻国明，苑立新. 中国儿童舆情报告 [M]. 北京：人民日报出版社，2020: 4.

2　季为民，沈杰. 青少年蓝皮书：中国未成年人互联网运用报告（2020）[M]. 北京：社会科学文献出版社，2020: 3.

"用户"[1]。从彼时的书本儿童、电视儿童到今天的互联网儿童，在无孔不入的网络世界里，孩子不仅是社交平台的使用者，更一跃成为内容制造者。

网红经济大行其道，短视频、直播异军突起。在这场狂欢的数字派对中，儿童群体也积极加入，以可爱为生产力，诞生了一大批吸引眼球的儿童网红。正如媒体所报道的，英国有个 7 岁的孩子瑞恩（Ryan）在 YouTube 上测评玩具登顶了福布斯财富榜；隔壁国日本 10 岁孩子中村逞珂辍学开办 YouTube 频道"少年革命 Yutabon"高喊"读书无用论"，成为"全日本话题度最高的 13 岁男孩"；抖音上的天天小朋友在抖音上因模仿李佳琦推荐文具而粉丝大增……新的媒介环境下，他们在尝试讲述成长的另一种可能性——成为儿童网红[2]。顾名思义，儿童网红就是指将儿童打造成网红，并频繁接受商务合作以获流量变现。其中儿童网红类型多种多样，既有因表情包走红的假笑男孩加文·托马斯（Gavin Thomas），也有凭借可爱人设吸睛的权律二，还有网红二代萨米亚（Samia）。儿童网红成名的背后大都依靠父母、粉丝社群和平台机制的扶持，通过直播带货、广告植入、商品橱窗等方式实现流量变现，MCN 机构会参与这个过程，帮助商家与博主实现"双向选择"。

然而，儿童跻身网红圈带来极高关注度的同时，也引起了巨大舆论争议。在 2021 年 7 月，中央网信办就曾经启动过"清朗·暑期未成年人网络环境整治"专项行动，严禁 16 岁以下未成年人出镜直播，严肃查处炒作"网红儿童"行为，禁止诱导未成年人打赏。但事实上，在众多平台中由家长账号拍摄孩子、和未成年一同直播的"擦边球"情况时有发生，甚至出现"云养娃""国民幼崽"等新现象。

媒介作为构建受众拟态环境的重要工具，在对儿童网红相关事件或话题进行网络讨论时，往往聚焦于其负面事件和影响，构建出一个个尖锐和亟待解决的社会性问题。长此以往，人们对于儿童网红的印象总是局限于"教育缺失""娱乐低龄""赚钱工具""备受剥削"等。由于媒体的不断标注和建构，儿童网红引发

1　曲慧, 喻国明. 受众世代的裂变: 未来受众的生成与建构: 媒介观范式革命视野下的探讨 [J]. 福建师范大学学报 (哲学社会科学版), 2019(04): 129–137.

2　36Kr. 儿童网红图鉴: 爆红背后, 可能是写不完的作业 [EB/OL]. (2019–06–19) [2021–06–21]. https: //www.36kr.com/p/1723875753985.

的道德恐慌在社会层面不断重演，其客观形象无法得到社会正视，也无法有效解决所带来的社会问题。在网络流量时代，对儿童网红的关注与热度与日俱增，随之而来的争议与偏颇亦不在少数。因此，本章将聚焦社交媒体上儿童网红相关文本所引发的道德恐慌，探究其形成、发展的进程模式与一般规律，希望通过研究来厘清为什么儿童网红会在传统意义上被如此负面地概念化，媒体在其中扮演怎样的传播角色，未来又该如何塑造儿童的媒介形象。而作为读者的你，又是如何看待并评价未成年网红的媒介形象？你会喜爱儿童网红的童真，还是悲叹童年的消逝？

第一节　媒介渲染下的恐慌情绪

道德恐慌（Moral Panics），又称民间恶魔（Folk Devil），指一种普遍的担忧，某人、事、物正威胁着整个社区或社会的价值观、安全和利益。1971 年，英国社会学家乔克·杨（Jock Young）在《吸毒者》一书中首次提及道德恐慌概念，长久以来媒体一直将"年轻人吸毒"这一问题边缘化，煽动公众激愤情绪，激化社会矛盾，不但于解决问题无益，反而引起社会更大的混乱[1]，这种现象就是道德恐慌。1972 年，伦敦政经社会学教授斯坦利·科恩（Stanley Cohen）在其著作《民间恶魔与道德恐慌》（*Folk Devils and Moral Panics*）一书中，描述了 20 世纪六七十年代媒体对摩登派、摇滚派青年的负面报道，使得当时的民众把喜欢玩摇滚与吸毒、堕落、犯罪联系在一起，对这一特定群体产生了过分的恐惧与反抗心理。科恩对道德恐慌概念的基本内涵、形成机制和构成要素进行了系统分析。他认为："社会总会时不时受到道德恐慌的循环影响，这是由某个事件、个人或群体所表现出的被定义为对社会构成威胁的性质，媒体则以一种标签化、模式化的形式对其进行报道。"[2]

1　[英]安吉拉·默克罗比.后现代主义与大众文化[M].北京:中央编译出版社,2011: 237–239.

2　STANLEY COHEN, Folk Devils and Moral Panics: The Creation of the Mods and Rockers, New York : Routledge, 2002: 1.

此后，查斯·克里彻以科恩的研究为基础引申出道德恐慌形成模式的七个阶段。问题出现（emergence）：某些突发事件或某个危险群体被认为对公共安全存在威胁，其对象可能是新产生的，也可能是已经产生且长期存在于社会中的。媒介库存（media inventory）：新闻媒体和个体会对该威胁进行报道，使得它被更多人了解，引起广泛的社会关注，一些新闻媒体会对事实进行扭曲、预测、夸大，逐渐上升为恐慌。道德卫士（moral entrepreneur）：作为初级界定者的社会控制机构对事件进行定义后，媒介作为次级界定者则根据社会风向对媒介库存中的内容进行相应修改。专家定性（expert）：媒体会邀请相关专家面向大众社会，就事件的性质走向进行分析和预测，有时专家的专业性解读会在一定程度上消除大众恐慌，但有时也会因过度解读为事件客体贴上"民间恶魔"的标签，从而加剧社会恐慌。应对和解决之道（coping and resolution）：结合政客、道德卫士、专家等人的解读分析，媒体会提出一些解决方案并作出预警，政府也会为了回应公众担忧出台相应的政策。消退（fade away）：道德恐慌会随着受众注意力的转移及新事件的出现而慢慢消退，"这一状况会消失、蛰伏或是转而变得愈加明显"[1]。社会遗存（legacy）：当相同或类似问题再次出现，媒体会调动储存于媒介库存中的报道进行再次报道，这些都是存在于民间大众心中的认知定势。

不难发现，在学者们的诸多论著中，道德恐慌与媒介传播密切关联。由此，国内传播学者邵培仁教授提出了"媒介恐慌"的概念，他指出"媒介恐慌论是指媒介在对社会恐慌事件进行大规模报道的过程中会导致产生新的更多的恐慌现象或恐慌心理的媒介理论或受众理论"[2]。首先，媒介恐慌的产生前提是具体的社会恐慌事件或公众潜在的对某一危机事件的预判性恐慌心态。其次，媒介恐慌的形成动力是大量、夸张、同质性的新闻报道。最后，媒介恐慌带来的往往是更多的恐慌，只有媒介发挥其安全功能才有可能实现媒介安全。而若受众不够理性、缺乏必要

1　查斯·克里彻. 道德恐慌与媒介 [M]. 北京：北京大学出版社, 2006: 144.

2　邵培仁. 媒介恐慌论与媒介恐怖论的兴起、演变及理性抉择 [J]. 现代传播（中国传媒大学报）, 2007(04): 27−29.

的媒介素养，很可能会引发更大规模的社会恐慌。此外，南京理工大学学者邓冉提出了媒介引起社会恐慌的几个因素：媒介自身危机引发的恐慌、现代社会性质引发的恐慌以及拟态环境中的媒介恐慌[1]。

新的参与式娱乐生态为儿童创造了新的机会，导致了新型儿童明星的涌现。

在传统思维中，名人有着肤浅、不道德的崇拜者的俗气内涵，他们可能愿意做任何事情来成名，即使是不健康的事业，但孩子们肯定不应该参与其中。在当代西方文化中，"童星"一词已经成为一种特别不正常的童年的同义词。早熟的年轻演员、畸形的舞台父母、"迷失的"童年和残疾的成年人生活的形象都已经成为儿童明星通常被感知的方式。简·奥康纳（Jane O'Connor）通过研究发现"媒体对儿童明星的敌意关注，表明了社会对儿童在规范理想中的'正确'角色和地位的更广泛关注"[2]。而儿童网红，在一定程度上可以视作童星在网络空间中延伸而来的新形式。这些小网红年纪轻轻就拥有了远超普通人的经济能力，作为个体，有的孩子能从中获得锻炼成长，但从整体上说，决不能无视网红之路对儿童成长内在规律的违背。

基于上述分析，本章提出三大研究问题：其一，道德恐慌视域下关于儿童网红的媒介库存呈现出怎样的特征？媒体是如何通过其报道框架一步步制造受众恐慌情绪的？其二，儿童网红为何会成为引起道德恐慌的对象？在道德恐慌的形成进程中有哪些角色参与其中？其三，在新的传播语境下道德恐慌的扩散有何新特点？媒介角色有何新变化？

本章采用混合研究方法，即综合运用内容分析法与文本分析法。首先，运用内容分析法对网络平台上发布的关于儿童网红的新闻报道、网络讨论等网络话语进行定量研究。其次，运用文本分析法探究儿童网红道德恐慌背后的形成原因，分析其在当代新媒体环境中的传播扩散效果，并进行一定反思。

样本选取如下：考虑到样本接近性，时间选择为 2018 年 1 月 1 日至 2021 年 3

---

1 邓冉. 浅析"媒介恐慌"[J]. 商业文化(学术版), 2009(09): 130.

2 O'CONNOR, J., The cultural significance of the child star[M]. London: Routledge, 2012.

月 1 日，以儿童网红为关键词，搜集百度、微信、微博三个平台上的相关网络话语并汇总，再通过人工筛选，剔除广告文章、纯图片、纯音频、视频以及重复性非原创文本，最终得到有效样本 147 篇。为了较为客观全面地揭示儿童网红的基本现状及媒介库存特征，在逐一仔细阅读 147 篇研究样本的基础上构建四个维度，分别为发布时间、信息来源、主题导向及语义向性，对样本特征进行归纳，并通过对儿童网红网络话语中标题的整理、措辞的分析等归纳出媒体构建儿童网红网络话语的手法特征及其在道德恐慌形成和发展中起到的作用。

第二节　居高临下的道德评判

网红作为互联网时代的新生事物，原本就面对社会舆论多方面的探讨。在此前的章节中，我们梳理了对网红群体的正负面评价，事实上，对网红整体负面的评价也仅在近年才有所好转，而面对儿童网红居高临下的道德评价则更为普遍。

一、儿童网红相关报道的数量趋势

在关于儿童网红的 147 篇样本中，2018 年发布 20 篇，占总数的 13.6%；2019 年发布 45 篇，占总数的 30.6%，较上年增长 125%；2020 年发布 70 篇，占总数的 47.6%，较上年增长 55.6%。由此可见，关于儿童网红的网络报道及讨论的数量逐年递增，说明媒体对于儿童网红相关话题日益关注，作为信息接收者的大众所能获得的相关信息也更多。对于儿童网红的讨论越来越多，就如同在各社交媒体平台上，我们看到了越来越多的儿童身影。而 2021 年 1 月以来，儿童网红问题依然持续受到媒体的持续关注，至 2024 年 5 月相关媒体报道达 65 篇，拒绝儿童网红牟利、严禁炒作儿童网红、"晒娃"不能成为生意等呼声不绝于耳。

二、自媒体成为儿童网红信息生产主力军

在 147 篇儿童网红网络样本中，由主流媒体发布的有 59 篇，占比 40.14%，

如新浪网、中国青年报、凤凰网、搜狐网、新京报、腾讯新闻、央广网、南方都市报等，这些媒体往往代表官方或主流发声，在受众群体中具有更为广泛的影响力；来自自媒体的有 88 篇，占比 59.86%，如全媒派、po 观察、传媒 1 号、谭天论道、新榜、小枫儿童成长学等，该类媒体往往由普通大众主导发布，因其文风亲民，更容易与受众产生共鸣。在样本统计中，来源于自媒体的样本超过来自主流媒体的样本，可见在当下新媒体环境中，自媒体已成为一股蓬勃的力量在舆论场中崭露头角，成为大众获取信息的又一重要渠道。而具体到儿童网红问题上，这显然不是一场自上而下的道德"审查"，而更可能是全社会的一场道德"审查"。

而在海外社交媒体中，海外小网红较为集中的两个互联网平台是 Instagram 和 YouTube，儿童网红们在此开设自己的自媒体账号。YouTube 韩国区最受欢迎的网红是李宝蓝，年仅 6 岁的她有两个 YouTube 账号，其中一个拥有 1760 万粉丝，发布的视频多为李宝蓝的日常生活分享；另一个账号有粉丝 1360 万，主要用来发布玩具开箱及测评视频。韩媒报道，李宝蓝是 YouTube 韩国区收入最多的网红，她的两个视频账号加起来，月平均收入约 37 亿韩元（约 2150 万元人民币）。Like Nastya 小萌妹凭借着甜美的长相，活泼有趣的视频风格在 YouTube 获得了 1.01 亿用户关注。她的视频播放量平均在 200 万，Like Nastya 的视频内容大多是她和爸爸通过做科学实验的方式来进行亲子互动，为大家科普生活小知识。Vlad 和 Niki 这一对搞怪兄弟则是通过丰富的表情和有趣的剧情设置获得了 8850 万的大小朋友喜爱，这对搞怪兄弟通过角色扮演的形式，为儿童普及安全知识。

三、教育与价值问题是儿童网红报道的核心

研究发现，关于儿童网红的样本涉及诸多讨论主题，经统计归纳，主要包括价值观、教育、政策、隐私与信息安全、阶层、儿童剥削及儿童数字权利 7 个主题导向，并交叉形成了价值观、教育，价值观、教育、儿童剥削，教育、政策，价值观、教育、隐私与信息安全，教育、阶层，儿童数字权利、儿童剥削，隐私与信息安全、儿童剥削以及价值观、政策等 8 种导向组合。如表 6.1 所示，其中

涉及教育的样本最多，达 129 篇，占比 87.8%，可见大家对儿童网红的教育问题关注颇多，例如，天津文艺广播发布的《"10"后儿童网红图鉴》中就提到："小网红的热度越来越高，但海内外也都不约而同地产生了一个担忧：'儿童网红'产业是不是发展得太快了？以至于相关法律制度、行业规范、平台规则，甚至父母的教育意识，都被它远远甩在身后。"其次涉及主题最多的是价值观问题，达 107篇，占到 72.8%，网红世界鱼龙混杂泥沙俱下，儿童是否能在这样的环境下树立正确的价值观，这也是媒体和受众都深表担忧的问题。

表 6.1　儿童网红网络样本主题导向

序号	导向组合	百分比	涉及导向	篇数	百分比
1	价值观、教育	40.8%	价值观	107	72.8%
2	价值观、教育、儿童剥削	21.8%	教育	129	87.8%
3	教育、政策	16.3%	政策	28	19.0%
4	价值观、教育、隐私与信息安全	7.5%	隐私与信息安全	21	14.3%
5	教育、阶层	1.3%	阶层	2	1.4%
6	儿童数字权利、儿童剥削	2.7%	儿童剥削	46	31.3%
7	隐私与信息安全、儿童剥削	6.8%	儿童数字权利	4	2.7%
8	价值观、政策	2.7%			

四、儿童网红网络话语中的消极倾向

在儿童网红网络样本的语义向性方面，语义倾向于消极的样本（70%）远多于倾向于中性（29%）和积极（1%）的样本。在 147 篇样本中，103 篇样本具有消极负面倾向，例如，《"假笑男孩"笑累了！儿童网红、童星都遭遇了怎样的"童年绑架"？》《曹文轩：父母让儿童太早出名，当网红和"小主播"，不是好事》《儿童网红，正在毁掉一群孩子》《想当网红的孩子有多可怕？偷拍、诅咒父母，只为博关注涨粉丝》，标题中充斥着"童年绑架""毁掉""可怕""捞钱"等引起受众恐慌的字眼；43 篇样本呈现中性语义，例如，钱江晚报《时评 | 儿童网红现象：无需

视为洪水猛兽，但千万要注意适度》、央广网《当儿童网红成为现象级父母如何当好"数字家长"》，表达更为理性中立；而仅有 1 篇报道呈现对儿童网红现象的积极态度，出自自媒体"po观察"发布的《网红低龄化，存在即合理》，作者对儿童网红现象持认可态度。由此可见，在关于儿童网红的论题上，大部分媒体还是以消极倾向为主，对未成年人在本应接受教育和享受纯真童年的年纪加入网红大军，对未成年人在公众眼前的情感展演，无论如何都是不能被接受的。如此大量基于对未成年人成长关注、对儿童网红审视批判的负面信息充斥于受众眼前，不得不让人产生对儿童网红处境的焦虑和恐慌。

第三节 刻板印象与恐慌扩散

一、儿童网红网络话语的媒介库存特征

在查斯·克里彻所概括的道德恐慌进程的七个阶段中，媒介库存作为由点及面扩散的重要环节，其固有的报道模式是形成群体性恐慌的主要来源，自然也成为制造社会大众道德恐慌的中心场所。一般来说，媒介库存所意指的是大众媒介可利用的使这一议题更为显著的手段，主要涉及夸张、扭曲、预言和象征四种策略。[1] 研究发现，媒体报道的影响逻辑可以归纳为"夸张化的、标签化的、可预测的更多麻烦"。在这一逻辑下，媒体所针对的群体便会被成功塑造为"具有道德缺陷的、习惯越轨的、为民众所恐惧的恶魔群体"。然后，在构建道德恐慌中发挥了作用的媒体可能会发起针对"民间魔鬼"的"道德十字军东征"，理想的结果是鼓舞公众舆论，并使当局对道德变态者采取道德制止[2]。

1　黄秋颖. 食品安全问题的媒体效应：基于"道德恐慌"的视角[J]. 长春工程学院学报 (社会科学版), 2015, 16(02): 60–63.

2　王琛. 道德恐慌理论视域下网络游戏负面报道研究[D]. 苏州: 苏州大学, 2016.

（一）萌芽与异常：聚焦"越轨行为"，引起社会关注

贝克尔（Becker）提出，越轨是指社会群体或个体偏离或违反社会规范的行为[1]。而媒体对社会"越轨行为"的倾向性报道可以唤起社会的广泛关注，利用社会谴责对越轨者施以强大的舆论压力，是道德恐慌形成过程中必不可少的一环。长期以来，新闻中的负面框架一直是新闻业的默认设置，如查斯·克里彻所言："在普遍的意义上来说，偏离是定义新闻价值的主题。"[2]新闻学里有条著名的定律"If it bleeds，it leads"（无流血不头条），它简单地揭示出民众对负面消息的关注度之高。美国心理学家罗伊·F.鲍迈斯特（Roy F. Baumeister）等人在《坏比好强大》一文中将这一现象称为"negativity bias"（负面偏好），认为这是一种正常心理。

媒体在市场化运行的作用下则充分利用这一心理，个体性、名人或粉丝众多者、冲突性、负面性往往是媒介关注的焦点，犯罪者、脱离传统价值观的行为、悖于"规则"的行为及不能遵从共同的保守理想的行为或群体通常都会成为传媒塑造的道德义愤标靶。因为这些都体现了冲突、恐惧、暴力的特点及社会道德失序的幻象，而这正是媒体所需的新闻特征。在公众传统思维里，儿童、青少年、未成年人是具有独特生命价值的鲜活形象，他们代表着初为人者的单纯烂漫，象征着童年的天真美好，是国家的未来与希望，被全社会寄予厚望，应该在最好的年纪全身心投入学习生活，而不符合公众期待的儿童行为则会引起人们心中的担忧与顾虑。而网红、名人世界通常是被视为一个过度剥削和充斥魅力的公共成人领域，尤其是部分网红为了出名和流量不断突破底线，更让人感觉该领域不是弱势儿童该存在的地方。因此，当儿童与网红产生联系，该事件的主体、年龄、性质、后果等字眼无不具有冲击力与关注度，例如，"儿童网红泛滥，女儿梦想做主播，孩子的梦想正在被'畸形'""想当网红的孩子有多可怕？偷拍、诅咒父母，只为博关注涨粉丝"等，这些"异常越轨行为"为热衷于追求冲突性与负面性的媒体提供了足够的兴趣点与爆点内容，也为公众带来了一个极具争议性与议论性的热点话题。

1　贝克尔. 局外人：越轨社会学之研究[M]. 南京：南京大学出版社，2011: 9.
2　查斯·克里彻. 道德恐慌与媒介[M]. 北京：北京大学出版社，2006: 230.

（二）夸大与扭曲：塑造"公众妖魔"，引发社会焦虑

"夸张"是指为了达到某种表达效果的需要，在客观现实的基础上对事物的形象、特征、发展、程度等方面着意夸大或缩小的修辞手法。在媒介报道过程中，通过夸张可将个体性事件或小范围数值扩展到全社会层面，例如，元素的夸张、社会影响的夸张，其实质是一种过度报道。例如，在海峡网的一篇报道《央视曝早孕未成年网红事件始末：未成年孕妈主播是哪个平台的？》中，详细报道了短视频平台中存在的大量早孕儿童网红事件，称消极短视频严重影响少年儿童，质问短视频平台底线何在。而实际上，这则媒体报道混淆了相关性与因果性的区别，倾向于将网红直播化约为导致儿童早恋早孕的直接且唯一因素。这就容易导致大众在浏览这条新闻时，下意识地将网红直播与早恋早孕行为简单联系起来，将其视为影响未成年人的唯一原因。

此外，过度报道还包括报道数量的夸张，此种报道往往围绕一件影响力较大的典型事件。2020年8月24日，红星新闻在微博客户端发布了一条《3岁女孩被爸妈喂到70斤当吃播赚钱》的新闻，短时间引起全网沸腾，引发舆论广泛关注，各大媒体、公众号均对其进行了相关报道：《最近3岁小网红佩琪引发网民关注化身"吃播"，硬生生被喂成70斤》《3岁女童被喂到70斤当吃播赚钱，小网红佩琪的父母饱受质疑和谴责》《小网红怎么走红的，3岁女童彪破35公斤被批》《3岁女孩被疯狂喂食到70斤当网红赚钱？这年头畜生父母真够多的！》等，几乎每条都围绕网红吃播这一共性，并反复提及社交视频网站、注册账号、粉丝、播放量，在一系列对"女童吃播"进行细节描写的相似性报道之后，儿童网红直播问题及其社会影响被立即放大，而儿童权益保护、父母监管缺失等社会问题很大程度上被淡化，最后展现给读者的便只有单一的网红直播的问题。

而"扭曲"则是指故意改变事物的本来面目或对事物做不正确的反映，在媒介报道中表现为对事件具体的物象进行有悖于原意的理解和发布。在关于儿童网红的网络负面报道中，新闻标题中出现"喑小""惨遭抛弃""畸形""偷拍""诅咒""捞钱""童年绑架""性商品"等敏感消极字眼，并将这些负面行为与网红直

播相勾连，在获取读者注意的同时也为整条新闻定下了基调，即儿童或未成年人出现以上现象均与网红直播有直接关系。除此之外，新闻标题中还会通过数字的强调形成剧烈的视觉差，来突出影响的恶劣程度，如"13岁不会加减法""15岁当妈""直播10多个小时"等，以此来隐射儿童网红的危害性之大。通常来说，人们对数字较为敏感，穿插在文字中的数字往往在第一时间吸引读者目光，帮助读者直观快速了解新闻内容的同时也在一定程度上导致表因对里因的简单片面覆盖，简化人们的主观思考过程，以至于受众容易被影响而扭曲儿童网红原貌。

（三）标签与污名：创造集体共识，加深社会恐慌

20世纪50年代，美国社会学家莱默特（Edwin M. Lement）和贝克尔将"标签"的概念引入社会学，提出了"标签理论"[1]，认为越轨行为是社会互动的产物。在斯坦利·科恩的书中，青年群体的一次越轨的社会事件被媒体大肆宣扬，从而将青年群体塑造为屡屡犯事的"民间恶魔"，并认为他们存在道德上的瑕疵，因而在民众之间形成了一种针对青年的标签——梳有某种发型、穿着某种衣物、使用某种交通工具的群体——随时会进行越轨行为。在科恩的论述里，这种标签化的过程也被称为象征化，即当高端媒体能够复制中下层媒介的夸张、扭曲、常规化等特点时，媒体作为整体对议题进行报道与讲述。

标签化作为媒体惯用手法，通过将类似新闻汇总整理、编码归类，并以概念化的方式对对象进行定性，以精练形象的话语给予标签，使受众对某一类群体或事件形成定势印象，并能将新出现的报道对象与脑海中储存的记忆快速重合，完成归档。在儿童网红的网络报道中，媒体在儿童身上贴上"工具人""被迫营业""童年绑架""流量少年"等标签。例如，腾讯网的报道《网红小孩：出名趁早or被迫营业》中写道，"在网上发布孩子的视频，父母最初的目的可能就是单纯'晒娃'，但'火了'以后，面对巨大的收益，就变成了持续'营业'。Boram成了父母的赚钱工具，其发布的视频也会对儿童观众产生负面影响"，该文文末更是坦率

1　贝克尔. 局外人：越轨社会学之研究[M]. 南京：南京大学出版社，2011: 29.

指出"电视模糊了成人和儿童的界限，一把将儿童推入成人的世界。如今进入互联网时代，'成名'和'变现'的功利心态，加速剥夺着孩子的童真。儿童节，是时候思考一下了——要如何把童年还给孩子？"。公众号文章《童星还是性商品？火爆的童星产业到底藏着什么样的危机》中也花了大量篇幅描述"变质的童星产业""灰色产业""父母不择手段急于求成"，所谓"一些家长，急于求成，想要把孩子培养成为下一个superstar，所以不择手段。片面畸形的报道让童星行业的发展越发畸形，甚至让儿童文娱产业也成了一部分人眼中的'灰色产业'"。久而久之，大众对儿童网红这个主体将会形成碎片化、快餐化、固定化的标签认知，一提到儿童网红脑海中便浮现出负面印象，从而代替整个群体成为一种象征指向，由此媒介通过一个个带有明显批判色彩的词语将原本可爱的孩童形容成鲜明的偏离对象。

媒介报道标签化的同时还往往伴随着污名化（stigmatization）。该概念指的是某一群体将人性的低劣强加于另一群体的动态过程，在这个过程中，强势且不具污名的一方最常用的手段便是"贴标签"。污名化具有污染性快、破坏性强和不易消除的特点，不仅使被污名对象受到排斥与偏见，还严重影响公众对事件好坏利弊的权衡标准，长此以往，人们甚至对社会秩序与管理者失去信任、产生疑问乃至滋生恐慌情绪，继而反过来加剧对污名者的敌对态度与刻板印象。网红短视频与儿童的关系体现为一种消费互为、形象互塑、关系互动、利益互享的新特征，当下短视频及其算法机制的耦合会增加儿童污名化风险[1]。在对儿童网红的负面报道中，主要有两种污名形式：其一，媒体将其形容为"不务学业"、渴望走红的"早熟反面儿童"，例如，"想辍学当网红""辍学生子""不上学论""成人化倾向"等词语，并配合网友对此事的反对留言如"太早熟了""迟早被毁掉""小小年纪不学好""荒废学业"，从而建构儿童网红一无是处的反面形象；其二，媒体大肆宣扬因"成为网红"而受害的个体性案例，多用"诱骗""欺凌""恐吓""威胁""剥

1　刘国强，张朋辉. 交互涵化与游戏范式：媒介文化批判视野下短视频对儿童影响的双重维度[J]. 渭南师范学院学报，2020, 35(02): 63-69.

削""童工"等吸引人眼球的受害者敏感词汇，而在采访当事人父母时，媒体又会用"无法接受""焦急万分""担忧"等极具感情色彩的词汇进行描述，以期从儿童因接触网红而受伤害与其家人无奈后悔的强烈反差中引起受众仇视儿童网红的共鸣。

（四）预测与暗示：发布专家意见，增强社会敌意

"预言"作为科恩所提出的进程模式中的重要一环，是指媒体在报道越轨事件时，通过已有的事件现象来预测类似的未发生事件。传媒在建构道德恐慌时常常包含"可预测性"的标准，强调事件并非偶然发生。早在 2017 年 6 月，中国青年报就发布过一篇名为《冰点 | 悬在钢丝上的父与子》的深度报道，讲述了一个名叫"望望"的 6 岁网红小男孩与其 34 岁农民父亲张禹的故事。望望每天上学和放学后都要在一根细细的钢丝上"训练几个小时"，以备他日"拿下吉尼斯世界纪录"——这是张禹为儿子策划的人生捷径。为此他放弃打工专心培养儿子，甚至全程直播训练，短短一个月收获了 5 万多粉丝，近千人在直播间观看望望走钢丝，直播打赏挣了 2000 多元，望望俨然成了"小网红"，而他的父亲张禹不信"知识改变命运"，反而确信这条细长的钢丝能带领儿子通向一个"能改变命运"的世界。对此，报道发出感慨"他的成长被人为加快了""早早决定孩子的路，过于狭窄"。此后各媒体纷纷转载评论此事，南方新闻网标题称"多一些'魏祥'，少一些'望望'"，济南都市频道在文末评论"希望这位父亲幡然醒悟，停止对孩子走钢丝训练，不要等悲剧发生追悔莫及，还给孩子应有的童年生活"。由此，媒体的这类预测性评论为恐慌事件奠定了负面基调，在大众心里形成一定的敌意心态。

道德恐慌形成后，除了大众媒体，社会各界也纷纷通过言论表达自己的立场与态度，如学者对传统道德观念进行深刻分析、网络意见领袖发表拒绝宣言等。这些言论本身具有一定影响力，而媒体的报道则会进一步扩大其影响力，赢得更多公众的关注和参与。例如，澎湃新闻的一篇报道《警惕！孩子想当直播网红，家长必须重视》曾提及，在针对儿童沉迷于短视频问题上，首都师范大学教育学

院副院长张爽教授表示："短视频平台满足的只是'消遣性好奇'，是低层次的好奇水平，很容易让人在走马观花中浪费大量精力和时间，破坏孩子深度思考的能力。"国家二级心理咨询师、资深教育专家葛楠表示："短视频平台为UGC，内容缺乏引导性且边界较为模糊，对那些缺乏判断力的孩子而言，很可能会耽误学习成长，甚至导致盲目虚荣、拜金。"

专业权威人士对事件的评论经由媒体报道放大，进一步推动道德恐慌的扩散。公众一旦相信预测的恐慌事件会发生，他们对危险的感知就会变得敏感，从而在情感甚至行为上就会产生过度反应，一些平时不太会受到关注、与偏离行为有相似之处但情节并不严重的轻微事件也会被草木皆兵地认定为越轨行为。例如，抖音上拥有116万粉丝因模仿李佳琦卖货而走红的天天小朋友，平时在父母陪同下拍摄一些日常家庭搞笑剧情的小视频，许多网友却不由分说地在评论里质疑"父母靠儿子赚钱""天天拍视频耽误学业"，以至于天天的爸爸不得不在首页简介里声明"每周更新一次，确保作业完成后拍摄，每次拍摄不超过15分钟，是孩子自己喜欢的事，父母陪同，请大家放心！"可见这显然是受媒体影响后网友的过度反应了。

二、新媒介环境下的道德恐慌扩散方式

20世纪中期，新闻扩散研究在美国兴起，其研究对象集中于重大突发性新闻，注重于考察大众媒介对受众新闻认知的影响。其中格林伯格的J曲线模式（新闻扩散模式）研究具有深刻意义。根据新闻事件预估的扩散程度，格林伯格提出三种类型：第一种，仅针对少数人而言非常重要的事件，媒介不会突出宣扬；第二种，对一般公众而言都重要的事件，媒介给予相当突出的报道，使大部分公众能从媒介处获得信息；第三种，极端重要、极具戏剧性、能最终引起全社会关注的新闻事件，媒介会立即聚焦，予以报道及扩散[1]。并且在交互化、实时化的新媒体环境下，道德恐慌的传播与扩散效应获得前所未有的强化。

---

1 赵路平.公共危机传播中的政府、媒体、公众关系研究[D].上海：复旦大学，2007.

（一）"传送门"同质性链接扩散延续话题

作为一种网络基本结构，超链接为信息传递带来了更多的互动性、多样性透明度和可信性[1]。在一些新闻事件报道的文末，通常会出现几行"传送门"式的超链接文本，其可以链接到与本篇报道核心事件相关的其他报道，包括对核心事件的补充信息、其他媒体对此事件的评价与报道及近期发生的与核心事件类似的新闻报道等，受众在阅读完本报道后可以继续对相关话题进行延展阅读，从不同角度获得更多信息，对热点事件进行回顾与梳理。然而，在道德恐慌的进程中，这种回顾与梳理有时反而带来了一定的负面效应。以搜狐快讯 2021 年 2 月 26 日刊载的《"小马云"被榨干后惨遭抛弃：13 岁不会加减法，是谁在塑造儿童网红？》为例。

在这篇报道的相关超链接"传送门"中，从 2021 年 2 月 21 日至 2 月 28 日仅短短一周，相关报道便已为数不少。除了"小马云"这个事件当事人，还有对其家人、女保姆、周围邻居的采访，对经纪公司的谴责，对类似年少成名小网红的现状对比，以及对出现此类悲剧事件的反思与舆论引导。且在标题和正文中，几乎都提及了网红"走红""经纪公司""商业模式"这些与儿童网红相关的词汇，并伴以"发人深省""荒废""抛弃""近况凄惨"等负面形容词，那就意味着，每一次相关链接的点击与浏览带给受众的都是对儿童网红负面、刻板印象的加深。原本遗留在大众记忆中的儿童网红就是"学业荒废""娱乐低龄""赚钱工具""备受剥削"等消极标签化形象，这样的局面非但没有通过一些正面报道而有所改善，反而呈现出更多负面信息，使人们更加确信儿童网红是"洪水猛兽"，不该存在，更不该提倡。不可否认，超链接形式能有效缩短受众阅读时间、加快信息获取速率，却也将原本单一的信息变成了集成的"信息群"，从数量和时间上不断加强和巩固了对儿童网红道德恐慌的社会遗存。可以说，新闻信息所表达的意义在超链接的辅助下被无限延伸，正如索绪尔所言，语言符号可分为能指（signifiant）和所指

---

1 De MAEYER J. The journalistic hyperlinks[J]. Journalism Practice, 2012, 6(5-6): 692-701.

（signifie），"能指"是语言的音响形象，"所指"是语言背后的概念，"能指"背后的"所指"，有时并不是固定的。而超链接的应用，恰好就将原本的新闻信息指向更多重的意义层面。

（二）转发评论点赞加剧社会大众恐慌情绪

罗杰斯曾在《创新的扩散》中将"扩散"定义为一种特殊类型的传播，包括创新、传播渠道、时间、社会系统四个因素[1]。一条微博被转发就是一个信息扩散的过程，而评论和点赞则是对原有信息的个人再创新与态度表达。以红星新闻的一篇标题为《3岁女孩被爸妈喂到70斤当吃播赚钱》的报道为例，该事件最早于2020年8月24日14:55由成都传媒集团旗下的新型主流媒体红星新闻视频号发布，然后进入微博舆论场，并以"#3岁女孩被爸妈喂到70斤当吃播赚钱#"为话题短短一小时登顶微博热搜榜，话题星级达到3.5颗星，阅读次数7.2亿，讨论次数5.1万。此后，"澎湃新闻""头条新闻""封面新闻""中国新闻网""凤凰网"等坐拥千万级粉丝量的数十家官方媒体认证的运营微博转发此事件，引发全网热议。用户纷纷转发评论该事件的微博，一时间各大官方微博所发布的该条新闻的转发量、评论数和点赞数暴涨。

据表6.2，在热度前三的"红星新闻"、"澎湃新闻"和"头条新闻"中，作为首发媒体的红星新闻自8月24日至8月26日三天内连发4条相关微博，转发量累计超过2万，评论数累计超过3.3万，点赞数更是超78万；澎湃新闻和头条新闻三天内发布该事件相关微博分别为6条和7条，如此量级的主流媒体的影响力和扩散力可想而知。然而，在微博140字的可发布字数限制下，媒体摒弃了完整、深度、全面的采访报道，而将关注点置于最能直接引起读者兴趣的负面因素，即"女童因成为吃播网红体重超标"上，如凤凰网"父母为了圈流量、博眼球，竟把女儿当工具人"，头条新闻"被爸妈喂到70斤做吃播赚钱……视频账号粉丝5157个，单条视频播放量最高达55.6万"，而鲜少有媒体真正去挖掘女童的家庭情况

1　埃弗雷德·M.罗杰斯.创新的扩散[M].辛欣，译.北京：中央编译出版社，2002：175.

及父母为何如此作为。当真是父母利用孩子赚钱还是另有隐情，事件原貌我们尚且无从知晓，但在全网沸腾之时，媒体断章取义的发布形式显然已经操纵了网民对该事件的看法与理解方向。每一个微博用户或多或少都被粉丝关注着，当用户转发或点赞了某条消息，该信息就会显示在他主页里并出现在其关注者的信息流中，继而又被转发、点赞，不断裂变扩散。在微博转发、评论、点赞的互动过程中，不同意见相互碰撞影响，多数观点主导少数观点，最终形成了意见合流，即微博环境中的"沉默的螺旋"[1]。例如，在该事件微博的评论下，有网友留言"儿童当网红真的只能一刀切，全部封杀"，获得了 678 条追评，1345 个赞，还有网友留言"直播就不该有未成年人""这就是虐待！拿孩子当赚钱工具，不配做父母，账号也该封停！"其他网友在观察意见环境时多会将热门评论作为主流观点，吸引赞同者的点赞，引发共鸣，形成共同意见的累积，经转发评论产生爆发式传播效果[2]。这些被扁平化了的社会事件不仅不利于社会的关注与反思，还为媒体就更多的类似事件简单复制媒介库存内的框架制造新闻提供了便利。

表 6.2　微博官方认证账号发布《3 岁女孩被爸妈喂到 70 斤当吃播赚钱》一文概览

微博账号	粉丝量/万	转发数/次	评论数/条	点赞数/个
红星新闻	1086	18000	25000	586000
澎湃新闻	2739	1081	8325	294000
头条新闻	10100	1686	6076	187000
封面新闻	2375	333	894	16000
中国新闻网	7052	240	160	488
凤凰网视频	1364	416	234	1866
中国新闻周刊	5882	91	638	13000
新浪新闻	5424	79	351	1647
第一财经日报	2083	44	37	86

1　李伊莎. 微博的评论转发功能对群体极化现象的影响：以王宝强离婚事件为例[J]. 视听, 2016(11): 112–113.

2　李贺. 微博舆论的群体极化现象研究[D]. 北京：北京邮电大学, 2014.

续表

微博账号	粉丝量/万	转发数/次	评论数/条	点赞数/个
北京青年报	1360	11	40	120
潇湘晨报	1501	8	133	999

在此过程中，众多的转发、再转发、带评论转发在微博中汇聚了大量同质化信息，这些千篇一律的标题和如出一辙的解读渐渐麻痹了观众，使人们对该事件及相关类似事件的看法也趋于一致，引导人们认为除了父母以外，网红直播的出现就是"罪魁祸首"，但凡成为网红的孩子都"荒废""无用"了，应当"坚决抵制""一刀切"，不能再放任网红、直播"祸害"儿童。诚然，一个自由的舆论场允许不同的网民发表不同的意见，但过多带有个人倾向性的评论和转发又会以网络人际传播的扩散形式形成关于儿童网红的新一轮道德恐慌，结合之前媒体各种标签化、污名化的报道，大众对儿童网红群体的负面印象将进一步加深。

（三）媒介的复制与定性推动议题升级扩散

媒介对新闻的复制可分为形式复制和实质复制两种。其一，媒体的新闻生产是对现存社会控制机构的形式复制。媒体本身无法制造新闻，但可以依据作为初级界定者的社会控制机构所提供的信息来源进行新闻生产。例如：选取政府、法院、警局等社会权威机构所发布的消息，对社会事件进行形式上的复制。其二，媒体通过话语转换和"公众的声音"成为社会事件的"二次定义者"，形成对社会控制机构的实质复制[1]。相对于严肃冰冷的官方话语不易被公众理解和阅读，媒介可以通过将官方声明转化为公众日常习语来重新编码新闻事件，有效诠释和分析恐慌事件，使报道更具有可读性，更易下达受众群体，获得较好的传播效果。此外，媒体可以通过在专栏、社论中发表主观性意见，例如"我们认为……""人们普遍认为……"等，媒体惯于宣传自己为公众发言的功能，而往往这种"公众的声音"就是媒体自身的声音。

1　王殿英.社会道德恐慌中的媒介角色研究[J].当代传播，2014(05): 18–21.

而随着自媒体的加入，传者与受者的角色发生了颠覆性的改革，受众不再仅仅作为消极被动的信息接收者，更成为生产内容的参与者，传统媒介对信息的垄断被打破，现下的传播不再是以受传者单向承接信息为终止的过程，而是以受传者对信息再度作出反应为新的出发点，形成了"我知道""我认为""我发布"的新模式和多元观点碰撞的新局面。传统媒体虽仍继续充当内容复制者和"次级界定者"的角色，但网络意见领袖的出现已然威胁到其原本的话语地位，此时媒介的意见就尤为重要，需要积极地以道德标兵的角色参与恐慌事件性质的讨论与界定，将普通偏离行为定性或上升为道德议题，从而推动道德恐慌进程尽快进入下一可控阶段。在儿童网红事件中，媒体连篇累牍的报道成功将此话题上升为公共议题，引起了家长群体的极度担忧、公众群体的敌对态度及社会控制者的操控倾向，这些利益群体在媒介偏向化报道的动员下，有着强烈的改变现状的诉求，以致话题愈演愈烈，形成新一轮的升级扩散。

第四节　媒介规训与儿童成长

根植于新媒体的肥沃土壤，依托于短视频的载体支撑，顺势于网红经济的火爆风向，孕育出了一批应时而生的儿童网红群体，可以说，正是媒介的力量塑造了儿童网红，给予儿童展示个性、实现自我的机会。在儿童网红如火如荼方兴未艾之时，媒介能够发挥其社会"瞭望塔"的作用，迅速聚焦于儿童网红背后存在的各种问题与争议，第一时间拉响警铃，将可能带来的后果诉之于众，起到积极完善与补救的作用，有助于受众在享受娱乐的同时及时感知威胁，谨慎对待。

福柯曾提出媒介与规训的关系[1]。媒介往往通过传播特定立场的话语，建构虚拟的真实而运作。媒介再现特殊观念和意向，能够影响人们的思想和行动，因此媒介被认为是能够施展话语或意识形态的力量，受众依据媒介所传递的"真相"对世界发生的事件进行判断，媒介协助人们建立关于世界的常识，同时也协助建构

1　米歇尔·福柯. 规训与惩罚：监狱的诞生[M]. 北京：中国传媒大学出版社，2003: 210.

人们的认同与趣味。伴随着受众地位的提升与新技术的赋权，传统媒介观念中对受众居高临下的引导和教育在互联网时代已然不断弱化，但对儿童群体却依旧持续强化。媒介网络话语的负面呈现，将儿童网红现象纳入了道德评判，以一种利他的姿态，渲染道德恐慌，规训父母家长，全然忘记了自己才是儿童网红的始作俑者和受益方。与此同时，媒介利用传统伦理、道德观念为支点不断输出教育框架，进行规训，形成社会压力，宣扬"循规蹈矩的好孩子"，无疑在暗示什么是"模范家庭"，什么是"完美儿童"，而对那些年少成名的儿童网红嗤之以鼻，认为这些过早被暴露在"镁光灯"下的孩子总是离经叛道的，甚至视其为异类，这不免存在偏颇之处。从福柯的全景监狱进一步延伸，军队、学校乃至整个社会无非都是这样一种模式，所有人都不假思索地自觉服从、自觉接受规训。这不得不使我们反思：那些与生俱来的所谓"遵纪守法""公序良俗"之类的教化及习以为常的各种"遵守"，到底是什么性质的行为？想成为网红或已成为网红的孩子就真的完全不可取吗？是否限制了儿童的多元化发展乃至社会的多元化发展？权力的运用并不是单纯的控制和训导，而是在正确的模式中相互促进，达到双方认可的共鸣。或许媒体乃至全社会都可以尝试着多给儿童一些自我选择的空间，在必要规训的同时包容儿童的多元化成长发展。

依靠长期的表现，媒介已成为我们消息的重要来源。在新媒体时代，无论是传统的专业新闻媒体，还是已然从事自媒体的"新闻游侠"们，"社会守望者"这一角色不仅没有弱化，反而被寄予了更多期待与信心。媒体之所以被称为"无冕之王"，也正是缘于这种日夜守望、时刻监督的专业与坚守。在当今社会，新媒体空间开放多元、兼容共享的信息传播特点导致了成人与儿童的二元对立关系[1]。媒介一味否定、排斥只会不断激化矛盾，只有秉持关怀、客观、共情的态度才能更好地疏导社会关系，解决社会问题。有人说新闻业随着报纸的衰老变天了，然而新闻人社会守望者的角色却永远不会改变。儿童作为社会弱势群体，理应受到媒介更多的人文关怀与共情守望。与儿童、未成年人有关的新闻事件本身就容易引

---

1 刘亚楠."央视新闻"微博中儿童议题设置及传播价值研究[D]. 呼和浩特：内蒙古师范大学，2020.

发社会关注，在一片混乱中媒体便承担起关键的信息传播及意见聚合功能。作为"鸣鼓的守望人"，媒介的任务是多元的，不是被动地告知人们敌之将来，而是要更进一步正确、客观地反映现实环境，秉持新闻专业主义，重视儿童媒介形象的呈现，尊重事实，不偏不倚，合理设置新闻议程，用公平手法、理性话语揭示事实真相，使受众全面、真实地获悉儿童相关事件与信息，尽可能打造一个平衡客观、信任共情的网络传播空间，也为广大儿童营造一个自由多元、健康积极的成长环境。

第七章

银发网红：跨越时代与潮流肩并肩

曾几何时，我们认为老年人是数字时代里的边缘群体，是信息技术快速迭代下的数字弱势群体。诚然，相较于 90 后和 00 后一代的数字原住民，网红似乎是只属于这一代年轻人的专属创造与潮流选择。而近年来，有这样一群人，他们已值花甲之年，却能玩转社交网络，通过短视频等形式展现自身的行为、态度与特质，引发网民关注，获得较高热度，被媒体和研究者们称为银发网红[1]。银发网红作为一种互联网社交媒体现象，在《2018 中国网红经济发展报告》中被市场研究者们发现并受到关注。此时，被称为最帅老人的北海爷爷已经凭借精致穿搭的短视频收获了 1300 多万粉丝的注意；八旬农村老汉王德顺也凭借不输年轻人的好身材走红 T 台成为网红超模；从快手上拥有 1600 万粉丝的本亮大叔再到全网粉丝过 2000 万的"局座张召忠"，类似个案在短视频直播等社交平台频频登场。诸多银发

1　杜鹏, 马琦峰. 银发网红：缘起、机遇与挑战 [J]. 社会建设, 2023, 10 (02): 15-25.

一族本应颐养天年却纷纷踏入社交平台成为银发网红[1]。本章主要深入透析异军突起的银发网红群体，梳理老年群体走红原因、形塑机制、圈粉原因等，以期分析银发网红崛起对积极老龄化的助推效果。

第一节　数字潮流的"银发"引领者

人口老龄化是社会发展的重要趋势，是人类文明进步的重要体现，也是我国今后较长一个时期的基本国情。据统计，截至 2023 年末，我国 60 岁以上老年人口数量已超过 2.9 亿。据预测，2035 年左右我国 60 岁以上人口将超过 4 亿。而中国互联网络信息中心（CNNIC）发布的第 51 次《中国互联网络发展状况统计报告》显示，截至 2022 年 12 月，我国网民规模为 10.67 亿，互联网普及率达 75.6%。从网民年龄结构看，60 岁及以上群体占比显著提升，达到 14.3%，即 60 岁及以上老年网民规模达 1.53 亿。根据国家统计局的统计数据，截至 2022 年底，我国 60 周岁及以上人口总数为 2.8 亿，也就是说每两个老年人中至少有 1 人接触了网络。且从未来趋势来看，60 岁及以上网民占比增长最为明显，至 2022 年底，60 岁及以上网民占比超过了 20—29 岁年龄段，与 10—19 岁年龄段占比持平。当越来越多的老年人触网，且更熟练于网络社交媒体的使用，越来越多的银发网红新星不断涌现，使我国银发网红呈现出百花齐放、快速发展的总体态势。

一、银发网红为老年人新身份与新风向

在公众的传统印象中老年人的身份可能是积极的，但是对新媒体、新技术的采纳与实践往往是滞后的。因此，研究者们一般认为年龄正在成为影响"数字鸿沟"的重要因素，老年群体作为"数字弱势群体"在新媒体浪潮中是逐渐边缘化的存在，甚至认为老年人数字融入困难的问题正在被不断放大[2]。短视频社交媒体平

1　赵隆华, 刘俊冉. 银发网红的传播特点与发展路径构建 [J]. 青年记者, 2020(12): 48–49.
2　刘阳, 冷淞. 老年群体的网络实践：基于短视频社交场景中的银发网红研究 [J]. 电影评介, 2021(16): 109–112.

台勃兴带动一批老年人用户的参与。在抖音、快手、西瓜视频等平台上，老年人也热衷于表达自我，寻求认同，他们发布了很多有趣并新奇的内容，展现了他们对新事物的好奇心以及对生活的热爱，这也促使一大批中老年网红以各种各样的方式在各短视频平台中走红，吸引了一大批粉丝。对此，另一种观点认为，网络技术的发展，降低了数字参与的门槛，进而促进了老年群体的积极参与[1]。社交媒体、短视频平台对时间更为宽裕的老年人群体具有更高的黏性，而通过新媒体在互联网世界积极呈现自我，随着媒介化进程的深入，老年群体的媒介表征与形象问题在社会老年学领域逐渐从边缘位置走向中心地带[2]。在从缺席到返场的过程中，银发网红不再完全依赖和寄居于专业媒体机构的议程设置和有限的表达空间，而是依托入口开放、影响力广泛的互联网内容平台这一全新场域，从相对被动的传播客体与被建构者，转型为充分进行自我呈现的主动传播者和积极行动者。一是他们通过自身努力积极学习新媒体传播技术、掌握表达渠道，如策划、拍摄、直播、剪辑、上传等，如凭借广场舞走红的"龙姑姑"就在其个人抖音账号中上传自己的跳舞和自拍视频；二是借助他人的技术支持进行自我展示与呈现，其中以从家人处获得的代际支持为主，如"蔡昀恩"的账号主体就是其所记录的百岁奶奶喻泽琴的孙女，可见新媒体赋权下代际支持对于老年人群体媒介能见度的重要意义；三是专业MCN机构对银发网红的发掘、包装与运营，如"淘气陈奶奶""时尚奶奶团""末那大叔"等制作精良的网红视频，都是专业化团队运营的结果[3]。基于此，银发网红群体在短视频中积极身份的建构刷新了以往媒介对老年群体消极的刻板印象[4]。与人们固有印象中的老年群体相反，银发网红将老年群体积极向上的

1　HE T, HUANG C Q, LI M, et al. Social participation of the elderly in China: The roles of conventional media, digital access and social media engagement [J]. Telematics and Informatics, 2020, 101347: 48.

2　FEATHERSTONE M, HEPWORTH M. Images of Ageing: Cultural Representations of Later Life [M]// Bengtson V, Coleman P. Kirkwood, T. The Cambridge Handbook of Age and Ageing. Cambridge: Cambridge University Press, 2005: 354−362.

3　吴炜华，姜俣. 银发网红的网络实践与主体追寻：基于视频社交场景中的"老年Up主"族群研究 [J]. 新闻与写作，2021(03): 14−21.

4　薛孟寒，景晓平. 抖音短视频中银发网红的身份建构 [J]. 浙江理工大学学报(社会科学)，2023, 50 (05): 569−575.

一面予以充分展现，这不仅有利于增加老年群体的自信心，而且对建构大众对老年群体的全新认知发挥着重要作用，同时也有助于老年群体对自身价值与内在能力的再度挖掘和重塑，进而推动社会积极老龄化的实现[1]。

银发网红作为互联网社交平台中新崛起的潮流引领者，代表了网络空间中老年群体所向往的新身份，甚至代表着全社会的新风向。根据对银发网红样本的梳理，按照形象呈现和身份特征不同，可划分为传统名人型、知识精英型、才艺达人型、幽默娱乐型和偶发成名型等[2]。一是传统名人型，使我们也可以认为这类银发网红在传统媒体时期就已经积累了足够的人气和影响力，他们作为传统的社会名人转战互联网，实现传统媒体向网络空间流量的转化。譬如，张召忠教授在转战互联网之前就已经是"军迷"口中家喻户晓的"局座召忠"，其早在2003年就已经被广大"军迷"称为"局座"，彼时伊拉克战争爆发，张召忠教授在传统电视媒体的军事类节目中担任点评工作。而"济公爷爷·游本昌"更是如此，作为资深艺术家的游本昌出生于1933年，1956年从上海戏剧学院表演系毕业，1985年饰演济公，如癫如狂，成为几代国人心中最鲜活的记忆之一，其后老爷子转战互联网短视频平台，经常在网上发布人生感悟、艺术心得方面的短视频，目前粉丝有1500多万。二是知识精英型，2023年3月"感动中国2022年度人物"揭晓，13位"银发知播"荣获集体奖。他们平均年龄77岁，有中国科学院院士、中国科技馆研究院副馆长，还有大学教授和中小学老教师；其中6位开设了抖音账号，有4位曾在抖音分享知识[3]，如上海同济大学退休教授吴於人、山东退休电工教师王广杰等。他们凭借有深度、有价值的知识积累，通过短视频与直播，打破传授知识的时空边界，成为深受年轻网友喜爱的教书先生，成为传播科学知识和科技发展的中坚力量，成为汇聚美好流量和真正能量的"白发青年"，在更多领域生动演绎"时光不老"的传说。三是才艺达人型。70岁的"罗姑婆"在抖音的粉丝超过了600

1　赵隆华，刘俊冉. 银发网红的传播特点与发展路径构建 [J]. 青年记者，2020(12): 48-49.

2　赵隆华，刘俊冉. 银发网红的传播特点与发展路径构建 [J]. 青年记者，2020(12): 48-49.

3　辛音. "白发知播"感动中国！比传播知识更动人的是不老心态[EB/OL].（2023-03-05）[2023-06-21] https://news.bjd.com.cn/2023/03/05/10356159.shtml.

万，专注做情感和搞笑领域短视频；"大爷"郑秀生曾获中国烹饪大师终身成就奖、"二伯"孙立新被评为商务部十大中华名厨，他们在退休后利用短视频平台教网友做菜，是在抖音号拥有1140万粉丝的"老饭骨"；还有平均年龄已65岁，戴着"黑超"，身着精致旗袍走秀的时尚奶奶团；给网友普及西装礼仪、传递精致生活观的"末那大叔"，他们都是依靠自身才艺作为直播内容吸引粉丝眼球。四是幽默娱乐型，譬如2022年被《纽约时报》关注的65岁的老郭和她的朋友们——64岁的王大姐与66岁的秀荣在抖音上有一个账号，叫作"王大姐来了"，她们以说唱的方式表达对烹饪和食物的热爱，在田地里奔跑、打闹、躺在草地上放空自己，暂时远离母亲和妻子的角色，享受独属于自己的空间。在中国的互联网上，有80多岁的歌手、70多岁的探戈舞者，有银发的时尚达人自信走秀兼做美妆教学，甚至还有86岁的《使命召唤》游戏主播[1]。最后一类是偶发成名型，他们在主观上并未刻意炒作，其不经意的行为被网友传至网络引起网友注意而成为网红，如北海爷爷从一位普通的退休工人到众人皆知的儒雅帅气银发网红，2018年儿子将父亲节为父亲拍的写真上传至抖音，经病毒式传播从而受到网民注意和追捧。总的来说，银发网红通过自身独特的人格魅力、搞笑的表演风格、生活化的表演场景，以最朴实的形象出现在自媒体平台上。他们的表演多基于对生活的还原，以纪实的风格表达真情实感，可以极大地激起受众共情[2]。

二、银发网红的吸粉引流策略

社交媒体平台是银发网红崛起的基础，而青年群体依然是当前社交媒体平台的核心用户群体。"银发"群体的走红无疑是找到了与青年群体之间跨代际沟通的技巧，他们满足了青年人社会化中的陪伴与解压，促进了虚拟与现实之间情感沟

1　STEVENSON, ALEXANDRA, ZIXU WANG. China's Grandparents Are Done Babysitting and Ready to Go Viral [N/OL]. The New York Times, 2022-11-22 [2023-06-21]. https: //www. nytimes. com/2022/11/22/business/china-influencers-seniors. html.
2　李豪，赵红艳. 符号互动论视角下银发网红在青年群体中圈粉现象分析 [J]. 新闻爱好者，2022(03)：110-112.

通与抚慰，成为年轻人"崇拜"和"模仿"的对象[1]。在此过程中，银发网红有着自己独特的吸粉引流策略。

（一）主打反差引领潮流：老年刻板印象的纠正者

"刻板印象、模式和规则对于搭建精神世界而言起着决定性的作用，而我们与生俱来的思想特征与这个精神世界之间实际上是一种逐步调适和回应的关系。"[2]社会上有很多关于老年群体的消极刻板印象，例如，身体层面的体弱多病、步履蹒跚，或是所谓"老人应该做的事"，带孙子、做家务等，事实上有很多老人的生活也是十分多姿多彩的。而恰恰就是由于无法作出区分，因此这个纠正的过程道阻且长。与此同时，网络平台上热爱生活、积极健康的中老年网红正在以自己的力量改变社会对老年人的刻板印象，他们向公众充分展现了自信、乐观、向上的一面。

在抖音平台上拥有 216.7 万粉丝的"康康和爷爷"是一个穿搭博主，已经 84 岁高龄的他不但看上去精神矍铄，还热衷于在网络上分享自己的穿搭心得，被年轻的穿搭博主们称为"全武汉最会穿的男人"。不仅如此，他还会赶时髦拍摄变装视频与卡点视频，丝毫不输给年轻人。全民 K 歌的"金香奶奶"，每次出场都服饰得体，甚至还在北京开起了演唱会；参与了《你好，李焕英》拍摄的"只穿高跟鞋的汪奶奶"宣称年龄只是数字，她要穿一辈子的高跟鞋。这些银发网红的状态不仅可以增加老年群体的自信心，让他们对自身价值进行重塑，而且可以建构公众对银发一族的全新认知，进而促进我国"积极老龄化"的发展。

（二）主打专业聚焦垂类：文化知识的传播者

古有老话：家有一老，如有一宝。由于老年人自身呈现的形象就是经验丰富、沉稳、可靠，因此他们输出的内容更容易得到用户的信任，也更容易在某垂直领

1　李豪，赵红艳. 符号互动论视角下银发网红在青年群体中圈粉现象分析 [J]. 新闻爱好者，2022(03)：110–112.

2　沃尔特·李普曼. 舆论[M]. 常江，肖寒，译. 北京：北京大学出版社. 2016.

域构建信服感。专注于健康养生领域的"康奶奶说"在抖音平台上拥有 40.4 万粉丝，她的作品解决了很多人日常生活中关心的健康问题，例如，"老年人日常应该怎么保养"、"气血不足的六大表现"及极具实用性的"打嗝按这可以即刻止住"。针对老年人容易受骗这个角度，抖音平台上也可以找到这个领域内的网红，例如，"神探大妈"专注骗局揭秘，将生活中较为常见的一些骗局用诙谐的短视频呈现，再对其进行揭秘与引导，用同龄人的角度对老年群体进行劝诫，目前收获粉丝数高达 586.1 万。

除了上述的生活小常识领域外，还有以随性、亲民的口吻讲述军事知识的"局座召忠"等专注自身研究领域并输出知识的网红们。例如，从《百家讲坛》被大家熟知的学者易中天，在古代文学领域凭借独特的讲解风格及公众感兴趣的主题获得了不少年轻人的喜欢，引起了网友对古代文学的兴趣和讨论。同样在做这件事的戴建业教授认为，如果能够通过短视频让公众关注和喜爱古典诗歌，引发对中国古典文化的传承，那才是意外的收获。

（三）主打休闲传递价值观：生活哲学的引导者

近期流行的拍摄 vlog（视频日志）等也并非年轻人的专属，有很多中老年人也喜欢记录自己的日常生活片段，这些片段或有趣或平淡或独特，彰显了属于银发网红们的个性。自称"抖音 vlogger"的百岁奶奶"蔡昀恩"在抖音上获得了 1 亿的点赞数，她也像年轻人一样喜欢和老闺蜜逛商场、做造型、尝试年轻人喜欢的螺蛳粉，甚至还会和粉丝线下见面，而奶奶通常喜欢把这些日常录下来做成短视频进行传播。吃汉堡吃掉了假牙，迅速安装好并假装无事发生，晚饭前偷吃雪糕被抓现行……这个"高龄吃货"的形象迅速博得大家的喜爱，也让诸多年轻人高呼不再害怕变老。

以外孙视角记录普通生活日常的"耀杨他姥爷"向公众展示了一个金句频出、性格有趣、爱玩爱造的东北老头儿形象。同样以外孙视角进行短视频制作的还有"我是田姥姥"，姥姥的语速极快，在外孙围绕生活小事的整蛊下开启气急败坏的机关枪模式，视频笑点满满，让人不禁一看再看。还有背着孙女偷偷看帅哥、喜欢跳街舞的兰州网红奶奶等银发网红，都让年轻人看到了理想的老年生活，也能在情感上与这些老人建立深厚的联系。

三、银发网红背后的形塑机制

现今互联网平台上的银发网红们层出不穷，数量庞大，而区别于银发网红刚出现时，如今不仅有更多的中老年人愿意在网络平台上分享自己的想法与生活，而兴起的银发网红产业为了获取一定流量也产生了很多幕后推手，从媒介的接触方式角度出发，笔者将从三个方面来阐释银发网红的形塑机制。

（一）本身具有一定知名度的中老年明星

这一类银发网红获取流量的方式相对比较简单，他们是拥有一定粉丝基础的演员、歌手或作家。他们通常在机缘巧合之下被网民们再次挖掘而走红，这些中老年明星被再次推崇的契机往往具有偶然性。近几年，相比于对拥有帅气外形的小鲜肉的迷恋，公众反而更加青睐具有人格魅力的老戏骨们。例如，2017年火爆全国的电视剧《人民的名义》开播时，大家的目光尚且聚焦在陆毅等帅哥的身上，但随着剧情往高潮部分推进，"达康书记"等老戏骨却把大家迷得死死的。在电视剧播出期间，"达康书记"就频频上热搜，网友们将他在剧中的名场面制作成表情包广泛传播，甚至他在剧中的同款玻璃杯也被网友们扒出来，而他也成为名副其实的带货小能手。另外，"济公爷爷游本昌""王德顺老头"等人因为在传统媒体已经获得了一定的知名度，因此依靠自身的话题性在互联网上亮相之后迅速走红。

（二）经过包装而获得关注的中老年网红

商业资本加速了短视频市场的扩张，大量的MCN公司开始涌现，这也是很多银发网红走红的幕后推手。虽然这些中老年群体没有自带的粉丝基础，但是在MCN机构的运作下，走红还是相对来说比较轻松的，而专业的视频策划与制作方式也会让这些网红的内容更加精致。对于这些银发网红来说，强化自身特质、内容推广、流量变现及对接平台与粉丝都是很少接触的方面，而MCN机构则承担了这些任务，让内容创作者能够专注在内容上。例如，抖音红人"罗姑婆"的视频由成都初创公司椒盐视频摄制；运营"淘气陈奶奶"的MCN机构为重庆魅影文化传媒有限公司；"北海爷爷"背后则是"末那大叔"杨楷团队。

此外，在新鲜有趣内容层出不穷的当下，凭借平淡的内容获取流量难度较高。我们在看网红生产的内容时，往往关注到的是他们精致的外貌、不俗的谈吐等。就拿"北海爷爷"来说，他以"老年时尚达人"的人设出现，他步伐稳健、气质儒雅，头发每天都梳得油光锃亮，选择得体的西装到最后的擦亮皮鞋，内容展现的是这位爷爷精致的日常生活，而他具有仪式感的生活向观众们展现的正是"老年人也可以精致时尚"这个观点。商业资本将"北海爷爷"打造成"精致时尚"的代名词，看重的是"精致时尚"背后所蕴藏的经济价值，因此MCN机构不断注入资本，对其形象的塑造和发展提供各方面的支持。为了获得更大的利益，中老年群体和幕后推手之间达成利益合作，通过全方位的打造与内容输出，批量生产银发网红成为可能。

（三）凭借自身资质而走红的中老年素人

在抖音短视频平台上，用户将视频上传后，抖音会通过对这些短视频的点赞、关注、评论、转发等数据的多轮验证，筛选出点击率更高的短视频推荐给更多用户。因此，在类似抖音这样的平台上，用户好感度及个性化内容将成为视频能否获取更多流量的关键因素。因此在平台上展现不一样的个人特质及话题是草根中老年网红走红的主要途径。这类网红是组成银发网红群体的基础，他们往往活成年轻人喜欢的样子，精致优雅，或是满足年轻人人际交往、娱乐消遣的需求，或是通过发布一些生活气息浓厚的视频，激发网民的共鸣和观看兴趣。而通过一段时间的视频生产，慢慢积累人气，呈现裂变式传播并最终走红。可爱吃货"蔡昀恩""最潮刘老头""本亮大叔"等都是此类型的代表人物。

第二节　代际"突围"与内容"破圈"

　　银发网红是传播场域出现的新产品，它的出现和发展并不仅仅由中老年网红决定，而是多方力量相互作用的结果。对于这些拥抱互联网的"新老人"而言，他们努力把退休后的生活过得充实丰盈，追求"老有所乐、老有所为"的有意义人生；而在互联网走红成为银发网红则要迎合不同年龄层对"新一代"中老年人生活的重新定义，它既是老年人对"活出自我"的新定义，也是子女和青年群体眼中所向往的"理想之地"，它更要符合互联网亚文化、泛娱乐中"破圈"火爆的种种需求。

一、主体：个性鲜明，中老年网红不惧年龄

　　随着社交媒体的发展和互联网普及程度的提升，中老年网民的数量与日俱增，互联网持续向中老年群体渗透，中国银发群体上网活动更加频繁，而银发群体基数的增大，无疑为该群体中出现中老年网红提供了现实基础。而这些中老年群体大多为退休人员和空巢老人，没有过重的家庭负担，空闲时间比较多，并且实现自我价值的需求旺盛。根据马斯洛的"需要层次理论"，人的最高需求层次是自我实现。随着经济的发展和生活水平的提高，大多数中老年群体已经不再满足于做家务、带孙子、锻炼身体这样的日常生活，而是渴望追赶时代，不要落后于社会。而互联网的普及正是为他们打开了一扇窗，让他们看到了年轻人多姿多彩的世界，给了他们一个破除社会对老年人刻板印象的机会。在很多年轻人的心里，中老年人就是保守、古板、无趣的代名词，但是网络平台上的很多银发网红就以自己的特质打破了这类刻板印象。无论是喜爱嘻哈歌曲、打扮朋克的"罗姑婆"，还是已经83岁还拥有健硕肌肉，并搭配飘逸白发的"王德顺"；他们都在重塑传统的中老年群体人设，有趣、有活力、时髦、心态年轻成为他们的新人设。而在粉丝眼里，相比于看惯了的青年网红群体，这些银发网红身上特有的反差感给公众带来了很大的吸引力。

纵观网络平台上活跃的银发网红们，我们可以发现他们风格迥异、极具个人特色，他们往往结合自身的年龄与特质，打造专属自己的符号。"鸵城大叔"怀着对年轻人世界的好奇心，宣称要吃 100 种年轻人爱吃的东西，章鱼小丸子、鸡蛋仔……大叔试吃的过程也笑点频出。可爱的"小顽童爷爷"的视频内容主要是一家老小和睦的关系、爷爷奶奶慈祥的笑容和孩子气的举动，展现了真实又个性的生活状态。公众看惯了精心包装和设计的传统网红形象，已经审美疲劳了，而爷爷奶奶的出现正是网红界的一股清流。他们的内容极富人间烟火气，真诚而又平和之余，依然富有独特的个人魅力。在传统网红形势低迷的情况下，银发网红无疑是一个前景无限的市场。

二、客体：需求满足，网民的心理投射与群体归属

社会公众并非被动地接受媒介传播的信息，他们会根据自身的需求主动寻找信息，以促成期待的满足。中老年网红在网络平台上的走红并不是偶然，其背后有着深层的心理需求和内驱动力。中老年网红的视频内容通常平易近人，比较接地气，观看的人无需进行思考，呈现的是不同于大城市的慢节奏生活日常，这让很多人卸下了压力，获得了娱乐和放松。另外，年轻人在观看银发网红的视频时，通常会"移情"到自己，在肯定中老年网红有活力、有朝气的同时，希望自己父母能够像他们一样活得洒脱有趣，也向往自己能有这种精致的老年生活。

2020 年 11 月 18 日，新浪微博用户"搜狐千里眼"发布了一个"23 位留守老人组团齐跳网红舞"的视频，获赞数靠前的几条评论几乎都是赞美的句子，例如："这是热爱生活的表现！""忘记动作的第一排老爷爷好可爱啊！""好可爱的老人家，转给我妈看看。"[1] 微信公众号"全媒派"在 2019 年 6 月 2 日发布了一篇文章《中老年网红图鉴：50 后都是真朋克》，文章中盘点了国内国外一群中老年网红，留言区的精选评论有："你曾是我，我也终将成为您。炽热的灵魂从未褪色，银发

1　新浪微博用户"搜狐千里眼". 23 位留守老人组团齐跳网红舞[EB/OL].（2020–11–18）[2021–06–18]. https://m. weibo. cn/6168007956/4572623759213066.

是热爱生命的闪光。""我喜欢因为我知道有一天我也会一头银丝，希望那个时候我还是我自己，做喜欢的自己，还是个有趣的人，而不是柴米油盐家长里短，聊人八卦背后嘴碎。""我希望我爸妈的老年生活也很精彩。""或许银发网红最让人们感动的地方在于：尝尽了人生甘苦后仍然热爱生命。"[1]年轻网友从银发网红身上建构自己对老年生活的想象，这种自信乐观而又豁达的生活态度是他们对自身未来的理想化设计。

随着社会化媒体越来越火爆，想吃网红这碗饭的人也越来越多，这必然导致网红市场逐渐浮躁，内容同质化严重，为了获取流量而无下限的网红越来越多……美国社会心理学家费斯廷格提出了社会比较理论，他认为每个人都具有将自己与他人进行对比并确立自我价值、进行自我评价的心理倾向。在抖音短视频平台上，即使是相似的内容，因为拍摄主体的不同，留言区的评论也会出现不同的态度。因此可以看出，网友们总是习惯于将乐观豁达、拥有有趣灵魂的银发网红与哗众取宠的传统网红进行比较。这显示了网友们对传统网红们同质化作品的审美疲劳及对低俗无下限的内容的厌弃，他们渴望有真诚不做作的作品出现，这也是银发网红圈粉的原因之一。

三、媒介：技术赋能，打破专业壁垒

施拉姆在 1982 年出版的《男人、女人、讯息和媒介》一书中提到：人们使用一个媒介的频率与预期能够获得的报偿和使用媒介时需要付出的代价有关。使用某种媒介时获得的报偿越多，付出的代价越低，使用此媒介的频率就越高。银发网红们的青年时期属于传统媒体盛行的时代，报纸、录音机都是互动性较低的媒介，而抖音、快手等短视频平台作为报纸、电视机等的补偿性媒介，它功能强大，准入门槛低，操作简单，不要求用户有较高的操控能力和知识水平。中老年人只需一部智能手机，就可以进行视频拍摄与制作，滤镜、配乐、特效等功能的

1　微信公众号"全媒派". 中老年网红图鉴：50 后都是真朋克[EB/OL].（2019-06-02）[2021-06-21]. https://mp. weixin. qq. com/s/gBL2stQ0UgnJsZdJPCGPlA.

按钮也十分显眼，甚至还有很多剪辑模板，对于并不十分精通手机操作的银发群体们也十分友好。这打破了传统的只有专业人员才能制作视频作品的壁垒，对中老年用户群体的吸引力强。另外，抖音等短视频平台的主界面通常一目了然，点赞、评论，转发设置都十分明显，降低准入门槛的同时也满足了中老年群体的社交需求。

此外，随着互联网普及率的稳步上升，中老年群体互联网接触率也在不断提高。尤其是抖音、快手等短视频平台，由于功能强大、准入门槛低、操作简便亲民，其用户数也在不断增加。由于互联网空间具有虚拟性，而网络平台也具备了快速便捷、内容多元、传播范围广、速度快等优势，极大地满足了受众获取知识、娱乐放松、社会交往、实现自我价值等需求。因此，大批的中老年群体入驻社交媒体平台，学会使用互联网的、想要通过互联网展示自己的中老年人越来越多，平民范式打破专业壁垒。

四、内容：有趣多元，拒绝刻板印象

在流量盛行的时代，各种各样的内容层出不穷，受众在看视频的时候最关注的是什么？网红圈子里有这样一句圈粉秘诀：始于颜值，忠于才华，陷于人品。网红的颜值或者是视频的精致度往往是吸引受众的最初因素，而诱使受众从路人粉蜕变为铁粉，往往就需要网红具有足够的才华，这也是保证受众持续关注作者的强有力支撑。而增加粉丝黏性、凝聚粉丝力量、形成稳定的粉丝群的根本则是人品，具有善良真诚的特质和独特的人格魅力，才能够在内容为王的时代走得更远。

中老年群体走红的方式也不例外。首先，不论是梳着齐刘海、保持着匀称的身材、要优雅老去的"只穿高跟鞋的汪奶奶"，还是精致儒雅、注重生活仪式感的"北海爷爷"，他们的视频所传达出的就是老年人依然可以精致、时尚的符号，而这种符号恰好成为吸引"路人粉"的要素。其次，纵观社交平台上那些有着高人气的银发网红所发布的内容，不难看出他们或搞笑励志，或淳朴自然，或个性鲜明，或情节有超高的可读性。例如，把各种主题编写为rap的"罗姑婆"，和年轻人一样喜爱球鞋文化，热衷于拍摄穿搭的潮爷"康康和爷爷"。换言之，传播内容的多元化和个性化吸引了粉丝持续关注，"路人粉"由此转变为"铁粉"。而粉丝成为"铁粉"之后，会加深与银发网红之间的互动，在不断交流中会加深对这些银发网红的认知与了解，他们表现出的乐观开朗、洞察世事、真诚待人、拒绝做作等特质与他们独特的人格魅力渐渐征服了受众，因此受众也就从"铁粉"成为"死忠粉"。

另外，如上文所说，银发网红的视频类型丰富多元，满足了受众各方面的需求。在如今这个快节奏的时代，人们工作繁忙、精神紧绷，刷抖音主要的目的是缓解压力，而在碎片化传播时代应运而生的15秒的小视频笑点密集并且不用进行深层次的思考，十分适合放松。这些中老年网红生产的内容，趣味性和创意性强，他们在抖音上唱rap，跳街舞，形成"反差萌"，尝试年轻人最喜欢做的事，传播的内容各式各样。看惯了抖音上同质化严重的年轻网红，银发网红群体真实、亲民的形象让受众耳目一新，眼前一亮。

第三节　跨越"鸿沟"与数字"壁垒"

银发网红代表着这个时代越来越多的老年人开始拥抱互联网，成为数字技术时代的"弄潮儿"。他们打破公众对于老年人的刻板印象，更向社会证明数字鸿沟与壁垒都是可以被跨越和打破的存在，热爱生活、积极乐观、拥抱新事物。充满"正能量"，不仅能打动同龄人，更能感动青年一代。如果说，当今的银发网红是率先跨越数字鸿沟和进行自我表达的"先锋队"，那么从媒介生态的角度来看，可能还有更多老人仍然处于数字化困境之中，他们需要被关怀与帮助，他们也不应该被抛弃和遗忘。

一、社交互动：老龄化社会与空巢老人隐忧

2019 年初，有一部约 5 分钟的贺岁短片在朋友圈走红，片中的老人不愿接触新生事物，对新科技十分抗拒，几代人之间不免产生了隔阂。但是当许久未见的孙子回来时，老人却渴望与他沟通，孙子提出想要"佩奇"，老人放下心中的成见，满村子为孙子寻找"佩奇"，最后利用鼓风机为孙子制作了一个"佩奇"。片中的亲情感染了很多人，数字科技的发展就像一座桥横亘在爷孙两辈人之间，而这个"佩奇"则拉近了两辈人的距离。人口老龄化目前已经成为一个全球化的问题，21 世纪以来，我国老龄化趋势不断攀升，但与此同时也带来了不少社会难题，这不仅仅涉及老年人养老的问题，老年人口逐渐增长也与每个人息息相关。公众对中老年群体的了解往往基于媒体的报道所构建的老年人形象，在新媒体上对银发群体的呈现更加直观，因此进一步地影响了公众对银发群体的印象。时代发展迅速，我们生活的很多方面都受互联网的影响而发生了改变，很多老年人的生活也随着手机支付、线上社交、网约车等功能的普及而发生代际鸿沟，影响实际生活。如何摆脱数字技术带来的迷茫感，是很多中老年人正在面对的挑战。

随着越来越多的老年人学会上网，我们需要关注银发群体在互联网高速发展的数字时代下的生活状态。首先，中老年群体经历了年轻时期的积累，整体负担较小，有更多的空闲时间与精力可供支配，于是娱乐需求与社交需求也在被慢慢重视，很多中老年群体喜欢线上购物、线上订餐及线上娱乐，新媒体时代正在逐渐让中老年群体的生活更加数字化。但是在众声喧哗的网络时代，银发群体也有不小的焦虑，退休意味着他们从社会的中心走向了边缘，也许会跟不上时代的步伐，社交圈子骤然缩小，生活变得空虚而寂寞，儿女长期奔波在外，生活内容往往会变得重复且单调。老人的这些生活与心理问题成为老龄化社会的一大症结。而这些忙了一辈子的银发群体害怕无所事事的生活，也害怕被时代抛弃，于是他们为了努力追赶上年轻人的脚步，在新媒体上寻求自我价值，展现自我风貌。

如今市面上推出的很多 App 针对的用户群体都是年轻人，专为中老年群体设

计的社交软件非常少，结合新媒体技术下中老年群体的生活现状，笔者认为，借助互联网构建一个专属于银发群体与年轻人进行相互了解与沟通的平台，并提供简便的操作方式是非常必要的。例如，银发群体社群聚集、银发网红入驻的展示平台，银发群体可以尽情表达自己的想法，寻找更多的同路人，加快代际融合，以求能够切实关注空巢老人的生活，帮助他们赶上这个时代。

二、媒介反哺：提升中老年网红的媒介素养

虽然在抖音等短视频平台上，银发网红的比例越来越高，很大一部分中老年群体已经具备了上网的意识与能力，但是依然有很多中老年群体对互联网接触很少，了解很浅，部分中老年群体依然坚持使用现金支付，不愿接触智能手机等移动设备，而在农村地区，互联网的普及十分有限，很多中老年人缺乏上网意识，更不懂得如何在网络上进行社交与实现自我价值。另外，还有很多社交圈较小的退休老人和空巢老人，他们知识水平不高，对他们来说使用互联网并不简单。这就要求各类媒体通过新闻报道、人物塑造、广告推介等方式，激发他们的好奇心和尝试欲[1]。或是相关机构开展相应的互联网知识科普及媒介使用的培训，通过"媒介反哺"，提高他们使用媒介的能力。另外，除了外界对他们的帮助，中老年群体还可以互帮互助，建立社群共同进步。总之，增强中老年群体上网意识关键还得靠社会各界的推动和中老年群体自我意识的提高。

除了在媒介使用能力层面对中老年人进行提高以外，已经熟知网络平台的运作规律的银发网红们也应该对传播的内容更加谨慎。在抖音等短视频平台上，很多中老年凭借自身的独特魅力展现自己，实现自我价值，也收获了一大批粉丝。而很多年轻人为了对中老年网红进行鼓励或是出于猎奇心理，对银发网红往往十分宽容，千篇一律地夸其乐观、可爱、有活力……甚至把银发网红出格的行为认定成有趣，对尴尬的段子以及抄袭的行为都给予包容。网友一边倒的赞赏与鼓励

1　盖龙涛，陈月华. 网络惠老发展探究：基于中老年网民的上网行为调查 [J]. 现代传播（中国传媒大学学报），2017, 39(6): 77−81.

也许会使部分中老年网红越来越膨胀、迷失方向，长此以往，中老年人往往疏于对内容的深耕，一味依靠自身年龄特质，为了博取注意而剑走偏锋，为了获取流量，内容越来越低俗化，毕竟并不是所有中老年人都是善良敦厚之人。这就要求平台审查要严谨，银发网红要深耕内容，创造一个优良的网络生态。

三、内容深耕：趋向多样化、精细化的内容开发

虽然目前在各大社交平台上，银发网红呈现出生机勃勃的状态，但是内容的多元性依然有待加强。通常一种风格的视频走红以后，此类型视频就会层出不穷。银发网红的内容往往是通过日常习惯与年龄产生反差，例如，爱穿高跟鞋、喜欢球鞋等，或是展现朴实、岁月静好的生活日常等，同质化的内容会让用户对此类内容产生倦怠感。如果缺乏策划与制作优质作品的持续能力，银发网红的出现也只能是昙花一现。网红经济本身是注意力经济，当所有人为了获取注意力蜂拥而上时，能否保持持续又有创意的创作能力成为关键，这也是能否稳定粉丝黏性及获取增量的主要因素。未来银发网红发布的内容应该更加趋向精细化与多元化，例如，可以涉及教育、情感、旅游等比较火热的板块，深耕内容，做到粗中有细、精准定位以寻求内容更加垂直化与专业化。

另外，对年轻人来说，往往带有"长者"身份的银发群体传播的生活哲学与知识学问更具有信服力。中老年群体具有丰富的人生阅历，积淀深厚，小到自身领域，大到人生哲学，他们都有自己独特的见解。例如军事方面的专家"局座召忠"，古代文学方面的专家"易中天"，不仅如此，从专攻养护花草的种植能手、擅长烹饪或对当地美食了如指掌的老饕，退休后的企业高管与医学专家……打造垂直领域的中老年网红，以深度行业剖析和知识输出为主，重在知识传递、文化的传承，而各大平台也为银发一族发挥余热提供了舞台。

尽管银发网红层出不穷，发展势头迅猛，但是头部效应明显，各平台上被熟知的银发网红依然是头部的那一批。例如上文提到的局座召忠、达康书记、北海爷爷、只穿高跟鞋的汪奶奶等人，而更多的银发网红依然没有进入大众的视野。

因此要打造腰部KOL，则应在银发网红阵营中加入新鲜血液，防止受众审美疲劳。银发网红也可以与网红孵化机构合作，扬长避短，让机构对自身进行专业技能培训、创新性内容开发、针对性引流与互动。而这些机构通过对中老年网红的深度挖掘、签约合作、技能培训、人设打造、流量曝光、商业变现等一系列运作，将会带来新一轮的银发群体圈粉现象。

四、流量变现：带动银发经济产业链

据权威部门预测，2030年，中国60岁以上老年人口会达到3.71亿，这意味着在10年的时间里，中国老年人会以平均每年1200多万的速度增加，10年间共增加1.23亿[1]。在阿里巴巴发布的《银发族消费升级数据》报告中，近三年淘宝天猫上银发族用户增长了1.6倍，三四线城市增速高于一二线城市。其中，50岁以上人群占比最高，60岁以上人群在天猫"双十一"购买热情最高，线下扫码支付的银发族增长25倍，指纹与刷脸支付也增长20%。可以看出智能技术在银发群体中的普及与使用程度不断提升。应势而为，凭借银发网红开发"银发经济"，为网红经济注入新的活力。广告、商品橱窗、直播带货，这些常用的变现"套路"在他们的身上也同样适用。例如"北海爷爷""只穿高跟鞋的汪奶奶"都是各大时尚品牌的宠儿，他们在海量流量的助力下，通过精致的生活态度进行精准营销，为品牌背书，很好地将视频本身所传递的态度与广告创意相融合，从而提高产品转化率。例如，抖音博主"康康和爷爷"擅长穿搭，在冬天到来之际，与优衣库冬季保暖系列及美的智能发热围巾合作，将实用性的产品搭配出时尚的感觉，带货的同时也能提供冬季保暖与时尚兼备的搭配新思路。"末那大叔"与沙宣合作的一条广告视频"精致的一天从头开始"获赞141.8万，这条视频以vlog的形式展现北海爷爷和末那大叔从刚睡醒时发型凌乱到用沙宣发蜡、沙宣定型喷雾，打理出帅气发型，然后挑选配饰准备出门的全过程，许多用户都在评论区表示被精致的生活打动了。

除了可以依靠知识或才艺展示等途径吸引广告主或品牌主，网红也可以以

---

1 中国"银发"经济来袭[J].商业观察，2018(10): 2.

"卖货"为主，开通商品橱窗，凭借电商网红的自带流量实现变现。活跃在保健领域的"康奶奶说"就运用自己抖音界面的商品橱窗为自己的淘宝店铺进行导流，店内售卖的都是与其专业领域相关的保健产品。"我是田姥姥"曾发布过一条带货视频，视频中外孙非要扔掉家中的一款老式剃须刀，田姥姥对外孙穷追不舍，气得直跺脚，然后外孙掏出了一个全新的"吉列剃须刀"递给姥姥，姥姥高兴地接过去给姥爷现场刮起了胡子，在介绍产品的同时为粉丝提供了不少笑点。该视频收获点赞 69.3 万，评论数多达 1.3 万，而商品橱窗中的这款商品也显示已售出 9745件。另外，部分银发网红已经开始尝试直播等新形式。例如，"只穿高跟鞋的汪奶奶"在自己的抖音主页上就常发布直播预告。未来，银发网红是否能够成为直播带货达人中的一分子，还有很大的想象空间。

五、加强管理：保障中老年网红的合法权益

2020 年 3 月 25 日，这是 79 岁的"只穿高跟鞋的汪奶奶"第一次进行带货直播，但在直播进行到第 36 分钟时，因为不熟悉相关规则，触发了惩罚机制，汪奶奶被强制下播，因此直播中断了 10 分钟。而直播了三个小时之后，汪奶奶离开了屏幕，剩余的两小时直播由助教完成。对于当时 79 岁高龄的汪奶奶来说，三个小时的密度极高、注意力高度集中的讲话是一件极其耗费精力与体力的事。但是在巨大经济利益的诱惑下，商业机构不会对人气很高的中老年网红降低标准，势必会对他们提出要求，如保证一定的直播时长、发布作品的频次、与粉丝互动的风格等。而中老年人媒介素养普遍不是很高、对于网络层面的防范意识也比较薄弱，并且对于媒介的运用及数字技术的了解不深，容易上当受骗，被人利用，成为网红孵化机构谋利的工具。据报道，头部的短视频博主依靠广告的月收入可达上百万，MCN 机构与网红之间的分成基本按六四开或七三开，MCN 机构往往占大头。而关于话语权的争夺及利益的分配方式，双方一直处于博弈之中，许多网红在一次次的利益纠纷中出走原团队，因在疫情期间拍摄武汉 vlog 走红的 B 站 UP 主（uploader，视频内容上传者）"林晨同学"发文控诉自己所在的 MCN 机构，这样的

纠纷持续不断。

而走红的银发群体因不了解网络平台运作逻辑，常常会按照MCN机构为其制定的人设出现在屏幕面前，将公司对自己的定位及粉丝期待的模样当作自己本身的特质，逐渐丧失主体意识。而突如其来的流量则会让这些并非网络原住民的银发群体陷入迷茫，无法准确区分网络与现实之间的关系，导致自我价值实现异化，而产生自我认知失衡，陷入种种误区之中，影响正常的生活。因此，各类媒体应通过新闻报道与公益广告宣传网络具有虚拟性，切勿迷失自我；相关部门及中老年社区也应该通过线上线下的观念宣传及关心老年人的心理状态与日常生活，以提高银发群体的互联网运用能力，增强其媒介素养，创造一个有趣且安全的网络生态环境。

第八章

知识网红：新时代的精英与领袖

习近平总书记在谈及科学普及的重要性时强调："科技创新、科学普及是实现创新发展的两翼，要把科学普及放在与科技创新同等重要的位置。"[1] 把握科技创新发展趋势，利用有效的传播手段促进科学知识的普及和更多公众的参与，对提升国民科学素养的重要性不言而喻。近年来，短视频平台的兴起和发展，推动了内容创作的繁荣，为公众科普提供了全新的思路，短视频平台成为科学内容传播的重要载体。

新媒体为公众进一步了解和参与科学性公共话题提供了条件[2]，随着受众对知识型内容需求的上升，多元化的传播平台有效助推，"知识网红"应运而生。他们借助新的媒介技术和表现形式为"硬核"的科学内容包裹上有趣的"外衣"，降

1　习近平在 2016 年 5 月 30 日，全国科技创新大会、两院院士大会、中国科协第九次全国代表大会上的讲话《为建设世界科技强国而奋斗》。

2　金兼斌，江苏佳，陈安繁，等. 新媒体平台上的科学传播效果：基于微信公众号的研究 [J]. 中国地质大学学报 (社会科学版), 2017, 17(02): 107−119.

低公众理解科学的难度，激发公众对科学的兴趣。短视频以更加直观立体的传播形式增强了科普的趣味性、可视化和互动性，从公众关注的科学现象和科学问题出发，以通俗易懂的语言与公众进行互动与沟通，运用立体动画、3D建模、虚拟现实等技术，以实时弹幕、评论、直播等形式搭建科普传播者与公众之间沟通的桥梁。新冠疫情暴发后，涌现出了大量优质的科普短视频，以视觉化的叙述手法，综合运用各类模型、动画等工具，清晰地向公众展示新冠病毒的结构与传播链，同时也向公众科普科学的防疫措施。同时，短视频所体现的链接化分享的特性[1]，一方面能够进一步提高科学知识的普及率和渗透力，而另一方面则进一步扩大了"知识网红"的影响，使之成为获取价值的渠道。大批"知识网红"在知乎等平台上涌现，他们通过文本、图片、语音、直播等形式分享付费内容，成为推动"知识付费"浪潮的主要力量[2]。"知识网红"与"知识付费"形成了良性循环，知识传播、科普传播的新生态得以实现。本章内容通过对哔哩哔哩视频网站的知识区展开分析，聚焦"知识网红"这一新生群体，关注他们的角色定位、内容生产、传播特点，以及当下困境与未来发展。

第一节　网络空间的知识"搬运工"

"知识网红"的出现代表作为社会新生代知识阶层的青年知识群体正在进入人生的上升期，人生与事业的发展促使他们对知识具有强烈的渴求，而繁重的生活与工作又极大地挤压了闲暇时的学习时间。"知识网红"正是这样的一群人——"知识搬运工"，他们将海量知识有效分类转化、重组和包装，提供了有价值感的内容，他们对知识进行再定义，将其呈现为具有平民化、大众化、流动化和娱乐化特点的知识消费品，让受众体验知识增量，缓解"知识焦虑"，实现了市场供给侧和需求侧的动态平衡。他们甚至改变了知识本身的固有形态而使之具备情感属

1　王艳丽，钟琦. 新媒体环境下科学传播中的受众行为研究[J]. 科技传播，2020, 12(15): 7.

2　方军. 知识付费：互联网知识经济的兴起[J]. 互联网经济，2017(05): 72–77.

性并赋予其价值标签[1]。

一、"知识网红"的群体形象与定位

随着互联网技术的快速更迭，网红也与媒介技术演进一样呈现出代际式的发展变化，按照此前梳理网红的发展主要经历了"1.0 文字时代""2.0 图文时代""3.0 富媒时代""4.0 移动时代"四个时代[2]，网红形象也经历了从中性到偏向负面，回归理性后逐步走向"狂热"的历程，而"知识网红"主要诞生于"3.0 富媒时代"和"4.0 移动时代"，其传播者更多集中在"高知"群体，甚至很多由科学家和研究者成为互联网科普的行动者，他们利用自己的专业知识、研究专长在互联网新媒体平台上参与科学传播实践[3]。当然其中不仅包括科学家或研究者个体，也包括一些科研机构，譬如，中国科学院物理研究所的科普团队基于抖音平台生产、发布短视频，帮助弥合专家与大众之间的科学知识鸿沟，扭转"冷科学"传播失焦的舆论态势，助力全民科学素养的提升[4]。其抖音平台账号超过 143 万粉丝，成为科普领域最具影响力的网红账号之一。

本章所要讨论的"知识网红"，正是这类进行知识密集型的数字内容创造和传播的网络红人，他们更专注于打造其专属的知识产品[5]，并经过一定的形象包装，具备在某一具体专业领域发表意见、解答问题的群体[6]。更重要的是，能被称为"知识网红"，他们必然是已经形成一定影响力的个人或群体，他们的走红体现了意见领袖的媒介化进程[7]。而商业与资本助推了这一媒介化进程，"知识付费"作为互联

1 吕婷婷，丁三青."知识网红"生成逻辑及对青年群体影响 [J]. 人民论坛·学术前沿, 2019(08): 84-87.

2 袁凫青. 网络直播对网红与粉丝关系的影响研究 [J]. 新闻爱好者, 2019(5): 91-94.

3 贾鹤鹏，王大鹏. 作为建设性新闻的科学报道——以网红科学家的科普实践为例 [J]. 当代传播, 2020(02): 50-55.

4 杨洋. 短视频引爆"冷科学"传播——中科院物理所的抖音知识网红之路 [J]. 传媒, 2020(10): 57-59.

5 付少雄，陈晓宇. 知识网红内容表现力的影响因素分析：以知乎为例 [J]. 情报资料工作, 2019, 40 (06): 81-89.

6 黄芸，刘儒雅. 知识网红在突发公共卫生事件中的传播分析——以"回形针"和"丁香医生"为例 [J]. 中国记者, 2021(03): 61-64.

7 庄婉喆，刘迅. 论全媒体时代知识网红与网络意见领袖之博弈 [J]. 出版广角, 2019(08): 42-44.

网时代的一种新型生产关系，已经广泛地被消费者接受。在这一关系中，用户通过购买知识服务，以更加简单舒适的方式获取筛选过后的知识内容。"知识付费"在此过程中催生了一拨又一拨"知识网红"，并使创作者与获得者之间的更为直接的付费传播方式成为消费者获取知识的重要渠道[1]。

本章我们将"知识网红"理解为网络平台上科学科普领域的意见领袖，将其描述为在新媒体平台上进行科学知识的传播和分享从而受到广泛关注的传播主体：第一，基于自身学识与专业背景为公众提供易于理解的科学知识，借助网络平台和多样化的媒介工具进行内容呈现；第二，具备较好的媒介素养，能够掌握一定的视频编辑技术；第三，善于把握受众需求，具备良好的沟通能力。本研究主要指向具备一定的专业学术背景或具有与科学传播相关经历的非科学家群体，这类"知识网红"在保持严谨性的基础上，善于将复杂的科学现象、科学原理和科学实验转化为公众可以理解和接受的内容，并且借助图文、短视频和直播等形式进行传播，激发公众对科学的热情，在获得个人社会价值和经济价值的同时，推动公众科普的发展。

二、B站知识区：走近线上科普社群

B站是中国年轻一代聚集的文化社区和视频弹幕网站，涵盖了科技、娱乐、生活、动漫、游戏等多个圈层和文化社区。2020年6月，B站"知识区"正式上线，下设科学科普、社科人文、野生技术协会、财经、校园学习、职业职场6个二级分区，为科学知识的传播提供了更加多元化的平台，也推动着线上科普社群的形成。同年，清华、北大、复旦等多所知名高校也加入了"B站不停学"专题，越来越多的高校名师也加入其中通过直播进行授课。2020年第四季度财报显示，B站月均活跃用户达2.02亿，月均活跃创作者数量同比增长88%，视频投稿量达590

---

1 王潇滢. 探析知识网红的类型划分和价值实现 [J]. 声屏世界，2022, (02): 48−52.

万[1]，其中科技和知识类视频的播放量占据季度整体播放量的 10%，知识类内容是2020 年增长最快的内容类别。因此，本研究选择 B 站的科学科普账号和视频作为主要研究对象。

（一）研究方法

本研究运用内容分析法对 B 站视频进行剖析。参考 B 站的视频分类，主要将科普视频内容分为生物自然类、数理化类、天文航天类、医学健康和综合科普类等5 个类别，根据视频热度（包括点赞量、转发量和评论量），选取 5 个类别排名前三的账号中视频热度排名前十的共 150 个视频进行传播内容和策略分析，并进一步剖析传播困境与潜在问题。

网络民族志是指在网络社区中进行参与式观察的民族志研究方法，是对传统的传播民族志研究方法的拓展。研究者于 2020 年 2 月初进入 B 站科学科普内容社区，他们初期主要是熟悉 B 站评论区及弹幕讨论的相关规范，浏览热门视频、评论和弹幕，确定重点分析的视频账号；随后深度阅读和观察研究对象的热门视频内容和互动讨论，并对热门评论和弹幕内容进行记录，同时参与账号主体发起的直播活动。

（二）样本选择

本研究在 B 站知识区的科学科普频道中按照生物自然、数理化、天文航天、医学健康、综合科普 5 个类别进行检索，筛选条件为"按视频热度"排序。

为保证研究对象具有代表性，本研究参考了创作者的粉丝数量和视频数量，排除了只拥有一个爆款视频，并且没有持续进行视频创作的账号，确定了 15 个研究样本（如表 8.1 所示）。以"最多播放"作为筛选条件，确定了 150 个科普视频作为分析对象，将分析栏目设定为视频时长、表现形式和内容主题。

1　文旅中国. B 站发布 2020 年 Q4 及全年财报：月活用户突破 2 亿，"视频化"市场潜力巨大[EB/OL].
　（2021-02-25）[2021-06-21]. https://www.sohu.com/a/452560777_120006290.

表8.1 哔哩哔哩科普账号信息

类别	账号	粉丝数/万	视频获赞量/万	视频播放量/万
生物自然类	无穷小亮的科普日常	669.6	3069.6	47000.0
	芳斯塔芙	233.2	1112.3	19000.0
生物自然类	风羽酱–sdk	21.8	382.2	1665.4
数理化类	毕导THU	470.4	1997.2	16000.0
	李永乐老师官方	314.0	509.8	10000.0
	真·凤舞九天	38.6	203.6	2451.6
医学健康类	兔叭咯	595.3	2878.5	30000.0
	六层楼先生	148.7	530.4	6282.0
	刘加勇医生	88.6	341.6	9830.2
天文航天类	Linvo说宇宙	42.9	131.6	2966.7
	豆先生的纠缠态	29.9	188.2	4005.7
	Zelo–Balance	53.3	130.6	1320.6
综合科普类	吟游诗人基德	180.4	625.9	8799.4
	画渣花小烙	268.6	1681.1	28000.0
	老师好我叫何同学	917.7	3554.0	26000.0

第二节 知识精英的专业化人设

"知识网红"需要有自己的专业背景，并且他们往往聚焦于不同的专业领域进行内容的细分和深耕，基本都是通过在某个垂类领域中获得意见领袖的话语权，再开始适当"破圈"。那么B站的"知识网红"又是如何完成自己专业领域知识权威的角色定位的？本章我们梳理了"知识网红"在B站上的媒介形象建构，主要从页面设置、内容创作、视觉呈现、互动交流和形象塑造等五个方面进行分析。

一、页面设置：官方认证与专业背景

　　账号主页的信息呈现影响着用户的第一印象，如表8.2所示，在分析的15个账号中，所有"知识网红"账号均有B站官方认证。根据B站的认证体系，申请官方账户认证后，账号便拥有专属标识，能够获得更多的流量曝光，在合作商务方面也具有一定优势。大多数账号在主页的自我介绍中表明了专业领域、学术背景和相关经历，针对个别没有注明专业垂类的账号，官方认证信息则作为补充。例如，天文航天类账号Zelo-Balance，其所有者为密苏里哥伦比亚大学信息科学硕士，主要上传与天文天象和航天科技相关视频，个人简介为"你们都不知道我是谁"，而认证信息"Bilibili知名科普UP主"明确了其账号性质；数理化类账号"真·凤舞九天"，简介为"凤凰于飞，翙翙其羽。诺艾尔天下第一！"（诺艾尔为游戏人物），认证信息"'疯狂化学''实验室的魔法日常'系列科普作品作者"也清晰传递了账号的科普内容。与传统的科学家相比，这些"知识网红"的形象更加立体和丰富，兼具学术背景和个人兴趣。

表8.2　哔哩哔哩科普账号主页信息

账号昵称	官方认证	自我介绍
无穷小亮的科普日常	2021百大UP主、科普作家张辰亮；《海错图笔记》等作者，科协十大科学传播人物	发一些科普工作中的有趣小事
芳斯塔芙	2020百大UP主、知名UP主；第三届"bilibili新星计划"获奖者	芳斯塔芙＆鬼谷藏龙为您带来fun stuff（好玩的东西）
风羽酱-sdk	知名UP主	科学艺术/风暴追击/气象万千/中国传媒大学摄影系在读
毕导THU	2020百大UP主、知名UP主	一名数理化狂热爱好者！
李永乐老师官方	知名科普UP主	微信公众号"李永乐老师"
真·凤舞九天	"疯狂化学""实验室的魔法日常"系列科普作品作者	凤凰于飞，翙翙其羽。诺艾尔天下第一！
兔叭咯	bilibili 2021百大UP主、知名UP主	医学学历；微博：兔叭咯不是2pac

续表

账号昵称	官方认证	自我介绍
六层楼先生	六层楼先生官方账号，健康类视频自媒体	我爱这个世界；前北京三甲医院妇产科医生；《第十一诊室》创始人；《女生呵护指南》《怀孕呵护指南》作者；希望可以更高效、及时地为广大女性提供合理、准确的女性健康相关信息
刘加勇医生	健康知识科普UP主	从医26年专注于瘢痕疙瘩和烧烫伤疤痕增生问题的主治医师/中国社会福利基金会烧烫伤关爱公益基金委员/红十字会救护培训师/北京大学在读研究生
Linvo说宇宙	bilibili知名科普UP主	通俗易懂聊宇宙~（天文、量子、弦理论……不聊哲学）
豆先生的纠缠态	知识领域优质UP主	一个航天迷
Zelo-Balance	bilibili知名科普UP主	你们都不知道我是谁
吟游诗人基德	bilibili知名UP主	游走在乡间小路上，给农夫和小姐们带来更大的世界
画渣花小烙	bilibili 2021百大UP主、知名UP主	一名想要努力画好每一个小知识的画渣！
老师好我叫何同学	bilibili 2021百大UP主、2020年度最佳作品奖UP主	喜欢做贼有意思的视频

清晰明了的背景介绍便利了受众进行信息搜索，能够快速定位特定类别或者特性内容。医学健康类账号大多会直接表明医学学历与工作经验，以及专注的医学领域。例如，"六层楼先生"在个人主页的介绍中注明"前北京三甲医院妇产科医生"，"刘加勇医生"直接使用"医生"表明个人身份，并且在简介中强调专注的医学领域，"从医26年专注于解决瘢痕疙瘩和烧烫伤疤痕增生问题的主治医师"，体现了账号的垂直细分化和专业化。

二、内容创作：兼具科学性与趣味性

将抽象的内容形象化、将平面的知识立体化、将晦涩的理论大众化是科普短视频受欢迎的重要因素。"知识网红"大多具有相关的学术背景，或者对某一领域表现出浓厚的兴趣，将原本普通公众难以理解的科学知识转变成通俗易懂的话语，对于热点事件和网络流行语较为敏锐，能够较好把握年轻受众的心理和感受，同时适度结合日常生活中的事件，从科学的角度进行解读，满足了公众对科学知识的需求。

在趣味性方面，创作者用拟人化文案提升视频质量。在特定的传播情境中，创作者通过符号能够使个体或群体之间建立联系，形成情感共鸣和意义共享。拓展兴趣和休闲娱乐是受众在B站观看科普视频的动机之一，视频内容质量和讲述风格在很大程度上会影响受众对视频的选择和关注。例如，"芳斯塔芙"账号的"出圈"视频《奇虾：初代霸主的故事》，除了古生物题材的内容优势之外，拟人化的故事叙述和情感丰沛的文案也是视频的亮点。在该视频最后，内容创作者对于奇虾退出历史舞台的叙述极具人文色彩，如"可见即便是在穷途末路中，演化之手也没有抛弃这个可怜的远古生灵""那个深埋在蓝茵河畔的金色化石，仿佛就昭示着一个时代的落幕"，也引发了受众的情感共鸣，弹幕中出现大量"满分作文""泪目""文案满分啊，关注了"等留言（如图8.1所示），体现了优质文案对用户的吸引力。

对于受众来说，寻找专业性的内容作为自我知识的补充，或者出于专业或者工作的需要是观看此类科普视频的目的之一。同时，考虑到受众学习的需求，以及科学知识的严谨性，大多数科普视频会在片尾或者评论区附上参考文献和资料来源，既增强了科普视频的可信度，也会影响受众对传播主体专业性的评价。

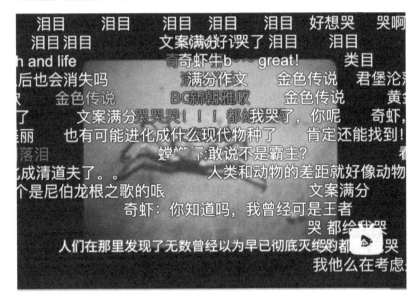

【鬼谷说】奇虾：初代霸主的故事

440.5万播放·总弹幕数1.8万 2019-02-14 10:51:15

图8.1 《奇虾：初代霸主的故事》弹幕截图

三、视觉呈现：视觉化元素加持

除了文案，"知识网红"的解说方式和视频呈现方式也是影响其形象的重要因素之一，高质量的视觉呈现有助于视频吸引大量受众。正如马斯洛需要层次理论中的审美需求，综合了感官与心理两方面需求。在视频的视觉元素方面，传播者可能会以固定的场景或视觉元素加深受众的记忆点。例如，"李永乐老师官方"以授课式为主，一块黑板一支粉笔，高中物理老师的形象成了受众的记忆点；"真·凤舞九天"的视频以化学实验为主，其在视频中大多穿着白色实验服出镜。另外，特效、贴图、动画、字幕等元素的运用，在丰富视觉效果的同时也增强了趣味性。在个人风格方面，大多"知识网红"会以一种轻松幽默的语气拉近与公众之间的距离，运用"提问—分析—回答—思考"的叙述模式。

同时，特定的片头和片尾有利于凸显账号特色和个人形象。一类是本人出镜以特定的话语作为开头介绍或结束语，例如，"兔叭咯"的视频统一以"关注！即可提高学习效率！Peace！"为结束语，"六层楼先生"以"我是六层楼，我爱这个世界"作为结束语；另一类以"图片＋文字＋配音"的形式进行展示，例如，"画渣花小烙"以个人卡通手绘图像（头像）配文"努力画画，认真科普，感谢关注"为结束语，"真·凤舞九天"以固定专栏的logo（标志）配以BGM（Backgroud Music，背景音乐）结束。此外，固定的标题格式也是常见手段，例如，"无穷小亮的科普日常"账号的科普视频大多以"亮记生物鉴定＋网络热传生物鉴定（集数）"为固定标题（如图8.2所示），视频内容以辟谣类为主。且该账号每个视频的末尾均会打假"水猴子"，这也逐渐成为他的代表性特点。

图8.2　"无穷小亮的科普日常"视频封面

在分析的15个科学科普账号中，有11人设置了专栏合辑。例如，数理化类账号"真·凤舞九天"的"天然魔法研究会""色彩重铸"等（如图8.3所示）专栏合辑的设置，既便利了受众进行信息的检索和收集，也有利于系统性学习某一特定领域的科学知识。

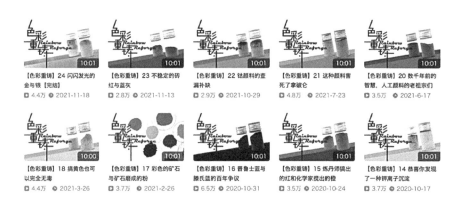

图8.3 "真·凤舞九天"的色彩重铸系列视频

另外，受到平台机制和互联网商业模式的影响，创作者大多会在视频结束时"邀请"受众点击关注或"一键三连"（B站推出的支持内容创作者的一种方式，指长按点赞键对作品进行点赞、投币、收藏）。

四、互动交流：粉丝互动增强情感联系

媒介技术的变革也带来叙事方式和传播场景的重塑，与传统主流媒体相比，新媒体平台的传播者与接收者之间的关系变得更加亲近，交流的双方倾向于寻找双方共同的意义建构和价值空间[1]，出现了以兴趣相聚、以情感共鸣为目的的交往互动模式[2]。

根据B站的平台规则，如创作者的粉丝数量大于一千，并发布视频作品，就可以设置粉丝勋章。受众可以选择在主页添加粉丝勋章标识，这意味着加入相应的应援团（即专属粉丝团），并且能够在账号的评论区、直播间和应援团进行展示。为了获得更高的等级，受众会通过保持对账号主体的关注来增加互动，在获取知识的同时，也获得了一定的情感满足和身份认同。而"知识网红"自身也处在这一新的媒介场景中，借助弹幕、评论、私信等适当参与群体互动，常常通过在

---

1 袁冬琪，詹绪武.社交基因、亲近性传播与新叙事机制[J].中州学刊，2021，43(02)：168-172.
2 黎川茜.基于媒介情境理论的弹幕研究[D].桂林：广西师范大学，2021.

视频中称呼其专属的粉丝称号来拉近与粉丝之间的距离，例如，"兔叭咯"的粉丝名为"兔饱饱"，在视频中通常以此称呼粉丝（如图8.4所示）；"毕导THU"的粉丝也会选择佩戴"二年级"徽章体现其身份。

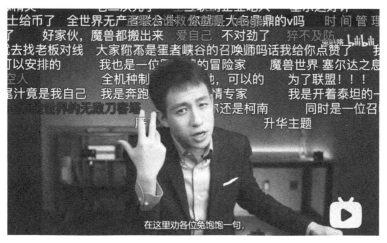

图8.4 "兔叭咯"对粉丝称呼的视频截图

通过观察和分析，B站上人气较高的"知识网红"大多在保持内容的科学性和严谨性的基础上，掌握一定的沟通技巧和新媒体创作技能。在内容上，能够结合时下热点事件或流行趋势，关注受众的兴趣点进行创作；在形式上，能够更加熟练地运用各类视频剪辑工具，拥有较好的表现力，善于面对镜头进行讲述；在互动上，能够有意识地展现"中区"行为，增强受众的参与感，同时打造独特的个人风格，在受众心中形成记忆点。另外，受到平台机制和互联网商业模式的影响，创作者大多会在视频结束时邀请受众点击关注或"一键三连"。

五、形象塑造："中区"行为呈现

媒介技术的更迭和媒介渠道的拓展，不仅带来了传播方式和传播工具的变革，也在一定程度上影响公众的认知方式、思维模式、互动交往行为等。戈夫曼的拟剧理论提出了"前台"与"后台"的概念，指出社会场景的切换会导致相应的行为举止的变化，但主要基于面对面交流，两者之间存在较为清晰的界限。然而，随着媒介技术的发展，场景之间趋于交融，逐渐展示出梅洛维茨提出的"中区"行为，为个体的自我呈现提供了新的情境。

除了科普视频的制作，不少"知识网红"还会在视频中呈现生活体验，或者通过 vlog 形式拍摄日常生活，以打造鲜明的个性形象。随着新的媒介情境的形成和变化，各类场景的融合逐渐成为一种常态。"中区"将部分幕后的内容推向台前，满足了受众一定的"窥视欲"。这种叙述更加亲近和日常，更容易引起受众的情感共鸣，从而获得更多的关注和信任。另外，传播者也会进行一些"小瑕疵"的自我披露，从而让个体形象更加真实和立体[1]。最常见的是直播中的"翻车"场面，例如，账号"真·凤舞九天"的直播录制视频"翻车了但没完全翻的银镜反应"。创作者保留了"不完美"实验部分和关于"翻车"的评论，并在视频最后进行补充说明（如图 8.5 所示），实验中的"小插曲"也引起了受众的讨论（如图 8.6 所示），促进了互动交流。

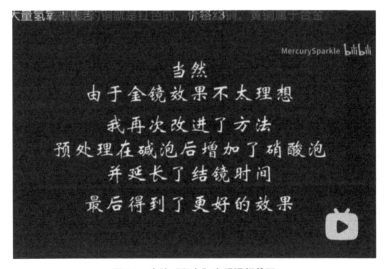

图8.5　实验"翻车"声明视频截图

1　洪杰文，段梦蓉. 朋友圈泛化下的社交媒体倦怠和网络社交自我 [J]. 现代传播(中国传媒大学学报)，2020, 42(02): 76-81, 85.

纸箱的女友
想知道为什么金和铜的底部镀不上，银的可以？

2021-08-20 16:05 👍 10 👎 回复

　　MercurySparkle LV6 UP 银容易成镜，金和铜容易成粉。铜用倒过来的方法可以使底部镀上，但金还是不行👻

　　2021-08-20 16:43 👍 17 👎 回复

　　现实逃避と LV6 回复 @MercurySparkle ：能不能把瓶子横过来，让底部镀金

　　2021-08-25 15:47 👍 👎 回复

拖鞋-大软床
我有个想法，按照正常流程完成金镜后，重复实验，把重新配好的液体加入到刚刚形成金镜的瓶子，然后考验手速的时候到了，你以尽量快的速度加入葡萄糖溶液，拧紧瓶盖后，将瓶子侧放，保持静置，这样或许就可以镀瓶底了。不过可能同时会把盖子内壁也镀上。铜也可以这样尝试。

2021-08-21 11:58 👍 4 👎 回复

　　必须打麻将 铜不用，倒置即可，不过确实可以用你的方法试一下

　　2021-08-21 12:45 👍 👎 回复

图8.6 "翻车了但没完全翻的银镜反应"视频评论区截图

第三节　新时代科普的生产与传播

　　媒介技术的革新推动媒介情境的重塑，同时也影响传播行为和社会交往方式的改变。新媒介情境下，短视频传播体现出"去中心化"与"再中心化"的迭代[1]。一方面，受众的主动参与和场景化传播的广泛性使得知识传播的话语权不再集中在少数精英的手中；另一方面，随着内容生产的垂直化和专业化，以及互联网社群的兴起，一种"多中心"的传播场景正在逐渐生成。

　　这里参考B站知识区内容分类，本研究首先将科普视频分为生物自然类、数理化类、天文航天类、医学健康和综合科普类五个类别，根据视频热度（包括点赞量、转发量和评论量），选取每个类别排名前十的视频进行传播策略分析；其次，将主要分析类目设定为视频时长、表现形式、内容主题三个方面，总结归纳

1　黄楚新. 泛知识类短视频的传播特征及影响探析 [J]. 人民论坛，2022(04): 92–94.

新媒体情境下科普视频的传播策略。

一、视频时长：时长选择兼顾知识容量与用户习惯

本研究所分析的 150 个视频中，由图 8.7 可知，大部分的科普视频时长在 10 分钟之内，视频时长与内容契合度较高。与时长在 15 秒以内或者 1 分钟以内的美妆、生活或者泛娱乐类短视频不同，科普视频的内容涉及复杂的科学知识，需要一定的视频篇幅进行分析和解说。

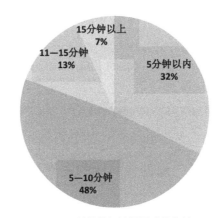

图8.7　科普视频的视频时长分析

大部分的科普视频会在片头通过提问引起受众的观看兴趣，随后在视频中将问题进一步细化，并用通俗易懂的话语进行"解答"。在所分析的视频中，15 分钟以上的科普视频大多专注于知识传授，例如，"李永乐老师官方"的科普视频常以传统课堂板书的形式进行。5—10 分钟是科普短视频最常见的时长。虽然相对于大多数泛娱乐短视频而言，视频时长有所增加，但依然是一种"碎片化"的表达。这类视频以一种高度凝练且通俗易懂的话语满足了受众的信息需求，同时也符合公众的观看习惯。

专业的科普人员参与是科普视频能持续走红的重要保证，而立体多元的传播

平台则是科学知识走远的重要推手。B站的热门科普账号之一的"芳斯塔芙"，创作者本名唐聘，是中国科学院神经所的一名博士研究生。其处女作《奇虾：初代霸主的故事》在B站发布后的24小时内播放量接近十万，其粉丝量也从几百迅速增长至万级。唐聘曾在访谈中表示："希望用最娱乐化、最有趣的方式，把科学知识和科学的思维方式传递给被科学传播隔离在外的那些群体。"新媒体平台的"无门槛"无疑为实现这一目标注入了更多可能。

二、表现形式：理性基础与趣味表述相结合

在解释科学现象和科学知识时，本研究分析的150个科普视频中有81%的科普视频选择适当使用表情包和流行语来增添视频的趣味性，19%的科普视频在解说时不添加表情包和流行语（如图8.8所示）。

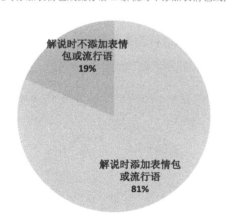

▨ 解说时添加表情包或流行语 ▪ 解说时不添加表情包或流行语

图8.8　科普视频的表现形式

据此，本研究认为这与平台特性存在一定的关联性。B站主要受众是Z世代，这类群体伴随着互联网和数字技术的发展和繁荣而成长，表情符号等构成了他们独特的话语表达体系。这类图像或文字符号携带了特定的意义，促成在一定程度上的情感共鸣。因此，在科普视频中增加表情包和流行语可以帮助受众更好地理解视频内容，同时增加视频的趣味性，激发受众的观看兴趣。

"好的科普作品一定是兼顾了科学性与通俗性，虽然这两性在不同人眼里是不一样的……而故事性往往是能把这两个问题串联起来"，具有一定的沟通能力和表达能力是新媒体科普传播者的共性。所有视频都配有字幕解说则可能是由科普类视频的内容特性决定的，字幕辅助可以更好地呈现相关信息，避免因创作者语速过快或者表述习惯不同而导致理解偏差。

不少平台还为传播者提供了创作工具与政策扶持。创作工具"必剪"已经覆盖429万UP主，为视频创作提供大量模板和实用工具，有效帮助创作者提高创作效率。抖音的"DOU知计划"[1]是中国科学院科学传播局、中国科学技术协会科普部、中国科学报社、中国科技馆、字节跳动公司等五家机构联合发起的全民短视频科普行动，考虑到科普内容信息量大、专业度高等特点，还为优质"知识网红"开通5分钟长视频权限。

三、内容主题：关注受众需求和热点话题

在视频内容方面，本研究将科普视频的内容细分为辟谣类、现象解释类、问题解决类、知识传授类和实验分享类（如图8.9所示）。

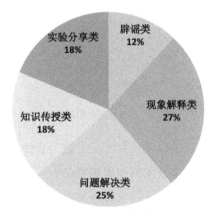

图8.9　科普视频的视频类型

1　刘如楠."'DOU知计划'这一年：撒播知识 传递美好"[N].中国科学报，2020-03-26(06).

其中，现象解释类视频大多结合时事热点进行现象解读，主要分析热门事件或者热门话题背后的科学原理和科学知识。例如，新冠疫情期间，"【基德】爆肝1月，汇总52篇论文，5大新冠毒王全面报告、'奥密克戎'是'大号流感'吗？"等视频，向公众普及与病毒相关的科学知识，更加及时、高效和生动地满足了公众对信息的需求，并与官方视频形成互补，推动了科学知识和科学防疫理念的传播。

另外，影视作品中的科学现象也是科普视频的热门选题之一。例如，电影《信条》中融入了"熵减、逆转时空、时间钳形运动"等设定，这些科学概念存在理解门槛，不少"知识网红"对此展开解读，例如，"【基德】其实你已经看过这个视频""【毕导】你会点进这个视频，并一脸懵逼地出去，而这一切已被物理……"等视频，以更加通俗的话语解释电影中的现象和知识，而电影的热度也在一定程度上助推了此类短视频的传播。

问题解决类科普视频大多由医学健康类账号创作，视频内容大多回答"怎么办"，他们一般具有一定临床经验，能够在视频中传递合理、准确的健康信息。例如，"【医学博士】住手！不要再伤害你的眼睛I隐形眼镜怎么选""【人间冷暖】对不起，这个病我实在治不好了……I妇科炎""水果烂了一部分，切掉后还能吃吗？"等视频。

此外，这些视频大多以讲故事的方式来阐释复杂的科学原理和科学现象，一改以往平铺直叙的"灌输式"科普方式[1]，尽量降低公众的理解难度，激发公众对科学的好奇心和探索欲。科学要沟通公众，就必须与公众产生共鸣，因此，"知识网红"不仅需要密切关注学术研究领域，也要留心社会热点，回应公众关切。

1　桂晶晶，易钢. 我国"科普"研究的基本特点与动向：基于文献计量学的分析[J]. 教育教学论坛，2018(04): 102−106.

第四节 打破知识壁垒实现传授结合

科普的娱乐化和大众化虽然在一定程度上扩大了公众与科学知识的接触面，但这并不能确保公众科学素养的提高和科学认知的形成，以往公众理解科学的缺失模型强调科学知识向公众的单向流动，在科学传播中平等对话的模式和公民立场的实现仍然任重道远[1]，如参与讨论的公众代表的选择、公众对议题关注度的差异、评估标准难以界定等。

本研究在分析"知识网红"的呈现行为和传播策略的基础上，结合对B站的长期参与式观察，进一步探讨新媒介情境下科普短视频的传播困境和相应对策。

一、传播困境：科普的知识壁垒与主体迷思

（一）知识分享与谣言肆意

由于低门槛、匿名性和传播迅速等特点，新媒体平台很可能加剧谣言带来的恐慌和公众态度的极端化，公众倾向于只选择和自己观点相符的信息，而忽视观点对立面的信息。科学知识的严肃性和新媒体的娱乐性之间产生了矛盾，互联网上泛娱乐内容兴起，可能会导致"伪科学"的广泛传播，向公众传递片面或不实信息，给科普的科学性和严肃性带来冲击。

新媒体的发展虽然提供了更加广阔的信息分发和接收平台，但受众对于互联网上纷繁复杂的信息往往难辨真假[2]。例如，B站科普账号"无穷小亮的科普日常"设置了一个"网络热门生物鉴定"视频专栏，以辟谣类内容为主，通过幽默的解说和精彩的"段子"来"回怼"网络流传的各类"伪科学"，辟谣的同时向公众科普科学知识。值得注意的是，该系列大部分视频内容都来自网友投稿，表明传播者对受众的需求作出了反馈，从而促成了一种新的社交模式。

1　贾鹤鹏, 王大鹏. 作为建设性新闻的科学报道：以网红科学家的科普实践为例 [J]. 当代传播, 2020(2): 6.

2　游淳惠, 金兼斌. 新媒体环境下科学知识对争议性科技态度的影响：以转基因为例 [J]. 国际新闻界, 2020, 42(5): 18.

虽然与传统媒体时代相比，新媒体时代对于阻断谣言的传播有所进步，但官方对于谣言的纠正存在时间差，往往是等到"伪科学"已经形成一定传播影响时，科学的声音才出场，而"知识网红"的出现有利于实现"事前"科普。在新冠疫情期间，不少"知识网红"利用自身的专业知识，制作了相应的科普视频。例如，"吟游诗人基德"账号发布的"【基德】爆肝 1 月，汇总 52 篇论文，5 大新冠毒王全面报告"，向公众科普新冠病毒变异体的相关科普知识，以图表形式呈现新冠疫情的传播态势。并且持续关注疫情相关的讨论，以提高公众的预防意识，推动科学防疫工作的开展。

"知识网红"有机会借助新媒体平台传递科学的声音，促进公众对科学讨论的参与；然而，在传播过程中，由于心理因素、知识壁垒、传播平台等因素的影响，如何有效抵抗谣言的负面影响力，如何制止谣言的扩散等问题依然值得思考。

（二）浅层讨论与科学意识

新媒体拓展了信息传播的渠道，降低了传播成本，越来越多的非专业人士也可以参与科学传播，但运用不当可能减弱科学知识的准确性，甚至阻碍科学知识的普及，引发谣言的扩散。值得注意的是，B站的弹幕区具有匿名性、无身份性、公开性等特点，这容易导致越轨和失范等行为的发生。不恰当的行为通常包括引战、恶意诋毁、低俗词汇、人身攻击、恶意刷屏等。

一方面，分享渠道多元化、传播门槛降低、科普爱好者自我革命意识觉醒等因素推动"知识网红"群体的壮大，这类群体大多数是相关科学领域的工作者或者是相关专业的研究生，同时肯定知识分享的价值。例如，"六层楼先生"账号主要向公众科普女性健康的相关知识，涉及两性关系和社会议题，如"捐卵、HPV（Human Papilloma Virus，人乳头瘤病毒）、散装卫生巾"等。科普视频的出现能够引导公众以更加科学和理性的眼光看待科学知识，也能为有此类健康需求的公众提供一定的帮助。

另一方面，"科普类视频制作有其深刻的知识根源性"[1]，如果没有系统性的内容输出，很难真正推动公众科学意识和科学思维的形成，因此，培养受众的观看习惯显得尤为重要。当热点事件与科学知识相结合时，受众关于某一科学话题的讨论，可能更多聚焦于该事件本身，这类讨论往往是较为浅层次的。另外，由于科普视频对信息来源的准确性要求较高，制作视频的时间成本较高，如果传播者希望"追上"热点，可能对视频内容的深度和广度产生影响。

因此，需要进一步思考分众传播模式，优化传播效果。"公众参与科学"依然期待有更多深层次的互动与交流。不断提高形成讨论和互动并不是最终目的，更加重要的是让公众建立科学意识和科学思维。

（三）合理借鉴与视频侵权

由于原创的科普视频对于内容创作、后期制作、视频审核都具有一定要求，B站上大部分科普账号的起步都是"搬运"国外网站的科普视频，即在获得视频创作者同意后，将其视频进行二次创作。例如，目前拥有234万粉丝的科普账号"芳斯塔芙"最早的视频内容是汉化"搬运"国外的科普视频。在受到平台相关支持政策的激励后，开始构思原创视频的创作。然而，第一条视频成为"爆款"后，被网友指出存在部分侵权内容，使用了"攀缘的井蛙"的《地球演义》中的部分图片以及文案，但是并未清晰标明引用来源。随后，"芳斯塔芙"联系了原创作者，并且在评论区置顶更新了公告（如图8.10所示）。截至目前，"芳斯塔芙"账号视频的最后均标注了相关的参考来源。

1　王利芹. 后疫情时代科普类微视频创新生产传播路径探索 [J]. 新闻爱好者, 2021(08): 76−78.

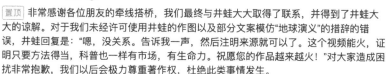

芳斯塔芙 LV6 UP 100

置顶 非常感谢各位朋友的牵线搭桥，我们最终与井蛙大大取得了联系，并得到了井蛙大大的谅解。对于我们未经许可使用井蛙的作图以及部分文案模仿"地球演义"的措辞的错误，井蛙回复是："嗯，没关系。告诉我一声，然后注明来源就可以了。这个视频能火，证明只要方法得当，科普也一样有市场，有生命力。祝愿您的作品越来越火！"对大家造成困扰非常抱歉，我们以后会极力尊重著作权，杜绝此类事情发生。
详细缘由请见：https://zhuanlan.zhihu.com/p/58075462 （雷同部分请见up最新动态）
鬼谷菌长期作为井蛙忠实粉丝，读其文章受益匪浅，也推荐爱好古生物的朋友关注微信公众号以及知乎号"攀缘的井蛙"。

2019-03-02 09:17　　8524　　　回复

图8.10　芳斯塔芙针对视频涉嫌侵权问题的回应

新媒体平台上的视频侵权并不是个例，《2021年中国短视频版权保护白皮书》的数据显示，在1300万件监测对象中，有超过300万个侵权账号。除了原创视频的创作难度和创作成本的原因，也可能是创作者受到商业利益驱使。某些账号为了获取更多的注意力，直接拼凑和剪辑其他视频，然后将之发布到自己的账号中进行播放。除了侵害原创作者权益外，对他人原创视频进行二次传播很可能会导致内容的误读，影响科学知识的准确性，甚至误导公众[1]。内容同质化也是阻碍科普短视频发展的原因之一。科普视频本应该发挥激发公众兴趣、培养科学思维、鼓励公众参与的作用，然而，公众被大量同质化的信息包裹时，可能会逐渐对内容失去兴趣。

（四）形象塑造与角色冲突

随着新媒体平台的发展，媒介情境更加多元丰富，媒介角色建构也随之变得更加复杂和多样。同一个体可能会同时存在多种角色，并且其个性特征也逐渐凸显。然而，这可能会导致自我角色建构及公众对其角色认知产生矛盾。在新媒介情境下，结合罗伯特·默顿（Robert K.Merton）提出的角色冲突（role conflict）概念，即当个人同时扮演多个角色时，个人的期待与群体的需要之间可能会产生矛盾与

1　王利芹. 后疫情时代科普类微视频创新生产传播路径探索 [J]. 新闻爱好者，2021(08)：76-78.

冲突[1]。在公众认知方面，从内容文本的角度来看，本研究的受访者大多认为科学知识的娱乐性和科学性之间能够在一定程度上形成一种平衡。然而，对于传播者形象而言，公众对网红形象的刻板印象与传统科学传播者形象之间产生的冲突影响了受众对"知识网红"的形象认知。

"知识网红"不仅仅是科学知识的传播者，也同样是内容的创作者，以及连接公众与科学知识的沟通者。根据"知识网红"的定义，参与新媒体科普的个体，大多具有一定的学术科研背景，视频制作、账号运营及线上的交流互动，都有可能与其本职工作出现冲突，这也是此类账号更新周期不稳定的原因之一。总体而言，媒介环境的变化会影响媒介形象的呈现和塑造，个体根据不同的形象和角色，也会出现相应的传播策略与沟通策略。然而，不同的角色之间也可能会产生冲突和矛盾，既存在于个体多个角色的转换过程中，也存在于公众对于多种角色的形象认知中。例如，芳斯塔芙账号的创作者之一，选择了从原本工作的科学杂志社离职，成为一名全职的视频创作者；毕导THU在B站个人主页发布公告"近期科研压力大，更新会很慢！"。

二、优化路径：传受结合实现加速突围

针对上述传播困境，本研究结合传播者、传播渠道和受众三方面提出以下优化对策。

（一）加强专业把关，提升内容质量

技术的不断更迭影响媒介环境的变化和传播情境的更新。然而，优质的内容始终是吸引注意力的关键因素。由于科普知识对于科学性和专业性的严格要求，科普自媒体或者科普爱好者应该在保证科学性的基础上，实现严肃与娱乐、专业与大众的互补。创作者可以与相关专业领域的人才、专家和官方机构进行合作，多方求证，不仅能够提升科学内容的整体质量，而且专家学者的加入有利于激发

1　郑丹．默顿一般社会学理论与其科学社会学理论的关系[J]．科学文化评论，2007(1)：21．

新媒体知识传播的潜能，构建良好的传播生态，让科学知识更好地走向大众。

另外，在视频中适当呈现内容创作的背后故事或者个性化表达，有利于打破公众对科普的刻板印象，拉近传播主体与普通公众的距离，推动科普内容的传播，还可以将公众的情感诉求纳入传播策略的考虑中[1]。最后，从内容创作实践来看，传播主体可以对科普视频的内容进行细分，因为公众通常会对内容的特殊性作出反应[2]。公众观看科普视频的动机并不局限于学习特定领域科学知识，还有可能与特定的科学现象或者社会事件相关。科普短视频需要在保证内容质量的基础上，辅以相应的视觉优化工具实现传播效果的最大化。

（二）多方共同参与，提高维权意识

鼓励视频原创，尊重劳动成果，提高维权意识。媒介技术的发展在一定程度上降低了内容的创作成本，这也使得科普类短视频在传播过程中的侵权现象日益严重。这不仅侵害了创作者的权益，还有可能对公众形成误导。因此，创作者应该树立正确的责任意识，熟悉相关的法律法规，尊重他人的劳动成果。若在视频中需引用他人原创内容，必须经过原创作者授权，并标明参考来源；同时，以原创内容为主，利用自身专业知识，适度结合社会热点进行创作。

另外，平台也可以鼓励原创，给予一定的扶持政策，推动原创生态繁荣。鉴于科学传播具有一定的公益性[3]，除了创作者和新媒体平台，国家也可以建立健全相应的版权保护的法律条款，积极制定相关政策，保护创作者的合法权益，为公众科普创造有利的发展环境，推动科普类短视频健康有序传播。短视频侵权问题还存在复杂性，可以从平台的角度出发，建立二次创作中间枢纽，以平台为第三方见证，链接视频创作者与其使用视频的著作权人进行直接沟通，并且可以适当

1　游淳惠. 后真相语境下科学传播的情感机制 [J]. 今日科苑, 2020(3): 8.

2　周勇, 何天平. "自主"的情境：直播与社会互动关系建构的当代再现：对梅罗维茨情境论的再审视 [J]. 国际新闻界, 2018, 40(12): 13.

3　罗海娇, 马梦婕. 全媒体时代科普短视频的内容生产与传播策略分析：以 "回形针" 为例 [J]. 新闻传播, 2022(01): 17−19, 22.

支付一定费用[1]。然而，科普类短视频的传播既涉及司法程序的保护，也涉及传播者自身的自律性，侵权的发生涉及多方面的原因。因此，如何推动科学科普短视频的健康发展仍然值得进一步思考。

（三）发挥平台优势，强化双向互动

注重公众的互动参与，满足公众对知识的需求，培养公众的科学思维和科学意识。从传播策略来看，目前，科普类短视频大多以单集形式呈现，且更新周期不稳定，这不利于受众思维体系的培养。有规律的更新能够周期性地满足受众的知识需求，帮助用户建立观看习惯[2]。因此，创作者需要在保证视频内容质量的基础上，注重视频更新的周期，这既有利于稳固现有粉丝，也可以吸引潜在受众。

媒介技术的革新降低了内容生产的准入门槛，也影响着从内容生产到分发方式的变迁[3]。传播者在保证内容质量的基础上，可以辅以多样化的视频制作工作，优化视频的呈现效果，对于容量较大、内容较为复杂的信息，可以将相关知识分段讲解，并且通过专题合集的形式进行梳理和串联。同时，合理规划视频的时长和内容。这既满足公众对某一特定领域知识的需求，方便检索，也有利于传播者系统性地传播知识，明晰自身账号的定位，体现专业性和科学性。

从信息互动角度来看，传播主体可以积极利用评论区和直播间等互动场景，实现知识延伸和信息交流。有选择地针对评论区中具有代表性的问题进行回复，增强受众的参与感，并将对视频内容和科学知识理解有帮助的信息置顶，作为拓展和补充。公众在参与讨论的过程中，也要注意言语措辞得当，提升鉴别能力和媒介素养。

1　张暖晴. 改编创作类短视频的版权侵权问题研究 [J]. 楚天法，2021(10): 136−137.

2　董梓悦. 科普类短视频传播策略研究 [D]. 沈阳: 沈阳师范大学，2021.

3　邵鹏，虞涵. 技术赋能下的媒体变革 [J]. 传媒评论，2019(7): 3.

第五节 专业边界延展的风险与危机

媒介技术的快速发展催生了新的传播情境和交往模式，新媒体平台的各类扶持政策也吸引着越来越多的科普爱好者加入科普创作和知识分享的行列。与传统的严肃科普相比，新媒体情境下的科普传播在内容创作、传播渠道、公众互动方面都具有一定优势。"知识网红"能够将抽象的科学知识具象化，将平面的知识立体化，将单向的交流双向化，他们既是创作者和传播者，也是接收者。然而，新媒体平台上公众的讨论和参与，以及"知识网红"队伍的壮大，不一定代表公众的科学意识和科学思维体系的建立。另外，评论区、直播与弹幕等新的互动场景的出现并不意味着有效沟通，公众很可能只是停留在浅层次讨论。短视频传播体现出"再中心化"或"多中心化"的传播场景，给予普通公众更加广阔的发声空间。然而，谣言和"伪科学"信息也混迹其中，尤其在流量红利的驱使下，这些不实信息的扩散有可能成为科学传播的阻碍。因此，在短视频科普过程中，仍然需要警惕谣言与"伪科学"、增强视频的原创意识、注重系统性的科学知识传播。

媒介技术的发展推动了新的媒介情境的产生。虽然热门科普短视频具有一定的共性，但传播者不同的角色定位会对传播策略进行相应的调整。随着"前台"与"后台"边界的日渐模糊，"中区"行为的展示赋予了传播主体更加多元化的角色与形象。然而，传播主体的角色并不是单一和固定的，同一主体可能存在多重身份与角色。区别于美妆、娱乐、生活等内容，科普短视频的传播者大多数是相关专业的在读研究生或博士生，或者是相关领域的从业人员。科学内容的产出需要投入大量的时间和精力，确保内容的准确性，这很有可能导致线上的内容生产和传播与线下的研究和工作产生冲突。因此，科学内容的传播者首先需要明确角色定位，结合自身专业背景和研究兴趣，寻找能够进一步深耕的领域。其次，针对较为复杂的科学知识，可以适当进行分段讲述，合理设置视频容量，进行内容细分和垂类布局，通过视频合集等打造更加垂直化和专业化的账号内容。这样一方面能够保持一定的更新周期，稳定粉丝基础，另一方面也能够缓解角色冲突，缓解创作压力。最后，通过在内容选择、语言风格、视频设置、粉丝互动方面突出个人表现力，打造高辨识度的个人IP，拉近与公众之间的距离，扩大科学内容的传播力与影响力。

媒介技术的发展为渠道拓展、形式丰富、互动参与提供了更多的可能性。"知识网红"的出现，在一定程度上降低了公众理解科学和参与科学知识的分享与讨论的难度。然而，本研究认为，从传播效果来看，科普视频虽然在一定程度上引起了公众对科学内容的关注，但这种关注不一定是主动而持续的，科普视频的传播仍然还未能实现公众参与某一科学议题的讨论并形成共识。由于新媒体平台低门槛等特点，短视频科普仍然面临着谣言与"伪科学"，沟通效率和公众互动质量的有限性，视频侵权和原创保护困难等困境。为进一步推动新媒体科学传播，创作者在内容质量方面应注意平衡理性与大众性、严肃性与娱乐性。在创作实践方面鼓励多方参与，尊重知识劳动成果；创作者需要根据不同平台的平台特性适当地进行内容和形式的调整，避免作品的简单"搬运"，努力提升作品的原创性；熟悉平台的相关政策与规则，积极利用平台利好政策运营账号，或适当寻求专业化公司进行合作；同时，创作者也需要了解同类型账号的运营情况，重视账号的运营与维护，在保持创作质量的前提下，做好账号布局，形成可持续性的宣传体系。平台和机构等相关主体也需要进一步完善对应的法规或政策，提升知识产权保护意识和维权意识。受众方面也需要提高理性鉴别能力，培养科学思维和科学意识。在交流互动方面，传播主体需要积极利用平台优势，不断延展知识的深度与广度，进一步推动科学知识传播的双向互动与有效交流。

媒介形态的改变推动着场景的变迁，短视频一方面改变了传播主体的传播策略和角色建构，另一方面也更新了受众接受知识的场景，进而影响受众的信息接受模式和互动交往行为。从知识生产、知识传播、知识分享和交流互动方面，短视频科普在一定程度上拓展了传统科学传播的边界，为传播主体与受众、受众与受众之间的互动和沟通提供了更多的可能性。

最后，本研究存在一定的局限性。第一，样本的选择。由于科普短视频数量较多、范围较广，本研究主要根据视频热度排序进行筛选，在参考现有研究的基础上，共选取了 15 个科普账号和 150 个科普视频进行分析，在选取标准上可能存在一定的主观性，并且样本量方面仍然有所欠缺。第二，平台的选择。考虑到平台内容特征，本研究仅聚焦 B 站的科学科普视频，由于时间和篇幅限制，未能综合考虑其他媒体平台传播策略和传播主体的差异性，未来的研究可以将不同媒体平台的特性纳入考虑范围。

科技的发展与人们的现实生活息息相关，也深刻影响着人类历史和文明的演进方向。科技创新不断推动新知识和新思想迸发，而科学普及能够将其以一种更易于理解和接受的方式传递给全社会，推动全民科学素养的提升，为科技创新和社会发展提供源源不断的内驱力。随着媒介技术的变革，短视频平台为科普提供了新的信息传播渠道和交流方式，改变了内容创作生态和社会互动交往；对以往科学家主导的科学传播祛魅，消解了单向科普的距离感，催生了新的传播场域和传播情境。然而，互联网信息纷繁复杂，信息过载扰乱了公众对信息的选择和理解，也可能导致"信息茧房"的出现，从而降低信息流通和科学传播效力。

新的传播场景在一定程度上降低了交流的门槛，催生了更加广泛和易得的互动模式，也推动了新的圈层建立和交往方式的改变。然而，这种互动可能仍然停留在浅层次的讨论。因此，如何利用新媒体平台推动公众科学思维体系的建立和科学思维的形成仍然值得思考。由于商业介入、平台特性、科学资本等因素，传播环境中的不稳定因素也有所增加，在互动交往过程中也不可避免地存在越轨和失范等不恰当行为。

当媒介形态发生改变，传播主体会相应地调整传播策略以适应新的传播情境，这也进一步推动内容生产和传播方式的变革。然而，媒介技术始终是为人所用，需要传播主体始终用一种动态、发展的眼光来看待科学传播实践，它为科学传播提供了更多的可能性，这种可能性既是创作的可能性、角色塑造的可能性，也是互动交往的可能性。

第九章

电竞网红：为游戏正名或是网瘾少年

随着数字技术的快速发展，电子竞技运动在全球的影响力正在发生着日新月异的变化。从全球联赛到个人solo（单人表演），从"玩物丧志"到"体育竞技"，从备受争议到逐渐理解。原本的误区与偏见被逐渐打破，诞生于数字化时代的新型"电竞网红"从亚文化圈层逐渐破圈，掀起数字化浪潮中的新一轮"怪力"。本章通过田野调查法、半结构访谈法等来探究"电竞网红"的成名原因与成长历程，探究"草根出身，赛事成名"的选手如何经营自己的竞技事业，厘清"电竞网红"在媒体塑造与自我呈现之间的差异与相同之处，思考垂直媒体"造神"背后的秘密，分析青少年"电竞职业"成长路线的风险与可能。

第一节　应赛成名的游戏少年

电子竞技是一个快速增长的行业，电子竞技游戏玩家、游戏开发商、专业玩家和团队以及锦标赛组织者一起被视为该行业的参与者。除了这些参与者外，非地方性利益相关者，如媒体、赞助商、投资者、供应商和股东也展开互动，为生态系统的发展提供资源[1]。在整个行业中，那些专业玩家和团队往往能够通过"一战成名"获得行业的资源集聚，进而成为万众瞩目的"电竞网红"。

一、电竞热的不争事实

电子竞技（eSports）一词是指通过网络游戏和相关活动进行竞争的电子运动和联赛[2]，是以信息技术为核心、软硬件设备为器械、在信息技术营造的虚拟环境中，按照统一的竞赛规则为提高成绩而进行的体育游戏活动[3]。近年来，电子竞技作为竞技娱乐的一种方式，以其独特的魅力吸引了大量的爱好者，电竞赛事的热潮俨然成为一种社会常态。2023年，全球电竞观众将增至5.74亿。其中，核心电竞爱好者将占据2.83亿，其余2.91亿为偶尔观看的非核心观众。2025年，这一数字将以8.1%的复合年增长率持续增长至6.41亿。

总体而言，虽然全球经济下行、后疫情时代等因素对竞技产业发展带来一定挑战，但随着杭州亚运会的举办，在电竞国际化、女性电竞成亮点、新兴市场潜力挖掘等正面积极影响下，全球电竞观众规模将进一步扩大，电竞产业发展保持向好态势。

1　PENG Q, DICKSON G, SCELLES N, et al. Esports governance: Exploring stakeholder dynamics[J]. Sustainability, 2020, 12(19): 8270.

2　JIN D Y. Korea's Online Gaming Empire [M]. Cambridge, MA: The MIT Press, 2010. Jonasson K, J Thiborg. Electronic sport and its impact on future sport [J]. Sport in Society, 13 (2): 287−299.

3　李宗浩，李柏，王健. 电子竞技运动概论 [M]. 北京：人民体育出版社，2005: 7.

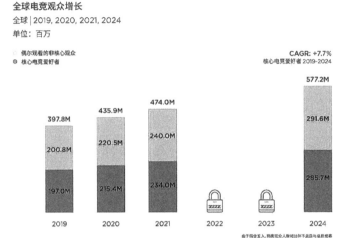

图9.1全球电竞观众增长情况

Newzoo《2021 全球电竞与游戏直播市场报告》。

中国音数协游戏工委（GPC）的数据显示，2020 年，中国电子竞技游戏市场实际销售收入 1365.57 亿元，用户规模达 4.88 亿人，近 1/4 的中国人都在关注电子竞技。虽然，2004 年电子竞技遭遇寒冬（广电总局发布《关于禁止播出电脑网络游戏类节目的通知》，中央电视台体育频道创办的《电子竞技世界》被迫停播），但是该类"数字竞技性"的赛事依旧在信息化社会的进程中，逐渐得到大众的认可与支持，并在规范化与制度化的政策助力中获得全新发展。

2003 年电子竞技成为国家体育总局确认的第 99 个正式体育项目，2006 年中华全国体育总会颁布《电子竞技运动项目的管理规定》，2007 年电子竞技运动首次被纳入国际综合性体育运动会，2008 年国家体育总局重新将电子竞技定义为国家的第 78 个体育项目，将其正式纳入体育竞技的范围内。2009 年国家体育总局成立了电子竞技项目部，2013 年国家体育总局成立电子竞技国家队，2015 年国家体育总局颁布《电子竞技赛事管理暂行规定》，2016 年国家体育总局发布《体育产业发展"十三五"规划》、教育部发布《普通高等学校高等职业教育（专科）专业目录》

在体育类专业中增加"电子竞技运动与管理"的细分方向，2017年文化部发布了《文化部"十三五"时期文化产业发展规划》，2019年电子竞技被列入进02大类体育竞技表演活动——该项通过电脑显示屏、键盘、鼠标、耳机等设备进行竞技娱乐赛事，凭借其无法小觑的力量带来了巨大的社会效益，影响力逐渐增强。

根据英雄联盟微博官方的消息（如图9.2所示），2018年英雄联盟全球总决赛的决赛，平均每分钟收视人数（AMA）达到1960万，2019年达到2180万，而2020年达到了2304万，同时观看人数峰值超过4595万，并获得超过10亿小时的观赛时长纪录，收视纪录再创新高……不论是英雄联盟全球总决赛（League Of Legends World Championship，简称Worlds），还是DOTA2国际邀请赛（The International DOTA2 Championships，简称Ti）、守望先锋世界杯（Overwatch World Cup）、绝地求生全球总决赛（Professional Generated Content，简称PGC）、反恐精英全球攻势超级联赛（官方英文名称CS：GO SUPER League，简称CSL）等等。各类电竞赛事在场域内外的媒体报道中被广泛传播，电子竞技与职业玩家在传统社会的认知被重新解读，曾经被解读为"依靠巨额奖金发家致富"的游戏冠军竞相成为粉丝追逐效仿的对象，"赛事成名"的文化底蕴逐渐形成，新一代自带话题热度、粉丝基数、巨型流量的"电竞网红"登台亮相，TheShy、Rookie、Jackeylove等职业选手在电竞爱好者的欢呼声中逐渐获得公众的全新认知并趋于破圈。

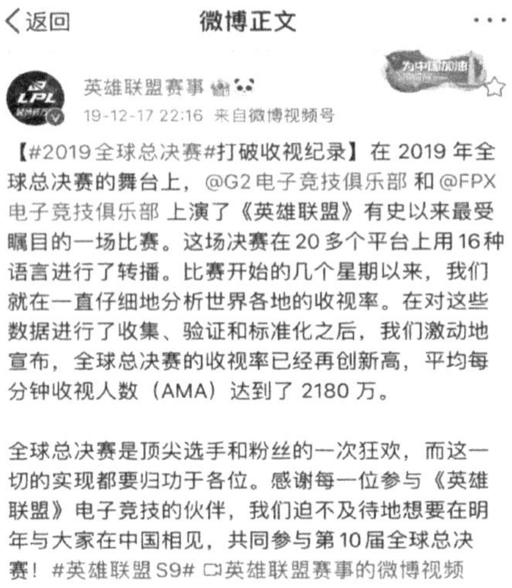
返回
微博正文
英雄联盟赛事
19-12-17 22:16 来自微博视频号
为中国加油
【#2019全球总决赛#打破收视纪录】在 2019 年全球总决赛的舞台上，@G2 电子竞技俱乐部 和 @FPX 电子竞技俱乐部 上演了《英雄联盟》有史以来最受瞩目的一场比赛。这场决赛在 20 多个平台上用 16 种语言进行了转播。比赛开始的几个星期以来，我们就在一直仔细地分析世界各地的收视率。在对这些数据进行了收集、验证和标准化之后，我们激动地宣布，全球总决赛的收视率已经再创新高，平均每分钟收视人数（AMA）达到了 2180 万。
全球总决赛是顶尖选手和粉丝的一次狂欢，而这一切的实现都要归功于各位。感谢每一位参与《英雄联盟》电子竞技的伙伴，我们迫不及待地想要在明年与大家在中国相见，共同参与第 10 届全球总决赛！#英雄联盟 S9# 英雄联盟赛事的微博视频

图9.2　2019年英雄联盟全球总决赛收视状况

英雄联盟赛事官方微博发布。

二、电竞玩家与体育明星的争鸣与角逐

对比传统体育竞赛明星“顽强毅力，奋勇争先”的光荣称谓，电竞选手似乎更多背负着“任凭草根出身，一夜赛事成名”的调侃之意。也许对大众群体来说，电竞与体育本身就有着天然的差别，电竞玩家的“体育明星”选手更是难以得到认可，那么该项“造人”运动又是如何让“一个个只会打游戏的人”登上“大雅之堂”的？

首先，从电子竞技的体育属性认可情况来说，虽然强调“手眼”协调的电竞项目与需要调动全身肌肉的传统体育项目有着不同的运动规律，但是类似的竞赛规则，充满对抗的竞技条件。大量的观众基础、职业化的竞技队伍，都体现出电竞与体育存在诸多共性。[1] 在诸多共性与电子竞技逐日出圈的大趋势下，原本关注个体化的“game winner”（游戏赢家）开始呈现出“team job”（团队合作）的社会壮

1　罗宇昕，李书娟，沈克印. 体育竞赛表演业的数字化革命：电子竞技职业化的时代困境和未来展望[J]. 中国体育科技，2021, 57(03): 93–97.

举，这不仅展现出我国乃至亚洲电竞产业近年来高速发展的巨大成果，同时促成当下电子竞技体育属性的广泛认可。在电子竞技产业中，那些明星选手或团队作为"电竞网红"成为中国电竞产业赖以存在的传奇和英雄，他们对不同世代中国电竞玩家和粉丝产生了持久的影响，特别是Sky这样的"网红选手"甚至已经成为中国电子竞技的象征，激励着更多中国电竞玩家和整个产业[1]。继2018年雅加达亚运会中国队夺得"AOV"（王者荣耀国际版）的金牌（如图9.3所示），2020年12月16日，亚奥理事会高度评价了电竞赋予亚运的价值（如图9.4所示），并将电子竞技列入2022年杭州亚运会竞赛项目，展现出体育竞技表演在数字化技术下的发展变革。科技理性的现代扩张促进了科技与体育的紧密结合，使体育竞赛的表演突破时间与空间局限，不但使得赛事信息获得即刻、即时、随处的全球化态势[2]，而且以更加包容的姿态接纳数字化变革中的新型体育项目。

图9.3　2018年雅加达亚运会中国队获得了"英雄联盟"、"AOV"（王者荣耀国际版）项目金牌

1　LIN Z, ZHAO Y. (Dis) Assembling eSports: Material Actors and Relational Networks in the Chinese eSports Industry[J]. Critical arts, 2021, 35(5−6): 210−223.

2　罗宇昕，李书娟，沈克印. 体育竞赛表演业的数字化革命：电子竞技职业化的时代困境和未来展望[J]. 中国体育科技，2021, 57(03): 93−97.

图9.4　亚奥理事会高度评价了电竞赋予亚运的价值

　　因此，与体育赛事明星同根同源的电子竞技选手，在成名的过程中，有着十分相似的经历：运动员（青训选手）—体育明星（电竞明星）—民族英雄—为国争光。以英雄联盟全球赛为例，参赛选手首先需要通过青训营的报名来争取成为青训选手的机会，但是报名并不意味着入选，如RNG俱乐部对报名选手有年龄要求、段位要求、个人要求，在符合要求、通过俱乐部的审核及在各类赛事竞争中取得符合标准的成绩，才能成为一名真正的青训选手，进而在不断训练与竞赛中成为可以代表团队、民族、国家参加联赛的电竞职业选手。在LPL联赛（英雄联盟职业联赛）首发选手中，Meiko（田野）、Iboy（胡显昭）、Jiejie（赵礼杰）都是从青训营打出来的电竞选手。当然，除了青训营的选拔与培养，"路人选手"还可以通过"新人选秀"的方式来获得"成名的机会"。如2018年国内王者荣耀职业联赛KPL通过140名选手在重重赛制淘汰下决出50名实力选手，该50名选手获得俱乐部的试训比赛（不同电子竞技游戏的新人选秀存在一定差异）资格。此外，电子竞技游戏段位排行（积分）高的选手，在一定情况下也会被俱乐部邀请加入。

　　但是，即便进入俱乐部，并不意味着选手有机会参加联赛，也不意味着一定能出赛成名。对电竞选手来说，让电竞赛事从路人局走向职业赛场局势则不易。虽然我们可以看到像Rookie、Uzi、Jackeylove等当红选手在总决赛中的绝佳姿态，但是在他们背后依旧还有很多未能登上巨屏赛事的选手，依旧以电竞初心与年龄增加、技巧瓶颈期做心理斗争，他们花费了多年的时间进行赛事练习、进阶对抗，以运动员的坚毅要求自我、挑战自我，在赛事上不断角逐，希望能在无数的青训选手中脱颖而出。成名的道路从"恍惚的游戏"变为"竞技的拼搏"，也正是如此复杂艰难的历程，让电竞选手拥有了体育明星一般身份形象：他们也是坚毅刻苦、顽强拼搏的优秀体育运动员。他们应当被认可与鼓舞，值得给予全球瞩目的竞技舞台，以极高的话题热度辐射社会各大圈层，而不是在质疑声中不断下沉。

其次，从"电竞网红"的非体育属性来看，其"面世"的灵活性也是使他比体育运动明星更加容易成名的一大原因。除了参加电竞全球赛，成为有高超游戏技能的职业选手，"电竞网红"同时还囊括通过电子竞技游戏解说入驻直播平台的主播（该类主播也许从未参加青训或是联合赛事，只是在游戏直播中通过进行技巧性或是戏谑化的视频解说以博取关注），大型赛事的现场解说员，等等。因此，电竞选手的成名途径是相对灵活的，可以是路人的游戏直播逐渐圈粉走红，可以是普通选手或是退役选手转战解说，但是这些人往往具备相似的特质："唇枪舌剑"方可独当一面。电子竞技的非体育属性似乎让竞技运动脱离了肢体与呼吸协同进行的条件，即在竞技运动或是直播练习中，选手将原来必要的呼吸器官协调配合得到新一轮的"解放"。竞技训练被赋予话语协同的能力，选手不仅能在练习过程中讲解、交流，甚至大笑。对传统运动员来说，一边通过肢体运动一边进行直播讲解很难实现，我们也无法想象运动员本人一边踢着足球一边向观众解释自己的突击路线。相反，"电竞网红"通过电子屏幕进行的竞技赛事天然具有信息化社会的灵活优势，能够让选手有每一次"有备而来"的赛事解说面世的契机。选手在这样的竞技展演下，拥有了更多的方式来进行自我表演，这无疑给予了电竞选手更多成为网红的可能。

图9.5　芜湖大司马斗鱼直播截图

第二节　电竞产业的青年偶像

由于电子竞技在商业上得到一定程度的社会认可，并被官方视为一种体育运动类别，作为亚运会项目出现在公众视野中，在文化上电子竞技已经从小众亚文化发展成为主流现象[1]。电子竞技不再仅仅是一种游戏，"电竞网红"也不再被单纯地定义为"游戏成瘾者"，他们开始被视为运动员、公众人物，以及在赢得顶级电子竞技冠军后的民族英雄[2]，进而成为万千青年电竞游戏玩家的偶像。

一、作为表演艺术的电竞直播

近年来，随着互联网技术的快速迭代，国内直播平台发展迅猛，垂直领域的游戏直播尤其明显，看直播和做直播成为新一代的娱乐体验。"直播平台是我们布局泛娱乐O2O（Online To Offline，线上线下的商业模式）市场的一个核心环节，我们希望通过创建直播平台来打通产业链，获得更多的业务协同优势。"这是王校长（王思聪，IG电子竞技俱乐部"老板"）在2015年关于"熊猫TV"直播平台采访中

1　BUTCHER L, TEAH K. Setting the Research Agenda of the eSports Revolution[J]. Journal of Global Sport Management, 2023, 8(2): 455−459.

2　ZHAO Y, LI Q, LIN Z. Toward cultural and creative industry: Chinese eSports through a business ecosystem lens[J]. Journal of Cultural Economy, 2023, 16(2): 260−276.

所说的，"从游戏到泛娱乐，从点播到直播，从单方面收听、收看到互动，都预示这个行业有巨大的潜力"。游戏直播平台是专门针对游戏内容的视频 P2P（Peer to peer lending，个人对个人）流媒体直播平台，由运营商提供游戏转播或直播平台，主播设立虚拟房间，向用户进行的实时直播[1]，通过游戏直播来吸引大量的电竞爱好者，并不断转变成新的经济形式，如斗鱼、虎牙、战旗、龙珠等。这些电竞平台的主播不仅有名噪一时的全球赛事职业选手，同时还包括赛事退役的"老腊肉"、赛事解说员及其他电竞游戏爱好者，其通过电竞平台展示与呈现自我。以戈夫曼的拟剧理论来说[2]，平台主播通过镜头来展示自己在游戏中的卓越表演，在激烈的赛事中用不间断的互动、独特的语言形式、行为动作、粉丝福利来塑造自己在受众心中的形象，以期获得其所要的"艺术表演"效果，比如"技术精湛类专业型主播""趣味诙谐类搞笑主播""平易近人的宠粉类主播"等，让这次原本以胜负为目标的比赛，成为全屏技术的表演、一种技术视觉下的商业竞技美学。

（一）最大化地呈现"真相"

对"电竞网红"来说，电竞直播促成其在不同平台战队引流，聚集了原本在网络空间零散分布的个体，完成了竞技赛事从大屏到小屏的合理切换。为受众呈现多元的、有血有肉的、优劣并存的、平易近人的主体，打破了原本大众媒体对电竞玩家"只会打游戏"的刻板印象，重新构建"良心之作与用心解说"的全新形象。这种"网络近距离"的荧屏直播，不仅满足了粉丝对竞技技术的好奇心、丰富了粉丝对选手的认知，更是拉近了选手与粉丝之间的距离，使原本"高高在上"的电竞明星成为小屏中可以"对话"的真人，为受众最大化地呈现了"真相"，形成一个含有多层机理的电竞选手。

笔者在对 PDD、Uzi、Rookie、Faker、knight 等职业主播直播的观察中发现，

1　雷宁. 网络游戏直播平台的互动仪式研究 [D]. 成都: 西南交通大学, 2016.

2　拟剧理论: 人就像舞台上的演员, 要努力展示自己, 以各种方式在他人心目中塑造自己的形象。其核心概念是"印象管理"(亦称"印象整饰"), 意即在人际互动过程中, 行动者总是有意无意地运用某种技巧塑造自己给人的印象, 选择适当的言辞、表情或动作来制造印象, 使他人形成对自己的特定看法, 并据此作出符合行动者愿望的反应。

主播不仅会直播赛事内容、展示比赛的操作过程，而且会在赛事与赛后分析自己的出装、发育、走位，评价赛事胜利或失败的原因，对游戏画面进行分步式的细致讲解，同时对每一个游戏角色在赛事中的表现进行评析。同时，主播还会对电竞赛事进行转播，分析其他选手的竞技技巧，表达对相关选手状态的看法，担任"赛上解说员"的身份。当然，除了对自己比较擅长游戏的直播，主播还会对自己还未涉及的其他领域的游戏进行直播。不同选手在直播中展现出自我特征，并用自己的人生履历带动受众氛围，让受众不仅关注其在游戏中的角色，更是将主播本体当作特殊的存在。

在PDD的斗鱼直播间，主播PDD在2020年12月4日与茄子、白鲨连线玩"太空杀"，一边玩一边吐槽游戏的不足与自己在游戏中的不熟练，展现自己在面对陌生游戏时的另一个形象。PDD还会邀请其他的电竞游戏的高手或者自己旗下的选手来到自己的直播间进行赛事直播，自己在旁边解说、赞美或是引导鼓励，如PDD旗下的陈新仔就在直播间打过cf（游戏名《穿越火线》），在直播过程中PDD在其后方指点应该注意什么方向、何时出击、选取什么样的装备等等，并在指导过程中表示赞美"手感来了啊"。在该过程中，PDD展现出作为引导者或者"老师"富有耐心、认真教学的形象。PDD还会在直播间抽奖送粉丝福利，如游戏装备、皮肤、现金等，这时的PDD又呈现出对粉丝充满爱、宠溺粉丝的形象。PDD在直播过程中操作"风骚"和说话幽默，给粉丝留下"骚猪"形象。

（二）电竞直播充分赋权赋能

电竞直播为受众破除了信息模糊性，让公众通过荧屏体验到远丰富于主持人和字幕给出的解读：在网络共同体想象力参与下的温暖有力的社会支持与情感互动。话语边界在这里消失，公众的自主性被充分调动起来，在面对电竞选手突发、偶然的事件时，受众自发地表达意见、参与话题，被赋予"在现场"的话语权。

在孤影与其他选手的5v5联赛中，因联赛选手的"不作为""故意放水"，游戏迅速以失败结尾。该联赛选手在游戏结束后不但没有承认自己的错误，还"反咬一口"，认为是孤影在游戏中没有尽力操作才致使游戏失败。面对联赛选手的语言侮辱，在孤影进行"正面反击"之前，观看赛事的选手在"网络现场"积极行使其"话语权"，为孤影正名：观众通过赛事的画面截图、视频录像、直播间弹幕、粉丝群轰炸、微博超话等方式最大程度地还原了当时赛事的真相，并要求联赛选手给予道歉声明。第二天，该选手主动承认错误，并承诺在之后的联赛中会肩负选手该有的责任与义务，该"乌龙事件"得以圆满结束。此外，观众会在直播间实时监督赛事选手的言语行为，当其他选手骂人说脏话时，直播间弹幕会跳出"打不过还骂人""讲不讲武德啊"等内容，孤影在看到该内容后，会与直播间的弹幕一起批评该选手的不良言行："这人怎么可以这样呢""好过分啊，这人是不是心理很黑暗，为什么这样"，与观众一同维护正义。观众除了在直播间监督行为、框定正义，孤影在直播中的说话语调与口音特征更是粉丝狂热的追捧对象。孤影有很多的口头禅，在出装和装备的时候会用很多拟声词。一次在用角色艾琳在王者峡谷进行5v5激战使用大招击杀的时候，他常用"嘟"为技能进行配音，结果直播间的整个弹幕都用"嘟"来刷屏，被"嘟"刷得几乎看不清直播，非常壮观。并且，在游戏进行的同时，在孤影的微博超话中出现了"原来你是这样的影鹅""原来艾琳的大招只有嘟才能奏效""全程嘟的影鹅也太可爱了吧"等内容，观众在网络空间细致描绘孤影"用嘴出招"的"奶凶"形象。

二、那些被称为粉丝的人

粉丝指那些对某一人物或事物给予关注甚至过量关注的迷狂者。对早期的粉丝来说，他们所追捧的对象往往是大众传媒营造的偶像，但是随着社会的多元化发展，粉丝群体的对象变得更加宽泛与自由。同时，他们也在自己的圈层中构建着自己的文化。电子竞技这项集互动、视听语言于一体的新兴娱乐产业，塑造了新一代的明星级选手，同时存在十分显著的粉丝效应。由于电子竞技行业有较强的技术依赖性，而年轻人往往是新技术的早期采用者，因此，年轻化是电竞"粉丝"最显著的特点[1]。电子竞技的人口统计主要集中在21至35岁的男性千禧一代[2]，21—25岁的年龄组最有可能是电子竞技爱好者[3]。而他们也成为活跃在Twitter和YouTube等社交媒体平台上的粉丝人群。电竞圈的粉丝成长并不是一蹴而就的，与其他风云人物的粉丝一样，除去粉丝自身的需求外，外部环境对其的培养同样产生着巨大的影响。[4] 为了能更好地研究电竞粉圈的形成土壤、发展机制、圈层特征等内容，笔者花了近两个月进入相关电竞选手的粉丝群，并进行了持续观察，在这期间感受到了成为一名电竞粉丝的"不易"。

（一）没有规矩不成方圆

极高的入圈门槛保证了粉丝的质量，只有那些认真看直播的、每天坚持签到的、用心打卡的、有日活度的、有经济贡献的忠实粉才能进入粉圈；严格的圈内规则使电竞粉圈的秩序得以良性维持，那些在"追星"过程中的越轨行为、给"明星选手"抹黑的行为、试图打破规则的行为必须被禁止；统一的规划促使团队实现最终目标，信息的传达更快、更广、更丰富，粉丝的行为更加高效……不论是最基础的发弹幕、发评论、跟帖，还是成为粉丝、进入粉圈，进入电竞粉圈的整个过程都有着十分苛刻的规则与要求。

直播间的粉丝牌和超话等级是成为优质粉丝的硬性门槛。在笔者的观察中，不同的电竞选手会设定不同的核心粉丝门槛：一些选手在粉丝达到"虎牙牌子8级+超话6级""斗鱼粉丝牌10级+超话5级"或其他级别时，便会给予粉丝可进入内部核心群的入口；一些选手会给不同等级的粉丝设定不同等级的"初、中、高核心群"，按级别分类；一些选手的核心群不仅以粉丝直播间和超话的等级为忠诚度

1　WONG D, MENG-LEWIS Y. Esports: an exploration of the advancing esports landscape, actors and interorganisational relationships[J]. Sport in Society, 2023, 26(6): 943−969.

2　DELOITTE. Let's Play! 2020 The European esports market [EB/OL]. (2020−10−01)[2021−06−21]. https://www2. deloitte. com/content/dam/Deloitte/ec/Documents/technology−media−telecommunications/Lets%20Play!%20The%20European%20esports%20market9073. pdf

3　NEWZOO. Global Esports Market Report [EB/OL]. (2020−10−16)[2021−06−21]. https://new-zoo. com/solutions/standard/market−forecasts/global−esports−market−report/.

4　凌婕. 那些被称为粉丝的人 [J]. 电子竞技，2020(04): 42−43.

的衡量标准，而且关注粉丝的经济贡献值，只有综合排名靠前的粉丝才有入群机会。对于以上的入门门槛，在不考虑粉丝经济贡献值的情况下，达到"直播间粉丝牌"和"超话"的数量等级已经实属不易。就直播间的粉丝牌而言，粉丝需要每天签到并蹲点看直播，并且在观看的过程中需要不断发与内容有关的弹幕与主播进行互动（主播还不一定会看到弹幕内容，一般付费的彩色弹幕会在多数弹幕中脱颖而出，会有更高的回应率）、给弹幕评论点赞、刷礼物等，才能较快地到达指定的等级。就微博超话而言，超话社区是大多粉丝的主要聚集地，是粉丝或圈外人士了解选手的重要枢纽和桥梁，想要较快地拥有超话等级头衔，除了每天的平台签到，更重要的是在平台中发布关于电竞选手的超话微博，例如：优秀的安利帖子、漫画、手绘、表情包等；资源整理（包括游戏出装，走位等）、优秀的游戏剪辑视频、与选手有关的正能量报道帖、数据分析帖等。当超话微博获得较高的点赞、评论、转发时，超话等级会比较快地上升，直至最后变成在微博平台认定的"铁粉"。当直播间粉丝等级与微博超话等级都达标后，粉丝将自己的级别信息发给平台的管理员，管理员会在审核无误之后给予粉丝入群的机会。

顺利入圈并不意味着规则解除，而是新一轮要求的开始。由于PDD称自己为"骚猪"，因此其粉圈以"PDD大猪圈"命名。"猪圈的规则，必看！本群活动福利多多哦！文明养猪是职责，猪圈也有小规则：猪猪们和谐相处！禁止猪猪发出污言秽语！违反猪赶出猪圈；抵制节奏猪！（通常就是某猪故意发表一些引起多猪乱斗话题，跟风猪看到这些语言会义愤填膺而趁机起哄）自动退出本娱乐圈；宣传其他主播的不是好猪，搞黄色的不是好猪，发广告的不是好猪，此类将进行猪道毁灭；刷屏猪会被贴上嘴巴；有钱的猪可以有，红包猪也能在，因红包刷屏猪嘴巴贴胶布；黑猪坐飞机（凡地域黑/战队/主播职业选手/退役选手黑，民族歧视破坏两岸关系）；猪崽开黑/猪猪内战恶意吐口水辱骂猪送上飞机，圈内禁止撕猪，有事请私聊或私密猪之领导，否则嘿嘿嘿；不要借猪币（钱），网上骗子多请大家珍惜钱财，珍爱猪命。本群禁止任何交易；管理与群员无异，对猪之领导有任何意见可以群里直接@出来沟通解决希望大家和谐愉快相处；禁止私自以PDD名义建设猪圈。"这是在进入 PDD 粉丝群的公告与通知，语言风趣幽默，结构清晰明了，内容细致可圈可点。其不仅从保护选手的角度出发规定了发言的内容、方式，同时还包含防骗指南、国家安全维护准则等等，保证粉友在群聊的过程中既能保持良好的秩序又不会上当受骗。

此外，规划的统一还能促使团队更好地实现最终目标。电竞选手经常会举行线上水友赛，粉丝有机会和选手在选定的游戏中一起对抗或作为队友并肩作战，并以直播的形式呈现给其他粉丝。对粉丝来说，能和主播同台竞技可谓是被给予了极高的礼遇，因此他们往往会给予极高的参与热情。但是这需要热情，更需要管制。粉圈会有一定的管理人员及时发布相关的赛事内容，并要求粉丝按照规则进行报名。比如 PDD 会在直播间宣布水友赛举办计划，具体的内容和报名方式由群内管理员进行统一规划，"PUBG 水友赛比赛形式：①百人个人战。②4 人组队战（均为第三人称视角比赛，比赛结果根据两把结算积分制排名）。比赛时间：①个人战时间：周六晚 19:00 开始。②组队战时间：周六 21:00 开始。比赛奖励：个人赛前三获 PDD 性感签名照若干张；组队赛第一获 500 元现金红包；报名要求：仅限官方 QQ 群①&②的猪仔且关注 PDD 超话。报名方式：私聊 QQ 群内管理 @issuxxy 以"比赛形式 + 本人 QQ 号 + 游戏 ID"（组队赛仅需队长私聊）。报名条件：将超话关注截图发送管理核实。报名时间截至 2020 年 7 月 17 日（本周五 22:00）"。除了一些赛事信息，管理员还会发布一些粉丝线上的集体打榜活动、粉丝线下见面会，让群内的粉丝能够在第一时间得到选手的最新信息，并让粉丝的行为更加高效，更好地促成所要达成的目标。

如果说粉丝圈是一面镜子，那么忠实粉丝的言行举止可谓是电竞选手的"镜中呈现"。选手对电竞粉圈的苛刻管理，不仅仅是为了规避"抹黑"选手的行为，更是在打造选手的另一个自我形象。正如歌手周杰伦在一次采访中所说的："那些为了追捧自己喜欢的明星而玷污其他选手的、逼迫自己父母出钱集资的人，不是我的粉丝。我的粉丝应该是像我一样，充满爱和温暖的。"电竞圈的粉丝素养映射着选手本身的素养，严格的选取规则训练了那些有恒心、守规矩、有担当的群体，为电竞粉圈塑造了良好的交流环境。

（二）粉圈的变现与操控

不论是在线上刷礼物、刷等级、抽奖品，还是线下办应援会、购买联名产品，电子竞技的整个变现过程一直与粉丝有着十分紧密的消费关联。相比过去"贴海报、买磁带、买签名"的追星方式，如今已演变为"花钱铸就偶像美好未来"的时代。

首先，从粉丝直播间的等级牌来说，粉丝等级牌不仅代表粉丝的时间成本，更是展现出一定的经济实力。在虎牙直播中，如果要达到虎牙十级牌即10级徽章，也就是需要达到亲密度为4290。一个虎粮为一个亲密度，4290亲密度就是4290虎粮，即429元（备注：初始的粉丝等级徽章一般需要至少一次性刷一元礼物来获取）。除了10级别还会有20级、30级等等，可以看出，光是粉丝牌已产生了不少的费用。如果粉丝不想以"氪金"的方式得到粉丝 等级牌，也可以每天刷荧光棒或者找一些礼盒等等，但是为了节省时间，快速获得粉丝等级牌，加入粉圈获得认证身份，就必须投入一定的经济份额。此外，粉丝在直播间刷礼物也是常见的"氪金"现象。电竞直播选手常常会让粉丝把"火箭"刷起来，购买一个火箭大约需要2800元。在笔者的观察中，其中一个主播一个月内直播12次，每次的直播时间平均为2.3小时，共收获38个火箭，即直播间每一小时通过火箭就可以获得3900元（暂且不考虑平台分红等情况），这对大部分人电竞选手来说是一笔相当可观的收入。

其次，从粉丝大型的线下经济活动看，2018年4月5日，上海正大广场三层的巨幕灯箱广告牌上闪耀着Uzi的形象照与过去职业生涯获得的多项荣誉和称号：S3总决赛薇恩封神、S4赛季LPL最佳ADC、S6赛季LPL最受欢迎选手、全明星SOLO冠军、S7全明星团体冠军、S7赛季LPL最佳ADC、最受欢迎选手、2017中国运动员影响指数排行榜前20。此外，在选手专用电梯门左边印着Uzi的出生日期、祝福和"你是我们永远的自豪"，右边印着Uzi穿着红色衣服，双手插兜的形象——这是Uzi的粉丝团体和俱乐部斥巨资为其包下的生日祝福会，"巨幕广告牌、电梯形象照、昂贵的礼物"均闪现着巨大的"钞能力"。为什么Uzi的粉丝如此阔绰？为什么Uzi的粉丝那么舍得为他花钱？对粉丝团体来说，集资购买电竞选手的联名物件，向偶像赠送礼物、为偶像承包大流量荧屏等应援式追星方式早已成为他们的常态，他们通过这样的方式主动参与选手成名的构建过程，共同为选手"集资"铺一条"花路"。作为集体中的一分子，他们被赋予了自我价值，津津乐道地参与其中；而作为集齐力量的整体，粉丝将有限的力量汇集成了"无限的'钞能力'"，以"明星化选手的养成"作为最终目的，他们沉浸于极大的满足与成就感。

面对粉圈的经济"怪象"，笔者发现主播主要通过共情话术和操控话术进行集资，共情话术主要通过对比、反衬、细节描述等方式展现选手背后不为人知的辛酸故事，勾起粉丝的同情心理和以往在网吧开黑的共同回忆，粉丝在感性心理作用下为其消费。操控话术就是刻意强调粉丝的经济作用，诱导粉丝卷入这场"氪金"游戏。例如直播间常常听到这样的内容："让我感动的不是火箭，是你们的说话算话""粉丝团是什么，粉丝团是牌面啊！""团队不管饭啊，粉丝团能管饭吗？"。

粉丝的"钞能力"守护了电竞网红的梦想，也祭奠了曾经在网吧开黑的青葱岁月。但是，这种靠粉丝"氪金"堆砌出来的偶像神话，容易歪曲青少年的价值取向，助长消费主义和拜金主义，粉丝们一味地沉浸在游戏过程中的紧张快感与取得胜利的无限狂欢中，容易迷失自我，做出一些夸张怪诞的行为。甚至部分青少年粉丝不愿追求知识、靠自身努力去实现理想，而是幻想着像电竞主播那样一夜暴富，使其对于价值实现的途径形成了畸形的认知和判断。而在粉丝"钞能力"的背后还映射出我国许多亲子育儿的家庭问题，许多媒体曝出青少年瞒着父母为喜爱的电竞主播打赏导致家庭关系紧张或者不顾家庭经济条件盲目"为爱发电"的新闻。而另一方面，粉丝沉溺在比赛胜利的狂欢中，丝毫没有意识到自己成为偶像成名路上的数字劳工与平台算法程序下的数字囚徒，自觉贡献自己的数据、流量与金钱，粉丝们甘愿成为资本待宰的羔羊。在多方利益的操纵下，原来粉丝行为的"情感化""娱乐化"特征变为"功利化""物质化"特点，资本逐利性的特性也利用粉丝应援来赚取高额利润。与此同时，电竞圈逐渐饭圈化，拉踩谩骂、夸张应援和"无脑维护"等饭圈乱象层出不穷。粉丝"氪金"行为由追求功利的动机所驱使，具有典型的工具理性下的功利主义特征，粉丝们通过付出金钱达到自己的预期目的，如果纯粹从效果最大化角度考虑，这容易导致漠视人的情感和精神价值。

（三）拥有身份符号的共同体

"让每个粉丝为成为OWL的粉丝感到骄傲。"《守望先锋联赛》中国区产品总监蒋璞说道："让我们的粉丝在路上穿着守望先锋联赛的T恤，或者队伍的队服，可以告诉别人说我是某个队伍的粉丝，我是联赛的粉丝，我最喜欢的选手是谁，我印象中最深刻的一个联赛的配置是什么，就好像我们看NBA，会有自己的最佳阵容，最难忘的时刻是科比当时的一个绝杀，我们希望能够成为粉丝自我认知中最好的那个部分。"[1] 尽管不同的粉丝会热衷于不同的赛事或是不同的选手，在他们的集体阵营中都拥有各自团队共同的身份符号。此时的他们不再是一个人，而是一群人。

这是一群拥有相同身份的共同体。在2019年英雄联盟S8世界赛上，IG俱乐部英雄联盟分部代表中国LPL（英雄联盟职业联赛）赛区夺得S8赛季世界赛冠军，中国高校很多大学生集体喊楼，不同的声音呼唤着同一个措辞："IG牛逼"。此时喊楼的学生就像拥有相同符号的共同体，代表着共同见证IG的胜利，在一次又一次的呼喊中进行着情感的互动与交流。此外，在朋友圈、微博更是IG胜利的连连刷屏，他们组成了一个网络共同体，突破距离的阻碍参与这场赛事的集体狂欢，就像一位粉丝说的"是我们赢了，是中国赢了"。也就是说，几点几分共同进入某个直播间观看赛事不仅是他们的群体仪式，更是一种认知和情感的双向互动，信息模糊性在这里破除，他们共同参与并见证着赛事的每一个竞赛瞬间，一起悲伤

1　石翔, 蒋璞. 让每个粉丝为成为OWL的粉丝感到骄傲[J]. 电子竞技, 2020(05): 54-57.

难过，一起欢呼雀跃。在 2018 年 Uzi 生日那天，那些原本毫无交集的个体一同聚集在 Uzi 的文化标签下，自发地为其制作视频、制作超话、讴歌打榜。他们的快乐不仅在于 Uzi 生日会的顺利举办，更是因为他们是 Uzi 粉丝的一员，他们体会着共同参与应援会的满足感，作为贡献自己能力的一方，是被赋予自我价值的。

这是一群彼此认可与支持的共同体。在粉圈中，一张选手的赛事截图，一句对赛事的点评，哪怕是与主播没有关联的自我生活内容分享，也会获得不少的关注度。粉丝会通过点赞或是评论的方式，表达他们赞同或是否认的态度与观点。笔者在进入直播间与超话之后，充分感受到来自这群共同体彼此认可与支持的力量，他们也获得了从未有过的话题与弹幕热度。在进入超话的第一天，系统会自动发送一条关于"成为超话粉丝"的微博，虽然该条微博仅有一张图片和官方的粉丝陈述，却被将近两百个用户点赞与评论，受到了"粉圈家庭"极大的欢迎与鼓舞。此外，笔者在超话发了一张直播间主播的搞笑截图后，也得到了很多的点赞，并有粉丝希望笔者将无水印的原图私发给他。还有一次，笔者在分享了一个糟糕的经历后，很多粉丝给予了安慰与鼓励，他们不仅仔细地分析了这件事情发生的原因，还提供了一些在今后面对此次事件时的最优解。在那一刻，粉圈在笔者心中的印象发生了改变。电竞粉圈不只是一个讨论竞技赛事或是疯狂追星的赛博空间，更像是温暖有力的社会团体，似乎在这样一个空间里，每个人都被给予了相对平等的关注，每个人都拥有了被认可、被鼓舞、被相信、被支持的权利。这里的粉丝不是无脑的追求者，他们更像是身边的朋友、家人，是一群有思想、有辨识度的智慧共同体，也许这才是粉圈真正的魅力所在。

第三节 垂类媒体的完美明星

电子竞技行业已经能够将不断增长的游戏观众货币化，已经开始拥有了与传统体育比赛相类似的"超级明星"效应，并由此吸引了越来越多的业余玩家加入专业玩家的队伍[1]。而依托于网络的电子竞技更容易形成参与游戏、观看游戏和消费支出的完整生态体系[2]。媒体和自媒体主播参与其中，使紧张激烈的在线竞技直播成为游戏观众"打赏"消费的重要平台和渠道。

一、垂直媒介形象中的硬较量与软魅力

在2013年的英雄联盟赛事中，Uzi用英雄薇恩对阵OMG，其"不死表演"一战圈粉无数，虽然在进入决赛时败给SKT战队，最终获得亚军，但是Uzi依旧获得"世界第一超神ADC"的称谓，并圈粉无数。"2014年度中国英雄联盟最佳选手，无疑是属于他的——尽管他还是一个17岁的孩子，但是他背负的是中国电竞腾飞的梦想。""天才射手Uzi再次封神！""Uzi永远的solo king！""如果几年前发生这种情况，我大哭一场都很有可能。"2013年到2021年间，《电子竞技》用38篇文章记录了简自豪（Uzi）从15岁的"问题少年"到"联盟史上最具有统治力、最被认可的射手之一"的完整历程，斗鱼用1000多个视频还原了Uzi"神作之笔"的赛事画面，此外虎牙、哔哩哔哩、爱奇艺、腾讯视频等平台也用不同的方式造就了Uzi"天才选手"的赛事神话。媒体平台浓墨重彩地大力渲染，不仅展示了Uzi游戏竞技的高超技能、塑造了Uzi为团队与国家争光的英雄形象，更是将其个人的性格特征融入原本"铁面无私"的竞技赛事，这些图文并茂的背后不再是游戏竞技的硬较量，更多的是选手个人全新打造后的软魅力。

---

1 WARD M R, HARMON A D. ESport superstars[J]. Journal of Sports Economics, 2019, 20(8): 987–1013.

2 WOHN D Y, FREEMAN G. Live streaming, playing, and money spending behaviors in eSports[J]. Games and Culture, 2020, 15(1): 73–88.

（一）竞技的硬较量

如果说体育竞技为选手提供了战场，那么媒介则为受众提供了最前排的观影券，让这些没有硝烟的赛事从原本遥不可及的观望成为如今咫尺眼前的细节解说，选手的每一步操作、每一次配合、每一次流汗与挥泪的瞬间，都被媒体记录得无比清晰。

赛事前线的技术呈现。对于电竞报道，媒体通过对竞技最前线消息的采集，结合"体育竞技新闻"的播报形式，将赛场上最关键的、精彩的技术操作进行"神"还原，不遗余力地填补了每一个让人心脏骤停的瞬间，并让受众能够在赛事之后继续回味这些深入浅出的技术效果——"奥恩撞到了猴子，男枪跟着封锁了猴子的视野。""SN、Bin先是隐身，扭过了奥恩致命的大招，接着用大招的两次击飞等到了队友的援助，并抓住机会反跑逃生。""Jackey love闪现到中路一塔下，然后往前挪动的那一步。""在亚运会战场上，Uzi的霞顶着防御塔的攻击，向前夺走了一步并A出了收割的一刀。"[1] 这是《电子竞技》对赛事现场选手技能的描绘，正如球类体育赛事中"伴随着呼啸的风声，球重重地砸在篮板上，精准落入篮筐，三分命中！"的激情解说，媒体通过各种动作描写、细节描写，生动形象地为受众营造出无比真实的现场感，让受众在情感带动中分泌致使情绪高涨的肾上腺激素，在文字、语音解说与画面的切换中为电竞选手精湛的技艺欢呼与折服。此外，在斗鱼、虎牙等平台中，"Uzi十大超神画面""Uzi的催泪集合""Uzi永远的神"等视频集锦，通过蒙太奇拼接的手法（运用各种剪辑、拼接的方式完成作品）获得了巨大的转发与浏览量，制造出一个又一个超神的赛事奇观，让受众逐渐获得"参赛的选手具有精湛高超的技术，这是他们能够进入赛事乃至取得胜利的一大原因"形象认同。

"英雄叙事"与群体认同。在媒介报道中，电子竞技选手扮演的角色和各类英雄故事中角色的叙述方式十分相似，通过隐喻、转喻、对比等方式来构建电竞选

1　杨直. 让你屏住呼吸的人 [J]. 电子竞技, 2020(12): 80-81.

手在赛事中为国争光的"英雄形象"。"世界冠军sky李晓峰、抗韩大师MagicYang
周晨等明星选手不断地在ESWC、CGM中港对抗赛以及中韩对抗赛等国际赛事取
得成绩，不可逆转的电竞势头正等待着代表中国的电竞英雄踏上征途。"[1]在报道
中，媒体通过"为国贡献""代表中国""创造历史""中国的胜利"隐喻，将电竞
选手的具体形象解读为国家的抽象概念，把竞技的成功与国家的成功相连结。此
时的运动员不再是作为选手的个人，而是能够成就国家声望的巨大力量，让观看
比赛受众带着"举国胜利"的期待，希望选手能够在战队中代表国家获胜。此外，
媒介报道常常会以其他国家作为参照物，通过"中外对立"的报道方式如"我们国
家的运动员""我们的胜利""他们的竞技""韩国选手""美国队伍"，让受众在包
含政治、历史、文化的陈述中形成"复杂"的竞技赛事，形成对我国赛事队伍的群
体认同。例如，"在2015年12月6日的CFS世界总决赛的比赛中，来自中国的汉
宫队以3：0横扫欧盟的PENTA Sports队，夺得CFS2015世界总冠军"。报道不仅
强调了赛事队伍与选手的成绩，更是突出中国在世界体育赛事中的突出表现：选
手代表着中国日渐崛起的强国形象，承载着中国的希望。

（二）人格的软魅力

电子竞技选手不仅是能够代表国家出征的英雄人物，更是拥有个性特质的人
的本体。在媒体的个性化解读中，电竞选手被挖掘出作为人而凸显的特性，重新
体现了个人魅力。他们的这些特性不仅是其个人性格的彰显，更是中国成功电子
竞技选手的代表与缩影。

体育英雄个性化的人本特质。"面对举步维艰的职业道路，BurNIng坚持着，
他从Carry打到辅助，从光芒万丈的B神变成了踽踽独行的燃烧哥。但不管怎样，
他心中的梦从未改变过。""Uzi对自己对评价是，对线时一定不能输，这样在团战
的时候我才是有自信的。""但他们不服输，年龄大了又如何，阵容残缺又如何，

1　李博雅.出征：中国电子竞技国家队 [J]. 电子竞技, 2018(10): 90−93.

无论面对多强大的对手，都要拼尽全力打出血性来，绝不轻言放弃[1]。"在报道中，媒体通过对参赛选手意志品质的叙述，展现出硬核赛事面前的软魅力，他们是具有弱点、会难过沮丧的个体，他们也是会为国争光拼命努力的新青年。赛场上，竞技选手是驰骋赛事的方向舵手；在赛事外，他们有的永不服输，有的吃苦耐劳，有的奋发上进，有的忠于奉献，他们如今的成就，并不是通过优渥的家境与骇人听闻的关系获得，相对应的，他们所有获得的认可与尊重，都来自对电子竞技的持久热爱与超乎常人的努力。每当有电竞选手宣布退役时，与电子竞技相关的各大媒体会为选手制作其人生履历的所有的故事，在他们的叙述中，竞技选手是饱满而完整的，媒体让受众意识到，拥有这些性格特征的选手是值得敬佩的，这些性格与品质展现出当今中国电子竞技选手的优良特质，是选手获得成功不可或缺的重要因素。Uzi 在 2020 年 6 月 3 日宣布退役，不少粉丝发出"爷青结"的感叹，他们感叹的不仅是 Uzi 的竞技技术，更是 Uzi 时代的奋进记忆。

回馈国家的奉献精神。在竞技媒介眼中，电竞选手是国家的优秀选手，他们的努力是在回报祖国。"多伦县当地电视台播报了皮皮欢乐希望小学揭牌仪式，详细说明了筹建希望小学的总造价为 2500 万人民币，其中 PDD 捐款 200 万人民币。"2019 年，"PDD 捐赠的希望小学即将竣工"这一内容在媒体瞬间刷屏，在哔哩哔哩、斗鱼等平台都有相关的剪影视频，内容不仅是对希望小学各类设施的详细描述，更是表达了对 PDD 的赞誉，"国民的榜样""低调的奉献""名垂青史""感恩奉献"等词将电竞选手的共享精神传达得淋漓尽致，电竞选手是有爱和奉献的温暖的人，他以自己的努力为国家做出无私贡献。此外，报道还强调了"PDD 的举措获得了当地政府的肯定与认可"，他们将这些榜样与民族、国家的互动紧紧地结合在一起，建构出国家的文化认同。

二、媒体视野中的电竞印象

目前，我国大众媒体对电子竞技选手的报道并不占多数，并且在内容与主题

1　尼博. BurNlng: 理想与坚持 [J]. 电子竞技, 2016(24): 28-30.

上与其他体育竞技有所偏差。截至 2021 年 4 月 18 日，笔者以"电子竞技"或"电竞"为关键词通过"慧科数据库"对"新华社 App""中国新闻社"（2017—2021）进行检索，分别可以搜到样本 1183 条、738 条。但是，以其他体育竞技项目作为检索对象，如"篮球"在数据库中相关样本分别为 5200 条、3121 条；以"电子竞技""电竞"为关键词对《人民日报》图文数据库（1946—2021）进行检索，分别可以搜到样本 145 条和 63 条，以其他体育竞技项目作为检索对象，如"篮球"在数据库中相关样本有 11159 条。其中，关于电竞的主流报道例如 2021 年《光明日报》的《电子竞技"技师"要来了》、光明网《假赛博彩横行，电子竞技不能没有"规矩"》、《大众日报》《电子竞技运动与管理！山东这所"冲一流"高校为啥新开这个专业》、中国新闻社《拯救者电竞手机 2pro 正式发布》、北京发布《电子竞技、新媒体……北京高校将增加这些新专业》；2020 年《人民日报》的《专家"会审"电子竞技员国家职业技能标准即将面世》；2019 年澎湃新闻《电子将竞技员专打游戏？国家职业标准来了》等，其中大部分样本主要报道电子竞技的相关政策、行业规范与广告，并不以当红的电竞选手、明星作为报道对象。

正如开篇所提到的，2020 英雄联盟全球总决赛的决赛，平均每分钟收视人数（AMA）达到 2304 万，观看人数峰值超过 4595 万，并获得超过 10 亿小时的观赛时长纪录，由此不难看出电子竞技的广泛粉丝群体巨大的关注度。虽然电竞在很多方面无法与具有悠久历史的篮球相媲美，但是随着近些年国家、世界对电竞的认可与发展，电竞不应被定义为不予关注的"冷门项目"。但是，从"新华社 App""中国新闻社""人民日报"这三个具有权威的主流媒体的报道数量上看，电子竞技的报道数量与其他体育竞技有着十分大的差距，似乎该项目在整个体育新闻中的接受程度偏低。

从内容上看，电子竞技相关的报道很少以电竞明星作为主题或亮点，除了雷同的政策、广告等热点话题，很难发现电竞明星全篇幅的报道。同时，在该类报道中有一个奇怪的现象：电子竞技的标签化与同"游戏"的关联度十分明显。相较于备受关注的体育明星"姚明""刘翔""李娜"，电子竞技明星"THE

SHY""PDD"不仅鲜有在主流媒体登台亮相的机会，甚至难以摆脱"污名化"的困扰。中国电子竞技明星媒介形象的塑造，仍处在宣宝剑在《媒介形象系统论》中总结的"被动被传播者媒介形象"，在大众传播媒介组织对其形象进行再现的过程中处于完全被动的地位 1。以《人民日报》2018 年《网游正火热何以解"瘾"忧〔一线调查（互联网新观察续②））〕为例，文中"《魔兽世界》《英雄联盟》等网络游戏的沉迷与学生网游规制"成了文章的重点，相对电子竞技在 2018 年的赛事热况，关注青少年沉迷网络游戏的现状似乎是重中之重。即便 2008 年国家体育总局重新将电子竞技定义为国家的第 78 个体育项目，但这并没有影响到主流媒体对电子竞技（《魔兽世界》《英雄联盟》等平台）的刻板印象，进而在网络游戏的批判与责令声中吐露出电子竞技的处境。2021 年《中国教育报》的《"孩子沉迷网络游戏"中国问题，习近平总书记很关心！》、《新京报》的《关注青少年沉迷网络游戏，代表委员建议国家建立统一防沉迷平台》、红星新闻《游戏防沉迷，名存实亡？》、《广州日报》的《因沉迷游戏被父亲打骂，儿子报警"讨公道"》、牡丹江网警巡查执法《净网 2021 游戏公司是这样让玩家沉迷的》；2020 年《南方日报》的《游戏防沉迷系统漏洞百出使用率不高》、《中国教育报》的《如何改善亲密关系，走出游戏沉迷？》；2019 年中国之声微信公众号《家长怒进游戏群控诉，孩子沉迷的锅该由谁背》……游戏与电竞虽然已在国家发布的相关文件中泾渭分明，但是两者依旧在主流媒体的被动报道中等量齐观。由此可以看出，相比于传统的体育竞技项目，大众媒体对于电竞的报道篇幅较少，并且呈现一些负面的报道倾向，电竞如何赢取大众媒体的支持，改变受众的刻板印象是当下亟待解决的问题。

三、"电竞网红"的真实自我：不完美才是真完美

白岩松曾说，人生最大的完美，就是接受生命中的不完美。对电竞选手来说亦如此，他们不全是光芒四射的群星，也都不是毫无优点的叛逆少年，他们是优劣并存的，是丰富多态的。他们之中不仅会有专业、幽默、备受欢迎的赛事选手、主播、

---

1 张楠.电子竞技明星的媒介形象研究[D].济南：山东大学，2018.

解说员，学习工作双出色的游戏学生，也会有废弃学业、沉迷游戏、辱骂教唆的不良青年。因此，面对这样的群体，媒介的报道应当是"爱憎分明"的，垂直媒体不能因为其有所成就便避重就轻、过度塑造神话，大众媒体也不能因为其一时失足便一票否决、忽视其存在，两者都应该给予电子竞技网红更加客观的报道。

　　在电子竞技垂类媒体的报道中，电竞明星的形象总是清晰而相对稳定的，似乎所有的选手都具备了极其类似的开场白：他们有超人的毅力与决心；他们是十分有爱心、温暖的群体；他们有令人惊叹的天赋与能力；他们在赛场上奋进成就了祖国的成绩……垂直媒体通过构建清晰的传播策略，在"造星"的过程中不仅通过赛事成绩、非凡出身、精神品质等来打造选手的外在形象，同时借助生活化的场景拉近与受众之间的距离，最终将统一的价值取向推向精准的受众。对电竞明星来说，这无疑是对他们量身定制的"全明星"打造，对受众来说，这是让他们更加深入了解电竞明星的捷径。然而，这些垂直媒体打造的"完美"明星真的完美吗？事实上，在"完美"的背后是避重就轻的描述方式，仅仅是乔哈里视窗[1]的主观性开放。以《电子竞技》中一篇名为《刘谋PDD：彪悍的人生不需要解释》的文章为例，"与很多电竞高手一样，PDD自小就是一个游戏爱好者，'顶着父母的棍棒'跑去网吧也是常有的事"，"最终无奈的他选择了离家出走"，"于是在网吧出来的PDD，头上也经常像蜡笔小新的漫画一样有被敲肿的'大包'"，在该文章的作者的描述中，逃课去网吧、离家出走、在网吧"挨揍"、离家出走等等似乎是作为"游戏爱好者""电竞高手"可以轻描淡写乃至原谅的事，不足为奇。该作者没有对此进行评论或者剖析，但是我们也无法笃定粉丝群体是否在面对自己的人生轨迹选择时进行"离家出走"的仿效；该作者的报道也没有告诉受众PDD在挨揍、离家出走的过程中遇到了怎样的困境，反之，对于PDD的赛事成绩，该作者却给予了大量的鼓吹与肯定，我们无法确定受众是否会形成"只有经历这样的辗转方可获得成功"的遐想。并不是所有"离家出走"的人都能获得在努力后的幸运，因此，在对电竞

1　乔哈里视窗：依据人际传播双方对传播内容的熟悉程度，将人际沟通信息划分为四个区——开放区、盲目区、隐秘区（又称隐藏区）和未知区（也称封闭区）。

明星进行报道时，不仅要突出其亮点，更应指出其不足之处，给受众带来正确的引导，为受众树立正确的价值观，让受众在面对相似问题时，能够思辨性地去寻找"最优解"，而不是一味地模仿历史人物的"光鲜实际"。

　　媒体的报道应该是理性客观的，不能因为过度包容而失去分寸，也不能因为过于苛刻而一概而论，应该从全面、发展的角度厘清电竞明星在成长过程的亮点与暗点，指出"完美明星"问题背后的深刻问题，对受众予以正确的引导，发展更好的电子竞技教育空间。

第四节　成瘾与低俗的引导与规制

　　电子竞技虽然已经在一定程度上被人们接受，并被视为一种体育运动，但这种不消耗体能的体育运动显然还需要一个逐步被大众接受的过程。另外，虽然这个行业的发展非常迅猛，但行业仍然需要解决技术进步、道德、可及性与包容性的问题[1]。对"电竞网红"而言，"一战成名"的背后也面临着行业与个人爆发式成长的隐忧。

一、"电竞网红"的问题与规制：远离低俗，破冰前行

　　不论是名逞一时，还是初露端倪，对电竞明星来说，其素质教育与人才培养方案是当下亟待解决的问题。2015 年，选手 Mata 在 S5 赛季的德玛西亚杯比赛中，因队员"死亡宣告"的比赛状态与个人的其他原因，连续消极比赛（使用非主流辅助杰斯，躺着使用单手操作比赛），致使战队快速失败，俱乐部对 Mata 进行警告并且罚款 5 万元。2017 年 Icon 在 OMG 对阵 GT 的比赛的准备过程中对裁判做出干扰（无礼）行为：把耳机甩到桌上并站起来对裁判进行挑衅，并无视裁判的指令、拒绝与裁判沟通，Icon 受到被禁止参加所属战队在 2017 年英雄联盟职业联赛春季赛

1　BUTCHER L, TEAH K. Setting the Research Agenda of the eSports Revolution[J]. Journal of Global Sport Management, 2023, 8(2): 455−459.

下一场比赛的处罚。2018 年，MC天佑（李天佑）公然传播涉毒歌曲，公开教唆粉丝辱骂他人，与其他网红主播争相炫富斗富，发布低俗恶搞内容，遭全网封禁，不得从事主播活动；五五开卢本伟玩绝地求生开挂，并举办线下粉丝见面会教唆粉丝辱骂，被中央电视台的《焦点访谈》点名批判，予以"封杀"……

对电竞明星来说，电子竞技的赛事与直播给予了他们快速成名的通道，但是在迅速走红的同时，人们忽视了其本身的教育机制与素质培养，那留下的只能是在一顿狂欢之后的遍地鸡毛。Mata选手在S4赛季拿到S系列世界大赛冠军后获得了"世界第一辅助"的称谓，但是在S5赛事中，其并没有肩负起竞技选手、团队力量、粉丝"榜样"应尽的责任与义务，在"单手杰斯"的狂妄操作下瞬间名落孙山。在职业竞技比赛中，选手的状态受到很多因素的影响，包括自己的身体状态、队员的配合等，但是身为职业选手，不能忘记作为体育人的根本精神，不能因为状态不佳就以消极状态"应付"比赛，相比之下，在其他体育竞技赛事中，运动员在受伤后依旧坚持完成比赛的例子屡见不鲜，这才是值得赞美与呼吁的体育精神，这才是运动员该有的体育素养。而对于像卢本伟这样的电竞选手来说，粗俗鄙陋的话语、戏谑的调侃、教唆粉丝辱骂等行为似乎是"好玩有趣"的一大乐事。在笔者对"电竞网红"直播间的观察中发现，"混个毛？""老子那时候一个人打五个""他妈狗贼畜"等用词频繁出现，一边吸烟一边进行直播的博主也屡见不鲜，甚至有主播在直播的过程中突然触摸自己的下体，然而，粉丝群体不但没有指出其不足之处，反倒将其"烟烫嘴""开黄腔""臭嘴远名"作为讨论与围观的名片场。可是，幽默与脏话并不对等，成名与守法并不对立，电竞选手在拥有技术与毅力的同时，更加需要规范的行为来带动电竞圈的健康发展。

2021 年，人力资源和社会保障部公布《电子竞技员国家职业技能标准》为电子竞技员的职业给予定义，将电子竞技员划分为 5 个职业技能等级，并明确不同等级相关职业的要求，包括从业时间、理论知识与专业能力的考核等。相关部门制定这项标准不仅希望提升电竞从业者的整体素质，同时也旨在进一步规范引导职业教育培训的发展，希望电竞教育也可以在成文的标准上培养电竞行业真正需要的人才。但是，从内容上看，在学历要求上，"普通教育程度：初中毕业"；在申报条件上，具备条件之一即可，其中，大部分的职位（除五级）都包含了"取得电子竞技相关的参赛资格或奖项"，也就是说，申报人在符合其他基础标准的情况下，单凭"参加赛事和获奖"的经历就能获得大量的职业选择机会，"持证上岗"似乎并不是难事。该标准出台也已有数日，但是"电竞网红"在直播过程中的"臭嘴"与不良行为依旧没有明显的改观。那么，该项标准的出台在获得了各大媒体的关注与讨论之后，是否又留下了一纸空文？"电竞网红"的漏洞与不足仍然存在，电竞教育与规范需破冰前行。

二、朦胧中探索人才培养：反向声音中的教育启示

教育乃一国之本，是社会经济发展必不可少的重要基础。2016 年 11 月，电子竞技运动与管理被正式认证为高职类专业，自 2017 年起，电竞高职教育在国内得到了稳定发展。截至 2019 年 1 月，国内有 50 余所院校开设电竞专业，进行招生办学[1]，大连青岛电竞学院、南昌工学院、湖南体育职业学院、黑龙江商业职业学院等都开设了电竞等相关课程，英众文化携手同济大学开展"我要说电竞"培训班，为电竞教育展示自己的力量。现阶段，我国电竞行业依旧存在非常大的人才缺口，电竞选手培养仍然谈不上"培养"二字，更像一种"大海捞针"式的存在。对此，电竞学院真的培养出了电竞赛场需要的专业性人才吗？开设相关专业与课程的初衷是输送人才还是为了在资本的驱动下分电竞的一杯羹？此外，在电竞教育热的大趋势下，家长依旧难以突破偏见，让他们的孩子自主选择电竞学院进行学习，"打游戏成才"的教育模式仍然存在未知与风险，戒网瘾就是一个很好的例子。那么，我们到底应该如何与电竞进行相处才能让电竞行业在劳动市场的博弈中突出重围？电竞教育又应该如何突破资本的枷锁进行更加规范化的启迪？

1　21 世纪经济报道. 电竞教育热潮"升温"教材师资缺口待解[EB/OL].（2018-12-05）[2021-06-21]. https://www.jiemian.com/article/2680145.html.

（一）理清被忽视的界限

2016 年国家体育总局发布《体育产业发展"十三五"规划》、教育部发布《普通高等学校高等职业教育（专科）专业目录》在体育类专业中增加"电子竞技运动与管理"的细分方向，2019 年电子竞技被列入 02 大类体育竞技表演活动，电子竞技行业似乎有了更加值得发展的活力与潜力，但是对大部分受众来说，电竞虽然已作为"体育"的分母而存在，但"从业电竞就是简单地打游戏""电竞教育则是教人如何打游戏"的认知依旧无法改变。相比之下，当受众在商讨其他体育教育时，很少会有人认为体育教育模式仅仅是"挥挥拍、跨跨栏"那么简单，体育教育似乎生来就是复杂而具有挑战性的，其不仅需要天赋、毅力，更是需要规范化的教程。同时，对体育生来说，文化课与训练一般都是穿插交替进行的，但是文化课和训练或者说学科道路（主要指一般的通识教育加上专业通识教育的理论性课程教学）和术科道路（主要指体育项目技能技术教育的实践性课程），一直是两个泾渭分明的差异化选择 [1]。但是这并不意味着体育训练与文化课的学习是彼此冲突的，只是在进行选择的过程中给了更加明确的方向界限。虽然许多国家运动员在幼年时期就开始了自己的体育生涯，但在进行学业与训练交替的过程中，如果体育成绩非常出色，文化课可以为训练赛事让步。但与此同时，很多运动员也会在体育类学院接受文化课的补习，为选手的未来发展方向拓宽就业道路，例如，央视体育频道的主持人杨健曾经是一名体育特长生，但是在没能达到国家一级水平后，以体育高水平运动员身份特招进入北京广播学院播音系，在其他方向继续自己的职业生涯。

同理，不是所有的电竞选手都拥有能在银屏前展示赛绩的机会，也不是所有的体育学院培养的学生都能走上大的比赛场。在厘清这样的观点后，面对电竞教育关于学科教育与术科教育界限的"混沌"情形，我们应该更加明白两者差异与协同的重要性，电竞人才要关注电竞学院或是俱乐部的培养，同时也要把握文化课

---

1 曹珺萌. 电竞专业教育不是教人打游戏 [J]. 电子竞技, 2017(17): 32–37.

与技能专长之间的平衡。电竞教育也应当和体育教育一般，存在泾渭分明的差异化选择，让学业与训练之间既有交替又能做到动态平衡，让早期的天赋和相关启蒙训练为他们之后的职业生涯打下良好的基础。当然，虽然天赋对竞技选手来说是非常重要的，但是对于那些拥有电竞梦却零基础的青年群体来说，在没有普及电竞理论知识与基础联系的前提下，开始术科教育并不是件容易事。因为，学科教育的存在尤为重要，其不仅能为术科的学习打下基础，同时也能为电竞选手的未来发展提供就业机会，而不是像koro1童扬在转型斗鱼直播过程中成为"坠落的陨星"。

（二）抓住模糊中的重点

在电竞教育正式面世时，俱乐部青训一直担任着职业选手的选拔和培训工作，而经纪公司和直播平台则肩负着培养和发掘解说的工作。在如今的竞技教育中，真正"科班出身"的专业教育人士也存在巨大的缺口，我们不仅需要"能够上战场的勇士"，更需要"培养战士的军师"。当前的电竞人才市场中，虽然依旧有电竞职业的分类与评级，但尚未出现电竞管理、电竞市场或电竞执行的职业教育细分，只有少数人接受过管理、市场、执行的相关专业教育。那些有教育行业背景明知规则却置若罔闻的人、有着电竞梦想却无处下手的人、想要通过电子竞技来开放新的行业形势的人都是需要被教育引导的，例如，赛事选手、青年预备选手、俱乐部管理人、赛事执行公司的项目人员等等，他们都应该被给予接受教育的权利，需要更科学化、系统化的专业教育培养，而不是被那些将教育单纯视为一门生意的电竞从业者的实验对象。与其说电竞专业的模糊源自其自身的特殊性，倒不如说源于那些以目的推动其发展的人。对这些人来说，电竞教育能被看好不是因为它是一个可以被教授的专业，而是电竞教育号称能赚快钱、有很大的利润空间：不懂电竞没关系，只要带着过硬的专业技术，边做边学就行。他们通过自身在社会上的影响树立学院的"招牌"，结合自身的从业经验传输自己"悟出来"的专业技能，即使自己并不具备相应的专业背景。这种形式的宣讲也许具有一定的教育意义，但是作为一门为大众开展的专业课程，显然有些"金玉其外，败絮其中"。但是如此形式的电竞教育的存在，并不意味着电竞产业的缺口会给这种试验性的教学买单。电竞产业对人才的需要依旧有着高精尖的要求。

因此，电竞职业教育需要教授必备的职业技能、职业守则，在学习的过程中，帮学生设计清晰的职业路径，才能实现对该"短期培训"的长足突破。2021年，北京大学为电竞教育开了一个好头，"我们类似于培养管理类型的人才，不是电竞技术人才培训班。"北京大学国家体育产业研究基地秘书长在蓝鲸财经记者的采访中说道。北大开设的电子竞技高级人才研修班，有明确的人才培养方向，主要针对参与电竞管理的人而非打电竞赛事的选手，旨在帮助企业以及相关从业者提升对电竞产业经营管理的理论水平和实际项目的运营能力，提供电竞产业的经验和创意，指导电竞场馆合理运营实现盈利，帮助退役竞技员、现役竞技员利用自身优势，重新定位，等等。该研究班共设置了十三个模块内容，含体育文化与体育产业、管理哲学与体育文化产业、游戏电竞内容创新与教育、智慧体育与数字电竞、电子竞技俱乐部运营等模块，并邀请了众多业内一线资深大咖及北京大学跨专业教授授课。北京大学的该项课程抓住了现在电竞行业人才教育的缺口，对准电竞行业的重点需求，开设规范化、科学性的进阶性课程。我们也希望，北大能够在此次研学会中培养出一批既具有现代产业知识，又具备实践经验的高端电竞产业领军人物。

通过对"电竞网红"在竞技直播、粉丝培养、媒体报道、人才培养中的变化，本章分析了其成名的原因与未来发展的趋势。虽然"电竞网红"在当下有了一定的发展，也有越来越多的行业加入其中力求分一杯羹，但是我们依旧能看到"电竞网红"在培养过程中的不足与巨大发展空间。在"电竞网红"的培养模式出现相对完整的体系之前，在"专门设计一款电竞游戏"成为现实之前，在电子竞技被大众接受为"高门槛的行当"之前，我们依旧需要做好不断摸索与滚爬的准备。当然，我们也应当具备充足的信心，相信在国家战略与技术的双重推动下，"电竞网红"的培养能有新的变革，电子竞技也能开创更加具有颠覆性的成果。

参考文献

[1]   Holland JL.Making vocational choices[M] .Englewood Cliffs, NJ :Prentice Hall , l997 .

[2]   Lofquist LH,Dawis RV.Essentials of person −environment −correspondence counseling[M] .Minneapolis:University of Minnesota Press, l991 .

[3]   Super DE, Savickas MML, Super CA.Life−span , life − space approach to career development.In Brown D, Brooks L.Career choice and development[M] .San Francisco: Jossey−Bass, l996.

[4]   Gottfredson LS .A theory of circumscription and compro− mise.In Brown D, Brooks L.Career choice and develop− ment [M] .San Francisco:Jossey−Bass, l996

[5]   Mclean L, Taylor M, Jimenez M. Career Choice Motivations in Teacher Training As Predictors of Burnout and Career Optimism in the First Year of Teaching[J]. Teaching and Teacher Education, 2019(85): 204−214.

[6]   Fietkiewicz K J , Dorsch I , Scheibe K , et al. Dreaming of Stardom and Money: Micro−celebrities and Influencers on Live Streaming Services[M],Social Computing and Social Media. User Experience and Behavior. Springer, Cham, 2018.

[7]   Freberg K, Graham K, McGaughey K, et al. Who are the social media influencers? A study of public perceptions of personality[J]. Public Relations Review, 2011, 37(1): 90−92.

[8]   Deci E L, Ryan R M. The" what" and" why" of goal pursuits: Human needs and the self–determination of behavior[J]. Psychological inquiry, 2000, 11(4): 227–268.

[9]   Burns T. A structural theory of social exchange [J]. Acta Socio– logica,1973,16 (3) : 188–208.

[10]   Deci EL, R yan RM. Intrinsic motivation and self — determination in human behavior[M]. New York: Plenum,1985.

[11]   Davis FD,Bargozzi RP,Warshaw P R . Extrinsic and intrinsic motivation to use computers in the workplace [J]. Journal of Ap– plied Social Psychology,1992,22 (14) : 1111–1132.

[12]   Young J,The Drug takers:The Social Meaning of Drug Taking,London: Mac Gibbon and kee/Paladin,1971.

[13]   Stanley Cohen,Folk Devi and Moral Panic:The Creation of Mods and Rockers,London:Routledge,2002.

[14]   Goode. E.and Ben–Yehuda.N, Moral Panics: The Social Construction of Deviance. Oxford:Blackwell,1994.

[15]   Stanley Cohen, Folk Devils and Moral Panics:The Creation of the Mods and Rockers, New York : Routledge,2002,p.1.

[16]   O'Connor, J.,The cultural significance of the child star[M]. Routledge.2012.

[17]   De Maeyer J.The journalistic hyperlinks[J]. Journalism Practice, 2012, 6(5–6):692–701.

[18]   [法]米歇尔·德赛图.日常生活实践[M].戴从容,译.上海:上海三联书店,2001.

[19]   [法]古斯塔夫·勒庞.乌合之众:大众心理研究[M].马晓佳,译.北京:民主与建设出版社,2018.

[20]   [法]布尔迪厄.区分[M].黄伟,郭于华,译.北京:中国社会科学出版社,2003.

[21]   [美]亚伯拉罕·马斯洛.人的潜能与价值[M].林方,译.北京:华夏出版社,

1987.

[22] [美]欧文·戈夫曼.日常生活中的自我呈现[M].冯钢,译.北京:北京大学出版社,2008.

[23] [英]伊冯·朱克斯.传媒与犯罪[M].赵星,译.北京:北京大学出版,2004.

[24] [英]查斯·克里彻,道德恐慌与媒介(英文影印版)[M].北京:北京大学出版社,2006.

[25] [英]安吉拉·默克罗比.后现代主义与大众文化[M].北京:中央编译出版社,2011.

[26] [英]查斯·克里彻.道德恐慌与媒介[M].北京:北京大学出版社,2006.

[27] [美]贝克尔.局外人:越轨社会学之研究[M].南京:南京大学出版社,2011.

[28] [美]埃弗雷德·M·罗杰斯.创新的扩散[M].辛欣,译.北京:中央编译出版社,2002.

[29] [美]安德鲁·阿伯特,职业系统:论专业技能的劳动分工[M].李荣山译.北京:商务印书馆,2016.

[30] [美]凯伦·麦金泰尔.超越问题的新闻:从市民新闻到方案新闻[M].晏青、邵鹏,译.北京:社会科学文献出版社,2022.

[31] 王哲平,邵鹏.视听融媒体概论[M].杭州:浙江大学出版社,2020.

[32] 邵鹏,游淳惠.直播电商带货实操全攻略[M].杭州:浙江大学出版社,2022.

[33] 邵鹏,袁靖华.中国传媒产业发展报告——浙江篇(2022)(CSSCI集刊)[M].北京:社会科学文献出版社,2023.

[34] 袁靖华,邵鹏.浙江省广播电视与网络视听产业发展——蓝皮书(2021)[M].杭州:浙江大学出版社,2022.

[35] 袁靖华,邵鹏主编:《浙江省广播电视与网络视听产业发展——蓝皮书(2022)》,浙江大学出版社,2023年。

[36] 邵鹏,王军伟,刘建民.无人机新闻报道概论[M].杭州:浙江大学出版社,2023.

[37] 邵鹏,刘珣.自媒体将如何存在?——自媒体产业的生存与发展研究[J].传媒评

论, 2016(02): 22–25.

[38] 谭舒, 李飞翔. "知识网红经济" 视域下全民价值共创研究 [J]. 科技进步与对策, 2017, 34(03): 123–127.

[39] 敖鹏. 网红为什么这样红？——基于网红现象的解读和思考 [J]. 当代传播, 2016(04): 40–44.

[40] 袁癸青. 网络直播对网红与粉丝关系的影响研究 [J]. 新闻爱好者, 2019(05): 91–94.

[41] 李化来, 沈玲玲. 网红现象的传播学解读 [J]. 编辑之友, 2017(05): 65–68.

[42] 敖鹏. 网红的缘起、发展逻辑及其隐忧 [J]. 文艺理论与批评, 2017(01): 135–143.

[43] 张双. "宝马撞人" 事件中网络论坛的火爆现象探析 [J]. 新闻界, 2004(01): 32–33.

[44] 刘娟. 论网络论坛中的舆论形成与舆论引导 [D]. 武汉 : 武汉大学, 2005.

[45] 程德华. 论BBS上的舆论引导 [J]. 莆田学院学报, 2003(04): 56–59.

[46] 唐余俊. 从网络小说看网络文学基本特征 [J]. 盐城工学院学报 (社会科学版), 2002(02): 54–58.

[47] 刘兆丰. 放肆与无畏的 "伤花怒放" ——浅谈安妮宝贝从网络写手成功转型为作家的因素 [J]. 大众文艺, 2014(06): 261–262.

[48] 李碧琰. 安妮宝贝创作论 [D]. 上海 : 复旦大学, 2008.

[49] 杨新敏. 安妮宝贝 : 在寂静中感觉心灵的喧嚣 [J]. 南京邮电大学学报 (社会科学版), 2006(01): 57–61.

[50] 黄志刚. 都市悖论下的人生困境——论安妮宝贝小说创作 [J]. 宝鸡文理学院学报 (社会科学版), 2005(05): 56–59.

[51] 杨庆国, 陈敬良. 网络红人形象传播及其符号互动模式研究 [J]. 中国青年研究, 2012(07): 91–94+90.

[52] 敖成兵. 多元时代共生衍创背景下的网红现象解读 [J]. 中国青年研究,

2016(11): 4–11.

[53] 周茂君，宁馨怡．网红现象的三维视角解读[J]．学习与实践，2017(02): 133–140.

[54] 彭云峰．网络红人现象的本质与兴起原因探析——以"芙蓉姐姐"和"犀利哥"为中心[J]．东莞理工学院学报，2013, 20(02): 82–86.

[55] 和飞．从媒介历史的角度看病毒式网络传播的潮起潮落[D]．成都：四川大学，2007.

[56] 李振．媒介视野中"丑角"原型的娱乐价值——以"芙蓉姐姐"现象为例[J]．华中师范大学研究生学报，2005(03): 34–37.

[57] 余霞．网络红人：后现代主义文化视野下的"草根偶像"[J]．华中师范大学学报(人文社会科学版)，2010, 49(04): 105–110.

[58] 陶东风．去精英化时代的大众娱乐文化[J]．学术月刊，2009, 41(05): 21–28.

[59] 胡泳，张月朦．网红的兴起及走向[J]．新闻与写作，2017(01): 41–45.

[60] 郭艳．电商网红营销模式探析——以张大奕为例[J]．中国市场，2017(19): 146+166.

[61] 徐照朋．新媒体时代网红经济的内容创作——基于短视频形态的案例分析[J]．西部广播电视，2020(03): 21–22.

[62] 刘悦晖，陆馨雨，张道英．服装类网红店铺微博营销策略探析[J]．山东纺织经济，2016(09): 49–53.

[63] 田雅楠．广义虚拟经济视角下的网红经济——以张大奕为例[J]．现代商贸工业，2017(12): 43–44.

[64] 李天昀．社交应用变迁背景下的网红传播与生产机制[J]．艺术评论，2016(07): 19–26.

[65] 朱春阳，曾培伦．圈层下的"新网红经济"：演化路径、价值逻辑与运行风险[J]．编辑之友，2019(12): 5–10.

[66] 陈乾．网红的媒介形象塑造研究——以"口红一哥"李佳琦为例[J]．新闻研究导刊，2020, 11(01): 65–66+76.

[67] 李镖, 陈飞扬. 网络虚拟偶像及其粉丝群体的网络互动研究——以虚拟歌姬"洛天依"为个案[J]. 中国青年研究, 2018(06): 20–25.

[68] 朱钊. 浅析虚拟偶像"初音未来"与赛博空间[J]. 现代交际, 2010(09): 59–60.

[69] 陈乾. 网红的媒介形象塑造研究——以"口红一哥"李佳琦为例[J]. 新闻研究导刊, 2020, 11(01): 65–66+76.

[70] 邢彦辉. "互联网+"视域下网红现象的范式转化[J]. 当代传播, 2018(03): 99–102.

[71] 奚路阳, 程明. 试论网红经济及其发展路径——基于传播逻辑与商业逻辑的双重视角[J]. 企业经济, 2017, 36(12): 102–108.

[72] 史安斌, 王沛楠. 2018 年全球新闻传播业新趋势——基于六大热点话题的全球访谈[J]. 新闻记者, 2018(4): 17–25.

[73] 王卫兵. 网红经济的生成逻辑、伦理反思及规范引导[J]. 求实, 2016(08): 43–49.

[74] 喻国明. 用"互联网+"新常态构造传播新景观——兼论内容产品从"两要素模式"向"四要素模式"的转型升级[J]. 新闻与写作, 2015(06): 39–42.

[75] 薛深, 聂惠. 网红现象的生成逻辑及其引导[J]. 中州学刊, 2017(04): 163–168.

[76] 张旻. 热闹的网红：网络直播平台发展中的问题及对策[J]. 中国记者, 2016(05): 64–65.

[77] 敖鹏. 网红为什么这样红？——基于网红现象的解读和思考[J]. 当代传播, 2016(04): 40–44.

[78] 夏治林. 广电媒体的"网红化"转型——以"四川观察"为例[J]. 青年记者, 2021(01): 78–80.

[79] 董运生. 演变与重塑：中国农民生活空间的变迁[J]. 江苏社会科学, 2018(06): 43–49.

[80] 闫方洁, 周颖嘉. 从网红与"网黑"的变奏曲看青年个性发展态势[J]. 思想理论教育, 2019(05): 77–81.

[81] 展宁，吴飞. 知识共享型网站的社会学考察——基于"新浪爱问共享资料"的个案探析[J]. 新闻记者，2011(09): 39–43.

[82] 吴志超. 网红媒介形象研究[D]. 保定：河北大学，2017.

[83] 薛深，聂惠. 网红现象的生成逻辑及其引导[J]. 中州学刊，2017(04): 163–168.

[84] 宋红梅，戚宇菡，刘彦希. 自我构建与社交娱乐中的消费意见领袖——电商网红的文化解读[J]. 当代传播，2018(01): 82–83+89.

[85] 敖成兵. 斜杠青年：一种"互联网+"时代的职业身份解码[J]. 中国青年研究，2017(12): 80–84.

[86] 段楠楠. 基于"萌"文化的网红产品消费行为研究——以星巴克"猫爪杯"为例[J]. 新闻传播，2020(11): 32–33.

[87] 崔雪峰. 从"迷人的郭老师"看抖音短视频审丑现象的原因[J]. 新闻传播，2020(15): 13–15.

[88] 华颖. 反串、土味、审丑："抖音"网红形象建构研究[J]. 东南传播，2020(09): 104–106.

[89] 徐法超. 日常生活的审美化与"审美暴力"[J]. 肇庆学院学报，2012, 33(04): 11–16+32.

[90] 郜书锴. 场景理论的内容框架与困境对策[J]. 当代传播，2015(04): 38–40.

[91] 李康化. 在销售的文化[M]. 上海：上海交通大学出版社，2016.

[92] 燕道成，李菲. 场景·符号·权力：电商直播的视觉景观与价值反思[J]. 现代传播：中国传媒大学学报，2020(6): 6.

[93] 杨魁. 消费主义文化的符号化特征与大众传播[J]. 兰州大学学报，2003(01): 63–67.

[94] 刘砚议. 后现代传媒语境下的"道德恐慌"[J]. 当代传播，2004(03): 75–77.

[95] 邵培仁. 媒介恐慌论与媒介恐怖论的兴起、演变及理性抉择[J]. 现代传播(中国传媒大学学报)，2007(04): 27–29.

[96] 邵培仁:《进入影像时代的大众传媒需要定力和智慧[J]现代视听，2019(1): 1.

[97] 邵培仁. 当新闻传播插上 5G 的翅膀[J]. 现代视听, 2019(3): 86.

[98] 邵培仁. 主动智能化: 中国媒体发展繁荣的新引擎[J]. 现代视听, 2019(4): 82.

[99] 邵培仁. 开放共享: 构建全球信息传播新模式[J]. 现代视听, 2019(8): 86.

[100] 邵培仁, 王昀. 社会抗争在互联网情境中的联结性动力——以人民网、南方网、新浪微博三类网站为案例[J]. 河南大学学报(社会科学版), 2016(3): 120–129.

[101] 邵培仁, 王昀. 触碰隐匿之声: 舆情认知、大数据治理及其经验反思[J]. 编辑之友, 2016(12): 5–10.

[102] 邵培仁, 李一峰. 论美国"公共新闻运动"[J]. 嘉兴学院学报(哲学社会科学版), 200719(4): 31–37.

[103] 邵培仁, 李一峰. 从全民阅读时代到全民写作时代: 论世界参与新闻运动[J]. 山东理工大学学报(哲学社会科学版), 2007(3): 104–109.

[104] 柯善永. 新媒体环境下道德恐慌的媒介生产研究[D]. 武汉: 华中科技大学, 2016.

[105] 李金宝, 顾理平. 技术赋能: 5G时代媒介传播场景与应对方略[J]. 传媒观察, 2020(09): 5–14.

[106] 胡泳, 徐辉. 网红社交资产如何改变商业模式[J]. 新闻界, 2020(08): 48–56.

[107] 崔保国, 徐立军, 丁迈等. 中国传媒产业发展报告(2020)[M]. 北京: 社会科学文献出版社, 2020.

[108] 谭天. 新媒体经济是一种关系经济[J]. 现代传播(中国传媒大学学报), 2017, 39(06): 121–125.

[109] 朱永祥. 重塑"人货场", 直播带货的挑战与机遇[J]. 新闻战线, 2020(10): 46–49.

[110] 喻国明, 苑立新. 中国儿童舆情报告[M]. 北京: 人民日报出版社, 2020.

[111] 季为民, 沈杰. 青少年蓝皮书: 中国未成年人互联网运用报告[M]. 北京: 社会科学文献出版社, 2020.

[112] 曲慧, 喻国明. 受众世代的裂变: 未来受众的生成与建构——媒介观范式革命视野下的探讨 [J]. 福建师范大学学报 (哲学社会科学版), 2019(04): 129–137.

[113] 黄秋颖. 食品安全问题的媒体效应——基于 "道德恐慌" 的视角 [J]. 长春工程学院学报 (社会科学版), 2015, 16(02): 60–63.

[114] 王琛. 道德恐慌理论视域下网络游戏负面报道研究 [D]. 苏州: 苏州大学, 2016.

[115] 刘国强, 张朋辉. 交互涵化与游戏范式: 媒介文化批判视野下短视频对儿童影响的双重维度 [J]. 渭南师范学院学报, 2020, 35(02): 63–69.

[116] 赵路平. 公共危机传播中的政府、媒体、公众关系研究 [D]. 上海: 复旦大学, 2007.

[117] 李伊莎. 微博的评论转发功能对群体极化现象的影响——以王宝强离婚事件为例 [J]. 视听, 2016(11): 112–113.

[118] 李贺. 微博舆论的群体极化现象研究 [D]. 北京: 北京邮电大学, 2014.

[119] 王殿英. 社会道德恐慌中的媒介角色研究 [J]. 当代传播, 2014(05): 18–21.

[120] [法] 米歇尔·福柯. 规训与惩罚: 监狱的诞生 [M]. 北京: 中国传媒大学出版社, 2003.

[121] [美] 沃尔特·李普曼. 舆论 [M]. 常江, 肖寒, 译. 北京: 北京大学出版社. 2016.

[122] 刘亚楠. "央视新闻" 微博中儿童议题设置及传播价值研究 [D]. 呼和浩特: 内蒙古师范大学, 2020.

[123] 敖鹏. 网红的缘起、发展逻辑及其隐忧 [J]. 文艺理论与批评, 2017, (01).

[124] 盖龙涛, 陈月华. 网络惠老发展探究: 基于中老年网民的上网行为调查 [J]. 现代传播 (中国传媒大学学报), 2017, 39(6): 77–81.

[125] 金兼斌, 江苏佳, 陈安繁, 沈阳. 新媒体平台上的科学传播效果: 基于微信公众号的研究 [J]. 中国地质大学学报 (社会科学版), 2017, 17(02): 107–119.

[126] 王艳丽, 钟琦. 新媒体环境下科学传播中的受众行为研究 [J]. 科技传播, 2020, 12(15): 7.

[127] 袁凫青. 网络直播对网红与粉丝关系的影响研究 [J]. 新闻爱好者, 2019(5): 91–94.

[128] 贾鹤鹏, 王大鹏. 作为建设性新闻的科学报道——以网红科学家的科普实践为例[J]. 当代传播, 2020(02): 50–55.

[129] 杨洋. 短视频引爆"冷科学"传播——中科院物理所的抖音科普网红之路[J]. 传媒, 2020(10): 57–59.

[130] 黄芸, 刘儒雅. 知识网红在突发公共卫生事件中的传播分析——以"回形针"和"丁香医生"为例[J]. 中国记者, 2021(03): 61–64.

[131] 庄婉喆, 刘迅. 论全媒体时代知识网红与网络意见领袖之博弈[J]. 出版广角, 2019(08): 42–44.

[132] 张诗阳, 白春香. 网红文化视野下线上社群意见领袖的文化身份构建[J]. 山西大同大学学报(社会科学版), 2020, 34(04): 112–116.

[133] 袁冬琪, 詹绪武. 社交基因、亲近性传播与新叙事机制[J]. 中州学刊, 2021, 43(02): 168–172.

[134] 黎川茜. 基于媒介情境理论的弹幕研究[D]. 桂林: 广西师范大学, 2021.

[135] 洪杰文, 段梦蓉. 朋友圈泛化下的社交媒体倦怠和网络社交自我[J]. 现代传播(中国传媒大学学报), 2020, 42(02): 76–81+85.

[136] 黄楚新. 泛知识类短视频的传播特征及影响探析[J]. 人民论坛, 2022(04): 92–94.

[137] 刘如楠. "'DOU知计划'这一年——撒播知识 传递美好"[N]. 中国科学报, 2020–03–26(06).

[138] 桂晶晶, 易钢. 我国"科普"研究的基本特点与动向——基于文献计量学的分析[J]. 教育教学论坛, 2018(04): 102–106.

[139] 游淳惠, 金兼斌. 新媒体环境下科学知识对争议性科技态度的影响——以转基因为例[J]. 国际新闻界, 2020, 42(5): 18.

[140] 王利芹. 后疫情时代科普类微视频创新生产传播路径探索[J]. 新闻爱好者, 2021(08): 76–78.

[141] 郑丹. 默顿一般社会学理论与其科学社会学理论的关系[J]. 科学文化评论,

2007(1): 21.

[142] 游淳惠. 后真相语境下科学传播的情感机制 [J]. 今日科苑, 2020(3): 8.

[143] 周勇, 何天平. "自主" 的情境: 直播与社会互动关系建构的当代再现——对梅罗维茨情境论的再审视 [J]. 国际新闻界, 2018, 40(12): 13.

[144] 罗海娇, 马梦婕. 全媒体时代科普短视频的内容生产与传播策略分析——以 "回形针" 为例 [J]. 新闻传播, 2022(01): 17–19+22.

[145] 董梓悦. 科普类短视频传播策略研究 [D]. 沈阳: 沈阳师范大学, 2021.

[146] 邵静. 突发公共事件中的媒介治疗功能探析 [J]. 当代传播, 2014 (6): 8.

[147] 李宗浩, 李柏, 王健. 电子竞技运动概论 [M]. 北京: 人民体育出版社, 2005.

[148] 罗宇昕, 李书娟, 沈克印. 体育竞赛表演业的数字化革命: 电子竞技职业化的时代困境和未来展望 [J]. 中国体育科技, 2021, 57(03): 93–97.

[149] 雷宁. 网络游戏直播平台的互动仪式研究 [D]. 成都: 西南交通大学, 2016.

[150] 凌婕. 那些被称为粉丝的人 [J]. 电子竞技, 2020(04): 42–43.

[151] 李博雅. 出征: 中国电子竞技国家队 [J]. 电子竞技, 2018(10): 90–93.

[152] 张楠. 电子竞技明星的媒介形象研究 [D]. 济南: 山东大学, 2018.